Rosa-Maria Dallapiazza, Eduard von Jan,

Beate Blüggel, Anja Schümann

TANGRAM Z
Zertifikat Deutsch

Kursbuch und Arbeitsbuch

Max Hueber Verlag

Modelltest und Prüfungstipps erstellt von Monika Reimann

Die Zertifikatsaufgaben wurden durch die Weiterbildungs-Testsysteme GmbH (WBT) geprüft.
Wir danken Herrn Heinrich Rübeling für die Zusammenarbeit.

| 4. | 3. | 2. | | Die letzten Ziffern |
| 2008 | 07 | 06 | 05 | 04 | bezeichnen Zahl und Jahr des Druckes. |

Alle Drucke dieser Auflage können, da unverändert,
nebeneinander benutzt werden.
1. Auflage
© 2001 Max Hueber Verlag, 85737 Ismaning, Deutschland
Zeichnungen: ofczarek!
Verlagsredaktion: Silke Hilpert, Jutta Orth-Chambah, Werner Bönzli
Lithographie: Agentur Langbein Wullenkord, München
Druck und Bindung: Schoder Druck, Gersthofen
Printed in Germany
ISBN 3-19-001617-8

Vorwort

 Dies ist der letzte Band des Lehrwerks Tangram. Mit diesem Band können sich die Lernenden gründlich auf die Prüfung zum Zertifikat Deutsch vorbereiten, also auf die Stufe B1 der Niveaustufenbeschreibung des Europarats.

Tangram Z bereitet nicht nur auf die Inhalte dieser Prüfung vor, sondern ebenso auf ihre formalen Eigenheiten. Wer diesen Band in einem Vorbereitungskurs durchgearbeitet hat, darf beruhigt davon ausgehen, dass sich während der Prüfung keine irritierenden Überraschungen einstellen werden und dass sie oder er die Zertifikatsprüfung ohne große Mühe bestehen wird.

Wir, die Autoren und der Verlag, hoffen, dass es uns mit dem Lehrwerk Tangram gelungen ist, das Deutschlernen zu einem ebenso angenehmen wie erfolgreichen Erlebnis zu machen. Wir wünschen allen Lernenden viele Gelegenheiten, sich in dieser neuen Sprache mit hoffentlich stets freundlichen Menschen über hoffentlich stets angenehme Dinge zu unterhalten.

Inhalt

Inhalt

Anhang

Piktogramme

Text auf Kassette und CD mit Haltepunkt

Die Transkriptionen der Texte zum Kursbuch befinden sich im Lehrerbuch, die Transkriptionen der Texte zum Arbeitsbuch in den Einlegern der Kassette und CD.

Schreiben

Wörterbuch

ARBEITSBUCH A1   Hinweis aufs Arbeitsbuch

KURSBUCH A1   Hinweis aufs Kursbuch

TIPPS ARBEITSBUCH Seite 2   Hinweis auf Prüfungstipps

Z   Hinweis auf eine Zertifikatsaufgabe

§ 2   Hinweis auf den Grammatikanhang

Lebensstile

A

Überzeugungen

A 1

Beschreiben Sie die Menschen. Was meinen Sie: Wie alt sind sie? Wie leben sie? Warum leben sie so? Was wünschen sie sich?

A

B

C

D

E

F

Kennen Sie Menschen, die sich für eine außergewöhnliche Lebensform entschieden haben? Berichten und diskutieren Sie in Kleingruppen.

A 2

Und wie leben Sie? Arbeiten Sie zu zweit. Machen Sie eine Liste mit Fragen und interviewen Sie sich gegenseitig.

Was machen Sie beruflich? ◆ Was machen Sie in Ihrer Freizeit? ◆ Woran glauben Sie? ◆ Interessieren Sie sich für Politik? ◆ Engagieren Sie sich für die Umwelt? ◆ Sind Sie modebewusst? ◆ Wie wichtig ist Ihnen Geld? ◆ Sind Sie ordentlich/unordentlich? ◆ Sind Sie Früh- oder Spätaufsteher? ◆ Sind Sie gern allein? ◆ Sind Sie sportlich? ◆ Wie ernähren Sie sich? ◆ ...

Stellen Sie jetzt Ihre Interviewpartnerin oder Ihren Interviewpartner vor.

Überfliegen Sie die Texte 1–5. Um welche Themen geht es in den Texten? Machen Sie Notizen.

Politik, Umweltschutz ...

Lesen Sie zuerst die zehn Überschriften. Lesen Sie dann noch einmal die fünf Texte und entscheiden Sie, welcher Text (1–5) am besten zu welcher Überschrift (a–j) passt. Sie dürfen jeden Text und jede Überschrift nur einmal verwenden.

a) Zur Entstehung der Gesteinsarten

b) Todesstrafe auf dem Vormarsch

c) Stoppt die Massentierhaltung!

d) Heilung durch die Kraft der Natur

e) Immer mehr Teilnehmer auf dem Kirchentag

f) In Aktion für die Menschenrechte

g) „Traumhafte" Toskana!

h) Viele Deutsche orientieren sich an religiösen Geboten

i) Träume in der Weltliteratur

j) Ein Leben ohne Fleisch

1   Amnesty International bietet vielfältige Handlungsmöglichkeiten für jeden an. Es gibt verschiedene Möglichkeiten, wie auch Sie einen Beitrag für die Freilassung von gewaltlosen politischen Gefangenen, gegen Folter und Todesstrafe leisten können:
- Als aktives Mitglied einer Gruppe setzen Sie sich persönlich für die Opfer politischer Verfolgung ein und organisieren gemeinsam mit anderen Mitgliedern öffentliche Veranstaltungen.
- Als aktives Einzelmitglied unterstützen Sie die Arbeit von ai, indem Sie sich außerhalb einer Gruppe regelmäßig an einer unserer Aktionen beteiligen.
- Durch Spenden oder regelmäßige Beiträge leisten Sie finanzielle Hilfe für die Arbeit von ai.

2   Steine bergen in sich die Energie von Jahrhunderten und Jahrtausenden und können körperliche, aber auch seelische Blockaden lösen. Dieses Buch zeigt Ihnen den Weg zu Ihrem persönlichen Stein und stellt die jeweils passende Therapie für körperliche und psychische Beschwerden vor. Mehr als 100 heilende Steine werden mit Farbabbildungen vorgestellt.
Zu jedem Stein finden Sie detaillierte Informationen:
- Therapeutische Wirkung auf Körper und Geist
- Rezepte für die beste Anwendung und Pflegehinweise
- Chemische Zusammensetzung, Härte, Kristallisationstyp und Fundorte
- Die Rolle des Steins in Mythologie und Geschichte

Dr. Flora Peschek-Böhmer, seit 15 Jahren Heilpraktikerin, leitet ein Naturheilzentrum in Hamburg. Ihr Schwerpunkt sind Selbstheilung und Kuren mit natürlichen Mitteln.

3    Ein Vegetarier isst keine Lebensmittel, die das Töten von Tieren voraussetzen. Er verspeist also kein Fleisch, Fisch, Geflügel oder Schlachthaus-Nebenprodukte wie zum Beispiel Gelatine. Auch Produkte von lebenden Tieren wie Milch, Milchprodukte (Käse...) und Eier essen nicht alle Vegetarier. Es gibt verschiedene Arten von Vegetariern:
Ovo-Lacto-Vegetarier essen Milchprodukte und Eier (aus Freilandhaltung). Dies ist die klassische Form der vegetarischen Ernährung und wird von den meisten Vegetariern angewendet. Veganer essen weder Milchprodukte und Eier noch andere tierische Produkte. Sie essen zum Beispiel auch keinen Honig. Häufig benutzen Veganer auch keine Gebrauchsgegenstände aus Tierhäuten, wie zum Beispiel Schuhe aus Leder.

4   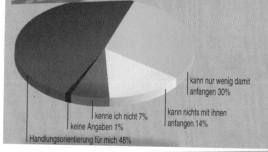 Welche Bedeutung haben die Zehn Gebote insgesamt für Sie?
Knapp die Hälfte der Deutschen sieht in den Zehn Geboten der Bibel Orientierung für das persönliche Handeln. Das ergab eine repräsentative Untersuchung. Unter 1000 Befragten zeigen sich allerdings deutliche Unterschiede – zwischen Ost und West und zwischen Jung und Alt. Für 54 Prozent der Westdeutschen stellen die Gebote Orientierung für die Gestaltung ihres Lebens dar. Im Osten beträgt dieser Anteil nur 26 Prozent. 20 Prozent geben in Ostdeutschland an, die Gebote gar nicht zu kennen. Unterschiede zeigen sich auch bei den Generationen. Finden noch zwei Drittel der über 60-Jährigen in den Zehn Geboten Orientierung, so sind das bei den unter 30-Jährigen nur noch 28 Prozent.

kann nur wenig damit anfangen 30%
kenne ich nicht 7%
keine Angaben 1%
kann nichts mit ihnen anfangen 14%
Handlungsorientierung für mich 48%

5   Sie möchten wissen, welche Bedeutung Ihre Träume haben? In der Zeit vom 9.8. bis zum 16.8. bieten wir eine Traum- und Wanderwoche an. In diesem Workshop werden Sie spielerisch erfahren, wie Sie Träume lebenspraktisch nutzen können. Träume sind der Wegweiser für unsere persönliche Entwicklung. Sie bekommen leicht anwendbare Tipps und lernen, wie man sich besser an Träume erinnern, sie verstehen und ihre kreative Seite umsetzen kann. In dieser Ferienwoche erhalten Sie viele praktische Hilfen für die eigene Traumdeutung und für das Verständnis der inneren Stimme. Bringen Sie Ihre Träume mit oder träumen Sie in diesem Kurs: Die Gelegenheit ist günstig – Sie werden erleben, wie die besondere Landschaft der Toskana Sie inspirieren wird.

Mit welchem Thema würden Sie sich gern beschäftigen? Was wissen Sie darüber? Arbeiten Sie in Gruppen und diskutieren Sie.

A 4

Lesen Sie die Regeln und Beispiele und beantworten Sie die Fragen.

Gegenwart und Zukunft

Es gibt verschiedene Möglichkeiten, Zeitverhältnisse auszudrücken:

● mit Tempusformen **§ 8a**
Über die Gegenwart spricht man im **Präsens**:
*Amnesty International **bietet** vielfältige Handlungsmöglichkeiten für jeden **an**.*
*Dr. Flora Peschek-Böhmer, seit 15 Jahren Heilpraktikerin, **leitet** ein Naturheilzentrum in Hamburg.*
Mit dem Präsens drückt man auch allgemein gültige Aussagen aus:
*Ein Vegetarier **isst** keine Lebensmittel, die das Töten von Tieren voraussetzen.*
*Steine **bergen** in sich die Energie von Jahrhunderten und Jahrtausenden und **können** körperliche, aber auch seelische Blockaden **lösen**. (→ Das ist immer so.)*

● mit Tempusformen + Adverbien / adverbialen Ausdrücken **§ 8i, § 20b**
Für die **Zukunft** benutzt man das **Präsens** mit den entsprechenden **Zeitangaben (Adverbien / adverbiale Ausdrücke)** oder mit einem Kontext, der auf die Zukunft weist.
*In der Zeit vom 9. 8. bis zum 16. 8. **bieten** wir eine Traum- und Wanderwoche **an**. Sie **bekommen** leicht anwendbare Tipps und **lernen**, wie man sich besser an Träume **erinnern**, sie **verstehen** und ihre kreative Seite **umsetzen kann**.*
Nur selten (z.B. in schriftlichen Texten, für Pläne, Prognosen oder bei Versprechen) benutzt man **das Futur I**. Man bildet das Futur I mit „werden" (Position 2) und dem Infinitiv (am Satzende).
*In diesem Workshop **werden** Sie spielerisch **erfahren**, wie Sie Träume lebenspraktisch nutzen können.*

Aufgaben
1 Welche Zeitangaben für Zukunft kennen Sie? Machen Sie eine Liste.
2 Lesen Sie Text 5 noch einmal und suchen Sie je einen weiteren Beispielsatz.
a) im Präsens (Gegenwart)   b) im Präsens (allgemein gültige Aussage)
c) im Präsens mit Zeitangabe, die auf die Zukunft weist   d) im Futur I

A 5

Sie möchten selbst einen Workshop anbieten. Wählen Sie ein Thema und machen Sie Notizen zu Zeit und Inhalt.

● Ein Leben ohne Arbeit – so funktioniert's!

● Eine Fremdsprache im Schlaf lernen – Sie müssen nur dran glauben!

● 30 Schritte, um absolut jedes Problem zu lösen

● Im Einklang mit der Natur – leben wie die Indianer

● Unsere Hände – der Spiegel unserer Seele

● ...

Arbeiten Sie zu zweit. Berichten Sie Ihrer Partnerin / Ihrem Partner, was sie/ihn in dem Workshop erwartet.

ARBEITSBUCH
A3-A5

Finden Sie das richtig oder falsch? Markieren Sie.

		richtig	falsch
1	Die Religion hat ihren Einfluss auf die Menschen verloren.		
2	Religiöse Gebote sind für das alltägliche Leben nicht mehr wichtig.		
3	Man sollte Feste wie z.B. Weihnachten nicht feiern, wenn man nicht religiös ist.		
4	Wenn alle Menschen einen festen Glauben hätten, gäbe es weniger Kriege.		
5	Menschen, die an nichts glauben, fehlt der Sinn im Leben.		

Vergleichen und diskutieren Sie.

Sehen Sie sich die Abbildung an. Berichten Sie Ihrer Partnerin / Ihrem Partner kurz, welche Informationen Sie zum Thema vorliegen haben. Danach berichtet Ihre Partnerin / Ihr Partner kurz über ihre/seine Informationen.

TIPP
ARBEITSB
Seite

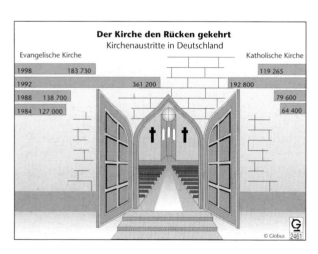

Der Kirche den Rücken gekehrt
Kirchenaustritte in Deutschland

Evangelische Kirche | | | Katholische Kirche
1998 | 183 730 | | 119 265
1992 | 361 200 | 192 800 |
1988 | 138 700 | | 79 600
1984 | 127 000 | | 64 400

© Globus 2461

Mitgliederzahlen der großen Religionsgemeinschaften

		Berlin	Bayern
Evangelische Kirche	867.000	25,9%	
Evangelische Kirche	2.750.000		22,7%
Katholische Kirche	310.000	9,2%	
Katholische Kirche	7.450.000		61,5%
Jüdische Gemeinden	12.000	0,35%	
Jüdische Gemeinden	15.000		0,12%
Islam	203.000	6%	
Islam	500.000		4,1%

Erzählen Sie sich gegenseitig, wie Sie über dieses Thema denken. Geben Sie Gründe. Reagieren Sie auf die Meinung Ihrer Partnerin / Ihres Partners.

Über eine Abbildung / einen Text sprechen

Eine Abbildung / einen Text beschreiben
Die Abbildung/Grafik/Tabelle gibt Informationen über das Thema ...
Das Foto/Bild zeigt, wie / wie viel / ...
In dem Text zur Abbildung/Grafik/Tabelle steht, dass ...
Interessant an dieser Abbildung/Grafik/Tabelle ist, dass ...
Seltsam finde ich, dass ...
Bei uns ist das ganz anders: ...
Ich denke/finde, ...

Auf die Partnerin / den Partner reagieren
Ja, das stimmt. / Das finde ich auch.
Wirklich?
Das denke/finde ich nicht.
Interessant!
Das wusste ich noch nicht.
Das habe ich nicht verstanden.
Könnten Sie das bitte noch einmal wiederholen/erklären?

ARBEITSB
A6

B

3 1

Freizeit-Trends

Was ist was? Ordnen Sie zu.

ARBEITSBUCH
B1-B2

a) Fallschirmspringen ☐
b) Bergsteigen ☐

c) Bungee-Springen ☐
d) Freiklettern ☐

e) Canyoning ☐
f) Drachenfliegen ☐

Welche anderen Extremsportarten kennen Sie? Haben Sie schon einmal eine ausprobiert oder möchten Sie gern mal eine ausprobieren?

B 2   **Was vermuten Sie: Warum machen heute immer mehr Menschen Extremsport?
Diskutieren Sie zunächst mit Ihrer Partnerin / Ihrem Partner und machen Sie Notizen.**

1-5   Hören Sie dann die Aussagen von Extremsportlern und machen Sie Notizen zum Inhalt.

1

Peter Hinterseher, 38
Außenhandelskaufmann

_____

_____

_____

2

Susan Bender, 24
Arzthelferin

_____

_____

_____

3

Klaus Metzler, 33
Kfz-Mechaniker

_____

_____

_____

4

Tamara Schulz, 40
Werbegrafikerin

_____

_____

_____

5

Oliver Stagneth, 28
Arzt

_____

_____

_____

**Diskutieren Sie in Kleingruppen und vergleichen Sie mit Ihren Vermutungen.
Können Sie verstehen, warum Menschen Extremsport machen?**

B 3

Wie erklärt die Wissenschaft die neue Lust am Extremsport?
Lesen Sie den Text und unterstreichen Sie die wichtigsten Erklärungsversuche.

Die Lust am Risiko

Nervenkitzel als Massenware. Um den Spaß am vollen Risiko zu erleben, fahren etwa 120 000 Waghalsige pro Jahr ins österreichische Bundesland Tirol.
5 Beim „River-Rafting" und „Canyoning" kämpfen sie mit Wasserfällen und gefährlichen Schluchten. Tourismusbranche und Freizeitindustrie profitieren von diesem Trend zum Abenteuer.
10 Früher lagen Badetücher und Sonnenhüte in den Regalen, heute sind es teure Sturzhelme und Survival-Jacken. Die Spannung erleben, die Lebensgefahr fühlen und die Angst genießen: Für
15 immer mehr Menschen bedeutet das Spaß. Diese Lust auf Extremsituationen wird zunehmend „ein Mittel gegen Isolation und Langeweile", stellt das B.A.T.-Freizeit-Forschungsinstitut in Hamburg
20 fest. Todesangst als letzter Kick? Womit haben wir es da zu tun? Ist es der verzweifelte Versuch, sich selbst zu spüren?

Auch die Evolutionsforschung hat sich
25 mit diesem Phänomen beschäftigt. Der Mensch ist nicht als Stubenhocker geplant, erklären die Wissenschaftler den Hunger nach Gefahr und Risiko in der Freizeit. Die Angst treibt den Körper
30 wie den Geist zu Höchstleistungen an, und ohne ihre mobilisierenden Kräfte hätte der Mensch weder überleben noch sich entwickeln können. „Im Grunde sind wir alle Steinzeit-Menschen", meint
35 der Neurologe und Psychologe Hoimar von Ditfurth.
Tatsächlich war die Entwicklung des Menschen ständig von Gefahren begleitet. Wilde Tiere, Naturkatastrophen,
40 Krankheiten und Kriege hielten ihn pausenlos in Atem. „Je weiter der Zivilisationsprozess fortschritt, desto mehr verlor das Leben von seiner Gefährlichkeit – und wurde damit langweiliger", stellt der
45 Augsburger Psychologie-Professor Hans A. Hartmann fest. Also begannen die

Menschen, Gefahren und Strapazen freiwillig zu suchen. Existenzielle Gefühle wie „Angst vorher" und „Erleichterung
50 nachher" kauft man sich heute einfach. Psychologen haben noch eine andere Seite entdeckt: In einer Welt, die immer komplexer wird, sucht der überforderte Mensch nach Struktur und Ordnung. Die
55 findet er in Extremsituationen. Da wird höchste Präzision und Aufmerksamkeit verlangt. Nur der Augenblick zählt, alles andere wird völlig unwichtig. Wer im Schlauchboot gegen Wildwasser
60 kämpft, kümmert sich nicht gleichzeitig um Ehefrust, Berufsstress oder finanzielle Probleme. Da sind Körpereinsatz, Wissen, Kontrolle und höchste Konzentration gefordert – alles Eigenschaften,
65 die auch bei der beruflichen Karriere eine Rolle spielen. Deshalb loben erfolgreiche Manager den „Transfer-Effekt", wenn sie von einem Survivaltraining in die Chef-Etage zurückkehren.

Lesen Sie die Erklärungen, suchen Sie die Wörter im Text und ergänzen Sie.

Zeile ▓▓ : *der Nervenkitzel* _____ = ein angenehmes Gefühl, das jemand hat, wenn er etwas Gefährliches tut

Zeile ▓▓ : _____ = ein sehr enges und tiefes Tal in den Bergen

Zeile ▓▓ : _____ = feste Kopfbedeckung, die gegen Verletzungen schützt

Zeile ▓▓ : _____ = ein großes Glücksgefühl, ähnlich wie die Wirkung von Drogen

Zeile ▓▓ : _____ = jemand, der am liebsten im Haus bleibt und nicht gern nach draußen geht

Zeile ▓▓ : _____ = eine große Anstrengung, eine große körperliche Belastung

Zeile ▓▓ : _____ = ein anderes Wort für Genauigkeit

Zeile ▓▓ : _____ = die englische Bezeichnung für ein Überlebenstraining in der Natur

Sortieren Sie die Argumente aus dem Text und vergleichen Sie sie mit den Aussagen der Extremsportler in B 2.

Freizeitforschung	Evolutionsforschung	Psychologie

Lesen Sie die Regeln und Beispiele und beantworten Sie die Fragen.

Vergangenheit

Es gibt verschiedene Möglichkeiten, Vergangenheit auszudrücken:

● mit Tempusformen   **§ 8e + f + g**

→ **Perfekt**: z.B. für mündliche Berichte, persönliche Briefe und in Konversationen. Das Perfekt bildet man mit „haben" oder „sein" und dem Partizip Perfekt.

Das **hat** *eigentlich schon als Kind* **angefangen**. *Mein Vater war ein großer Bergsteiger und* **hat** *mich oft* **mitgenommen**, *wenn er mit Freunden auf'n Berg* **gegangen ist**.

→ **Präteritum**: z.B. für schriftliche Berichte, Lebensläufe; außerdem meistens bei den Verben „haben", „sein", „werden" und den Modalverben. Regelmäßige Verben und Modalverben haben im Präteritum vor der Verb-Endung das Präteritum-Signal „t" (konnte). Unregelmäßige Verben verändern den Verbstamm (geben → gab).

Je weiter der Zivilisationsprozess **fortschritt**, *desto mehr* **verlor** *das Leben von seiner Gefährlichkeit – und* **wurde** *damit langweiliger.*

→ **Plusquamperfekt**, wenn man beschreiben will, was schon vorher passiert ist. Das Plusquamperfekt bildet man aus dem Präteritum von „haben" oder „sein" und dem Partizip Perfekt.

Er **hatte** *das vorher schon mal mit ein paar Freunden* **gemacht**, *aber davon wusste ich zu dem Zeitpunkt noch nichts.*

● mit Adverbien / adverbialen Ausdrücken   **§ 20b**

Früher *lagen Badetücher und Sonnenhüte in den Regalen, ...*
Mit meiner Freundin gab's **damals** *immer Probleme, ...*

● mit Konjunktionen   **§ 22**

Zuerst hatte ich total Angst, aber **als** *ich gesehen habe, dass Ralf auch gesprungen ist und hinterher wie in Trance war, hab ich mich auch getraut.*
Mit meiner Freundin gab's damals immer Probleme, **wenn** *ich wieder das ganze Wochenende beim Klettern war.*
Aber jetzt, **nachdem** *sie es vor einem halben Jahr selbst mal ausprobiert hat, ist sie genauso kletterbegeistert wie ich.*

Aufgaben

1 Sortieren Sie folgende Verben nach Perfekt-Verbgruppen: *überlegen, anfangen, fahren, leben, beginnen, zurückkehren, mitnehmen, denken, sehen, entdecken, gehen, lieben, ausprobieren, verlieren, anfordern, engagieren, einsetzen, anziehen, entstehen*

ge/.../(e)t	.../ge/.../(e)t	ge/.../en	.../ge/.../en	... .../t	... .../en
gelebt		*gefahren*			

2 Welche anderen Adverbien / adverbialen Ausdrücke, die auf die Vergangenheit weisen, kennen Sie? Machen Sie eine Liste.

3 Wann benutzt man in temporalen Nebensätzen der Vergangenheit „wenn", und wann benutzt man „als"? Machen Sie zwei Beispielsätze.

4 Welche anderen temporalen Konjunktionen kennen Sie? Machen Sie zwei Beispielsätze.

Waren Sie schon mal beim Sport in einer „extremen" Situation?
Berichten oder schreiben Sie.

Als ich ... Jahre alt war, ...
Als wir einmal in der Schule
Sport hatten, ...
Damals ...

B 6

Sie machen eine Diskussionsrunde zum Thema „Extremsport". Arbeiten Sie in Gruppen. Jeder übernimmt eine Rolle.

Moderator/in: bittet jeden Gast, sich kurz vorzustellen und zu erzählen, wie sie/er zum ersten Mal mit dem Thema Extremsport in Berührung gekommen ist.

Frau von der Ropp: hatte bereits einen schweren Unfall beim Klettern, ist aber noch immer begeisterte Extremsportlerin.

Herr Höppner: großer Sportfan (aber nur zu Hause vor dem Fernseher), findet, dass Extremsport nur etwas für Verrückte ist.

Herr Balzer: seit vier Jahren Chef eines erfolgreichen Unternehmens für Bungee-Springen, glaubt, dass sich Extremsport positiv auf die menschliche Psyche auswirkt.

Frau Denninger: ist gegen Extremsport, seit ihre Tochter vor zwei Jahren beim Canyoning einen schweren Unfall hatte.

Herr Lenzel: Chefmanager einer Großbank, schickt seine Mitarbeiter regelmäßig zu „Survivaltrainings", damit sie auch im Beruf extreme Situationen besser meistern können.

Die Moderatorin / Der Moderator bittet jeden Gast, zuerst etwas über sich zu erzählen. Die Gäste machen sich vorher Notizen zu folgenden Punkten:

● Wie beginne ich? Wie stelle ich mich vor?
● Wie beschreibe ich meine Situation?
● Wann/wie bin ich zum ersten Mal mit diesem Thema in Berührung gekommen?
● Welche Meinung habe ich zu diesem Thema und wie begründe ich meine Meinung?
● Welche Beispiele kann ich geben?
● Wie schließe ich meinen Bericht?

Es ist wichtig, während der Diskussion auf die Berichte der anderen Gäste zu reagieren.

Diskussion

Zeigen, dass man aufmerksam zuhört
Mmmhhh. – Aha. – Ach so. – So? – Interessant! – Und dann?

Überrascht oder ungläubig reagieren
Tatsächlich?/Wirklich?
Das ist ja merkwürdig/seltsam/verrückt!
Das wundert/überrascht mich!

Mit Zustimmung reagieren
Ja, genau!
Das finde/denke ich auch.
Richtig!

Widersprechen
Da bin ich (ganz) anderer Meinung.
Das glaube ich nicht.
Das kann man so nicht sagen.

C Wendepunkte

C 1 Welche Ereignisse können Wendepunkte im Leben eines Menschen sein?

C 2 Überfliegen Sie die Texte und machen Sie kurz Notizen zum Inhalt.

1 Marlene: _____

2 Gerd: _____

3 Doris: _____

4 Jan: _____

5 Isabella: _____

6 Thomas: _____

10 zehn

Lauter letzte Tage

1

„Ich bin mit meiner Doktorarbeit fertig. Vier Jahre habe ich dafür aufgewendet. Vier Jahre täglich mindestens acht Stunden in Bibliotheken, Instituten, die Arbeit zu Hause am Computer nicht gerechnet. Ein einsames Leben, kaum noch soziale Kontakte. Jetzt ist es vorbei, und ich kann mich noch gar nicht richtig freuen. Es gibt auch niemanden, der sich mit mir freuen würde. Meine Freunde wissen nicht einmal, worüber ich promoviert habe: ‚Das Familiengedächtnis. Erinnerung im deutsch-jüdischen Bürgertum'. Ach ja? Kann sich keiner was drunter vorstellen. Ich fühle mich verlassen, leer. Mein Tagesrhythmus ist weggebrochen, meine Wohnung eine Papierwüste. Zuerst werde ich wohl mal aufräumen."
(Marlene, 36, Historikerin)

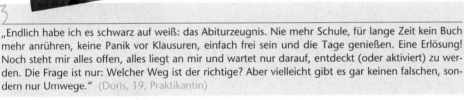

2

„Vielleicht wird mich keine Frau mehr angucken, wenn ich erst den Trauring am Finger habe. Aber selbst wenn, das Risiko gehe ich ein: aus Glück. Natürlich ist Heiraten ein Riesenschritt, dieses ‚Ja' heißt schließlich für ein ganzes Leben Ja – eine verdammt lange Zeit. Aber wahrscheinlich ändert sich gar nicht so viel. Ich kann doch als Ehemann zum Beispiel immer noch mit meinen Kumpels auf die Rolle gehen, wenn ich Lust dazu habe. Und belogen und betrogen habe ich Ann-Christin vorher auch nicht."
(Gerd, 25, Student)

3

„Endlich habe ich es schwarz auf weiß: das Abiturzeugnis. Nie mehr Schule, für lange Zeit kein Buch mehr anrühren, keine Panik vor Klausuren, einfach frei sein und die Tage genießen. Eine Erlösung! Noch steht mir alles offen, alles liegt an mir und wartet nur darauf, entdeckt (oder aktiviert) zu werden. Die Frage ist nur: Welcher Weg ist der richtige? Aber vielleicht gibt es gar keinen falschen, sondern nur Umwege." (Doris, 19, Praktikantin)

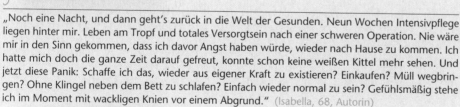

4

„Zehn Jahre täglich um die 20 Zigaretten sind definitiv genug: zu ungesund, zu teuer, zu abhängig. Das kann doch nicht so schwierig sein, davon wegzukommen! Andere haben es schließlich auch geschafft. Die erste Woche soll die schlimmste sein, hab ich gehört, aber danach geht's stetig bergauf. Also auf in den Kampf. Und jetzt rauch ich mit Genuss meine letzte. Bestimmt! Hoffentlich ..."
(Jan, 25, Industriekaufmann)

5

„Noch eine Nacht, und dann geht's zurück in die Welt der Gesunden. Neun Wochen Intensivpflege liegen hinter mir. Leben am Tropf und totales Versorgtsein nach einer schweren Operation. Nie wäre mir in den Sinn gekommen, dass ich davor Angst haben würde, wieder nach Hause zu kommen. Ich hatte mich doch die ganze Zeit darauf gefreut, konnte schon keine weißen Kittel mehr sehen. Und jetzt diese Panik: Schaffe ich das, wieder aus eigener Kraft zu existieren? Einkaufen? Müll wegbringen? Ohne Klingel neben dem Bett zu schlafen? Einfach wieder normal zu sein? Gefühlsmäßig stehe ich im Moment mit wackligen Knien vor einem Abgrund." (Isabella, 68, Autorin)

6

„Ich freue mich auf Afrika: neues Land, neuer Job, neue Eindrücke. Meine Möbel und Bücher sind schon im Container unterwegs nach Nairobi, während ich hier in München seit 14 Tagen eine Abschiedsfete nach der anderen feiere. Heute Nacht geht's noch mal in mein Stammlokal, die ‚Paris-Bar': durchmachen bis zum frühen Morgen und dann mit dem Taxi direkt zum Flughafen. Seltsam, je näher dieser Moment rückt, umso trauriger wird die ganze Sache. Bald weg zu sein tut auf einmal richtig weh." (Thomas, 34, Zeitungskorrespondent)

Denken Sie sich für jede Geschichte einen passenden Titel aus und vergleichen Sie mit Ihren Nachbarn.

ARBEITSBUCH C1–C3

C 3

Die Geburt eines Kindes ist ein wichtiger Wendepunkt im Leben eines Menschen. Was verändert sich? Arbeiten Sie zu zweit und machen Sie Notizen.

vorher

am Wochenende lange schlafen

...

nachher

morgens immer früh geweckt werden

...

Welche Veränderungen finden Sie positiv, welche negativ? Diskutieren Sie in Kleingruppen.

C 4

Was passt zusammen? Markieren Sie.

1	die Schwangerschaft	a)	Geburtshelferin
2	die Hausgeburt	b)	ein Baby im Bauch haben
3	der Kaiserschnitt	c)	einem Baby Muttermilch zu trinken geben
4	die Hebamme	d)	die Zeit, in der eine Frau ein Baby im Bauch trägt
5	die Windel	e)	Operation, bei dem das Baby durch einen Schnitt in der Bauchdecke zur Welt kommt
6	schwanger sein	f)	eine spezielle „Hose", die Kleinkinder brauchen, wenn sie noch nicht zur Toilette gehen können
7	ein Baby stillen	g)	Geburt, die zu Hause und nicht im Krankenhaus stattfindet

C 5

Sie hören jetzt ein Interview. Lesen Sie die Themen. In welcher Reihenfolge sagt Tanja etwas dazu? Hören und sortieren Sie.

5 ihr Verhältnis zu ihren Eltern   3 die Geburt von Tochter Marie

~~4~~ ihr Leben mit Kind   1 ihr Leben ohne Kind

~~4~~ ihr emotionales Verhältnis zu Holger   4 die Veränderung der eigenen Persönlichkeit

6

Lesen Sie die Aussagen. Hören Sie dann das Interview noch einmal und entscheiden Sie beim Hören, ob die Aussagen richtig oder falsch sind. Markieren Sie richtig [R] oder falsch [F].

		R	F
1	Tanja ist mit 33 zum zweiten Mal schwanger geworden.	R	F ✓
2	Die Geburt von Marie war nicht geplant.	R ✓	F
3	Tanja und Holger kannten sich schon lange, als das Kind unterwegs war.	R	F ✓
4	Tanjas Freunde hatten alle noch keine Kinder.	R	F ✓
5	Nach der Geburt war Tanja deprimiert.	R ✓	F
6	Seit die kleine Marie da ist, hat Tanja ein viel besseres Verhältnis zu ihrer Mutter.	R ✓	F
7	Tanja und Holger hatten kurz nach Maries Geburt viele Probleme.	R ✓	F ✓
8	Holger hat sich in der ersten Zeit nicht oft um Marie gekümmert.	R	F ✓

TIPP ARBEITS Seite

Z

C 6

Die folgenden Sätze aus dem Interview mit Tanja drücken ein bestimmtes Zeitverhältnis aus. Ergänzen Sie für jede Gruppe die passende Überschrift.

- Reihenfolge
- Häufigkeit und Wiederholung
- Dauer

1 _____

*Früher hab' ich mich **ständig** über Kleinigkeiten aufgeregt.*
*Wir haben uns **oft** gestritten.*
*Andererseits bekam ich **immer** Stielaugen und Elefantenohren, **wenn** er sich um sie gekümmert hat.*

2 _____

*Na, dann genießt das Leben noch mal richtig, **bevor** ihr Eltern werdet.*
*Und **dann** hat sie **angefangen** zu erzählen: von der schweren Geburt und von meinem Vater, der **danach** nur kurz angerufen und gratuliert hat.*
*Holger und ich hatten in den ersten Monaten **nach Maries Geburt** viel Stress.*
***Nach 14 Tagen** wollen sich alle scheiden lassen.*

3 _____

*Holger und ich kannten uns erst **ein paar Monate**, als ich schwanger wurde.*
***Bis dahin** hatte ich mein Leben fest im Griff.*
*Das Leben **geht** doch **weiter**.*
*Ich muss sagen, das Verhältnis zu meinen Eltern hat sich sehr verbessert, **seit** ich selbst eine Tochter habe.*
*Es hat **lange gedauert**, **bis** ich eingesehen hab', dass er manches eben anders macht, aber deswegen nicht falsch.*
***Erst seit** ich drei Tage in der Woche arbeite und Holger – genau wie ich – zwei Tage mit Marie allein ist, ist das kein Thema mehr.*

Lesen Sie die Regeln und Beispiele und beantworten Sie die Fragen.

Reihenfolge, Häufigkeit und Wiederholung, Dauer

Es gibt verschiedene Möglichkeiten, Zeitverhältnisse auszudrücken, z. B. die Reihenfolge von Ereignissen, ihre Häufigkeit/Wiederholung und ihre Dauer.

- mit Adverbien / adverbialen Ausdrücken: *danach, oft, ein paar Monate ...* **§ 20b + c**
- mit Konjunktionen: *bevor, wenn, seit ...* **§ 22**
- mit Präpositionen: ***nach 14 Tagen**, **bis** dahin* **§ 19b**
- mit bestimmten Wörtern (Nomen, Verben, Adjektive), die selbst schon ein Zeitverhältnis ausdrücken: *Zeitpunkt, anfangen, dauern, **lange** Beziehungen ...*

Aufgaben
1 Welche temporalen Konjunktionen kennen Sie? Machen Sie eine Liste.
2 Welche anderen Nomen, Verben und Adjektive kennen Sie, die ein Zeitverhältnis ausdrücken? Machen Sie eine Liste.

C 7

Haben Sie ähnliche Erfahrungen gemacht oder kennen Sie Eltern, bei denen es ähnlich war? Berichten Sie.

> *Ich kann mich noch genau daran erinnern, wie es war, als ...*
> *Zuerst ...*
> *Dann ...*

Zwischen den Zeilen

Lesen Sie den Text.

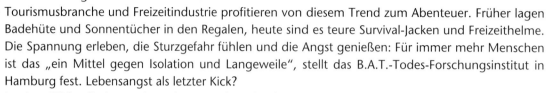

Massenkitzel als Nervenware.

Um den Spaß am vollen Risiko zu erleben, fahren etwa 120 000 Waghalsige pro Jahr ins österreichische Wasserland Tirol. Beim „River-Rafting" und „Canyoning" kämpfen sie mit Bundesfällen und gefährlichen Schluchten.

Tourismusbranche und Freizeitindustrie profitieren von diesem Trend zum Abenteuer. Früher lagen Badehüte und Sonnentücher in den Regalen, heute sind es teure Survival-Jacken und Freizeithelme. Die Spannung erleben, die Sturzgefahr fühlen und die Angst genießen: Für immer mehr Menschen ist das „ein Mittel gegen Isolation und Langeweile", stellt das B.A.T.-Todes-Forschungsinstitut in Hamburg fest. Lebensangst als letzter Kick?

In einer Welt, die immer komplexer wird, sucht der überforderte Mensch nach Struktur und Ordnung. Die findet er in Berufssituationen. Wer im Eheboot gegen Extremwasser kämpft, kümmert sich nicht gleichzeitig um Wildfrust, Schlauchstress oder finanzielle Probleme …

Schreiben sie die Wörter auf, die nach Ihrer Meinung nicht ganz passen.

(Im ersten Abschnitt sind es zwei, im zweiten Abschnitt sechs, im dritten Abschnitt fünf Wörter.)

Massenkitzel, Nervenware, Wasserland,

. . .

Schreiben sie jetzt die Einzelwörter auf. Schreiben Sie Nomen bitte mit Artikel und Plural; schauen Sie wenn nötig im Wörterbuch nach. Verben schreiben Sie bitte im Infinitiv.

Massenkitzel   Massen: die Masse, -n   Kitzel: der Kitzel (nur Singular)
Nervenware   Nerven: der Nerv, -en   Ware: die Ware, -n
. . .

Versuchen Sie jetzt, in jedem Abschnitt diese Wörter in neuen Kombinationen so zusammenzusetzen, dass der Text einen vernünftigen Sinn bekommt.

Massenware / Nervenkitzel   Bundesland / . . .
. . .

Vergleichen Sie Ihre Lösung mit dem Text auf Seite 7.

Ordnen Sie die neu zusammengesetzten Nomen (mit Artikel und Plural) in diese Felder:

Nomen + nomen
der Wasserfall, ⸚e

Nomen + „en" + nomen
der Nerv en kitzel (nur Sg.)

Nomen + „–" + Nomen
–

Nomen + „s" + nomen
s
s

Verb ohne „-n" + nomen

Adjektiv + nomen

Nomen + „n" + nomen
die Masse n ware (nur Sg.)
n

Nomen + „es" + nomen
es
es

E
7

Der Ton macht die Musik

Udo Lindenberg: So oder so ist das Leben

So oder so ist das Leben,
so oder so ist es gut.
So wie das Meer ist das Leben,
ewige Ebbe und Flut.

Heute nur glückliche Stunden,
morgen nur Sorgen und Leid.
Neues bringt jeder Tag,
doch was auch kommen mag,
halte dich immer bereit.

Du musst entscheiden,
wie du leben willst,
nur darauf kommt's an,
und musst du leiden,
dann beklag dich nicht,
du änderst nichts d'ran.

So oder so ist das Leben.
Ich sage: Heute ist heut!
Was ich auch je begann,
das hab' ich gern getan,
ich hab' es nie bereut.

Man lebt auf dieser Welt
und sucht das Glück und weiß nicht,
wo es hier auf Erden wohnt.
Der eine sieht im Geld sein Ziel
und sein Geschick,
der and're glaubt, dass nur die Liebe lohnt.

Ein jeder hat das Recht
zum Glücklichsein,
den Weg musst du dir suchen,
kreuz und quer,
ob's gut geht oder schlecht,
das weiß nur Gott allein,
dir bleibt die Wahl,
und sei sie noch so schwer.
...

Musik: Theo Mackeben
Worte: Hans Fritz Beckmann 1934

Udo Lindenberg, geboren am 17. 5. 1946 in Gronau (Westfalen), deutscher Rockmusiker (Schlagzeuger und Sänger). Wurde seit 1972 mit seinem „Panik-Orchester" zum Vorreiter für Rocksongs mit deutschen Texten, die Witz, soziales und politisches Engagement zeigen. Er wirkte als Schauspieler in mehreren Filmen mit und wurde Ende der 80-er Jahre zu einer Integrationsfigur für jugendliche Rockfans in Ost und West.

F **Kurz & bündig**

Zeitverhältnisse

Gegenwart (Präsens) § 8a

Amnesty International **bietet** vielfältige Handlungsmöglichkeiten für jeden **an**.
Dr. Flora Peschek-Böhmer, seit 15 Jahren Heilpraktikerin, **leitet** ein Naturheilzentrum in Hamburg.

Zukunft (Präsens, Futur I) § 8a + i

In der Zeit vom 9. 8. bis zum 16. 8. bieten wir eine
Traum- und Wanderwoche **an**. Sie **bekommen** leicht
anwendbare Tipps und **lernen**, wie man sich besser an
Träume **erinnern**, sie **verstehen** und ihre kreative Seite
umsetzen kann. In diesem Workshop **werden** Sie spielerisch **erfahren**, wie Sie Träume lebenspraktisch nutzen
können.

Vergangenheit (Perfekt, Präteritum, Plusquam- perfekt) § 8e + f + g

Das **hat** eigentlich schon als Kind **angefangen**. Mein
Vater war ein großer Bergsteiger und **hat** mich oft **mitgenommen**, wenn er mit Freunden auf'n Berg **gegangen ist**.
Je weiter der Zivilisationsprozess **fortschritt**, desto mehr
verlor das Leben von seiner Gefährlichkeit – und **wurde**
damit langweiliger.
Er **hatte** das vorher schon mal mit ein paar Freunden
gemacht, aber davon **wusste** ich zu dem Zeitpunkt
noch nichts.

Reihenfolge § 19b, § 20b, § 22

Na, dann genießt das Leben noch mal richtig,
bevor ihr Eltern werdet.
Und **dann** hat sie angefangen zu erzählen: von
der schweren Geburt und von meinem Vater, der
danach nur kurz angerufen und gratuliert hat.
Holger und ich hatten in den ersten Monaten
nach Maries Geburt viel Stress.
Nach 14 Tagen wollen sich alle scheiden lassen.

Häufigkeit und Wiederholung § 20c

Früher hab ich mich **ständig** über Kleinigkeiten
aufgeregt. Wir haben uns **oft** gestritten.
Andererseits bekam ich **immer** Stielaugen und
Elefantenohren, **wenn** er sich um sie gekümmert
hat.

Dauer § 19b, § 20b, § 22

Holger und ich kannten uns erst **ein paar Mona-
te**, als ich schwanger wurde.
Bis dahin hatte ich mein Leben fest im Griff
Erst seit ich drei Tage in der Woche arbeite und
Holger – genau wie ich – zwei Tage mit Marie
allein ist, ist das kein Thema mehr.

Nützliche Ausdrücke

Der Mensch ist nicht als **Stubenhocker** geplant. Wilde Tiere, Naturkatastrophen, Krankheiten und Kriege
hielten ihn pausenlos **in Atem**.
Endlich habe ich es **schwarz auf weiß**: das Abiturzeugnis.
Die erste Woche soll die schlimmste sein, hab ich gehört, aber danach **geht's** stetig **bergauf**.
Absolute Renner sind Bücher, die sich um den Mond drehen.
Da **lebt** man ja sozusagen **hinterm Mond**, wenn man davon noch nie was gehört hat.
Bis dahin **hatte** ich mein Leben **fest im Griff**.
Während der Schwangerschaft war ich echt **auf Wolke sieben**.
Ich denke mal, jeder, der selbst Kinder hat, **kann ein Lied davon singen**.
Wenn ich daran denke, dass sie vielleicht Marie nicht mehr als erwachsene Frau erleben, dann bekomme
ich **ein mulmiges Gefühl**.
Unsere Verliebtheit **war wie weggeblasen**.
Aber wenn man darauf keine Lust hatte, konnte man natürlich auch **auf eigene Faust** was unternehmen.

A

A 1

Moderne Kommunikation

Welche Formen der Kommunikation gibt es? Diskutieren Sie.

ARBEITSBUCH A1

A

B

C

D

E

F

Welche Kommunikations-Formen benutzen Sie? Wann und warum?

A 2

Ist das Kommunikation? Markieren Sie und diskutieren Sie dann.

ja   nein

1   Ein Ehepaar isst schweigend zu Abend, der Fernseher läuft.

2   Ein Dirigent leitet sein Orchester.

3   Eine Professorin hält eine Vorlesung, die Studenten hören zu und notieren alles Wichtige.

4   Ein Baby weint. Die Mutter singt ein Schlaflied.

5   Ein Rettungswagen fährt durch die Stadt und hat Blaulicht und Sirene angeschaltet.

6   Zwei Verliebte küssen sich.

7   Ein Bus fährt los. Zwei Jugendliche winken anderen Jugendlichen im Bus.

8   Es ist Mittagspause. Alle sagen: „Mahlzeit!"

Vergleichen Sie nun mit der Definition.

Kommunikation
[lat.] wechselseitiger Austausch von Gedanken, Meinungen, Wissen, Erfahrungen und Gefühlen sowie Prozess der Mitteilung bzw. der Übertragung von Nachrichten, Informationen (neben der Sprache durch Zeichen aller Arten); **Kommunikationsmittel**, Träger der Informationsvermittlung, bes. Presse, Funk, Film und Fernsehen (Massen-K.).

Erfolg ersetzt alle **Argumente**
[SIGMUND GRAFF]

Niemand **spricht** in unserer **Gegenwart** so **viel** von uns wie in unserer **Abwesenheit**
[BLAISE PASCAL]

Was ist SMS?

Der Renner in den Mobilfunknetzen heißt SMS. Das Kürzel steht für Short Message Service, zu Deutsch: Kurznachrichtendienst.

SMS-Mitteilungen kosten im Moment zwischen 8 und 20 Cent (die Tarife sind ständig in Bewegung!). Man kann die Briefchen vom Handy an andere Mobiltelefone, E-Mail-Boxen und Fax-Geräte schicken.

SMS schreibt man mit den kleinen Handy-Zifferntasten. Jede steht für mindestens drei Buchstaben, die 5 etwa für „jkl". Dreimal die 5 gedrückt ist also „l".

Kurzmitteilungen dürfen maximal 160 Zeichen lang sein (mit Satz- und Leerzeichen), das entspricht etwa vier Zeitungszeilen. Die Netzbetreiber speichern die Botschaften 48 Stunden lang, so dass sie den Empfänger selbst dann erreichen, wenn das Handy einmal ausgeschaltet ist.

A 4   **Lesen Sie den Zeitungsartikel und lösen Sie dann die fünf Aufgaben (1–5). Entscheiden Sie, welche Lösung (a, b oder c) richtig ist. Achtung: Die Reihenfolge der einzelnen Aufgaben folgt nicht immer der Reihenfolge des Textes.**

TIPP ARBEITS Seite

Flirten und mogeln

Ein kurzer Doppelpiepser während der Vorlesung, und Sonja Meiser, 23, weiß: Eine Textbotschaft ist da. Diesmal von Julia, einer Freundin, die ganz hinten in der letzten Reihe sitzt. „Germanistisches Blabla! Stinklangweilig! Nachher Kaffee?", fragt es im Handy-Display der Studentin.

Nicht bloß an den Universitäten, auch an den Schulen werden immer seltener Zettel heimlich durch die Reihen gereicht. Es ist unkomplizierter, sich über Funk zu verständigen und unter dem Tisch über Lehrer und Professoren zu lästern. Da gibt es weniger Mitleser und kein schriftliches Beweismaterial, das der Lehrer einsammeln kann. Doch das Jungvolk lästert nicht nur über Pauker – unter der Schulbank wird auch gern geflirtet. Textbotschaften boomen wie noch nie: 20 Millionen Deutsche sind inzwischen mobil erreichbar.

„Der Kurznachrichtendienst hat die Zahl der Mobilfunkteilnehmer schlagartig in die Höhe getrieben", erklärt T-Mobil-Chef Kai-Uwe Ricke. Täglich werden ca. 25 Millionen Kurznachrichten durch den Äther gejagt.

Die E-Mail fürs Handy hat maximal 160 Zeichen. Für eine Liebeserklärung scheint's zu reichen, denn beide Geschlechter schätzen die Textnachrichten. Knapp und knackig lassen sich diskrete Signale überallhin verschicken. Ein kurzer Piepton – dann ist Ruhe. Wann und ob er antwortet, entscheidet der Empfänger selbst. Der niedrige Preis macht Kurznachrichten für Schüler und Studenten, die chronisch pleite sind, attraktiv.

Daher sind meist junge Leute unter 25 Jahren die Absender von Textbotschaften. Dazu kommen Kunden kommerzieller Dienste, die sich Horoskope oder Börsendaten schicken lassen. Textnachrichten sind bei den Jugendlichen der Renner und gelten als cool. Nur bei Form und Inhalt unterscheiden sich die Geschlechter: Mädchen sind mitteilsamer. Sie benutzen alle 160 Zeichen, und wenn nicht alles in eine SMS passt, wird eben eine zweite hinterhergeschickt. Bei Jungen steht der praktische Austausch von Informationen im Vordergrund. Knapp heißt es „OK", „Klar" oder einfach „1:0".

Die Jüngsten nutzen ihr Handy familienorientiert: Sie melden sich bei Eltern, Großeltern und Geschwistern. Wenn dann in der Pubertät der Kontakt zu Freunden in den Vordergrund rückt, wird weniger telefoniert und mehr getextet. Lehrer wissen, dass Handys während Klassenarbeiten optimale Spicker sind, und sammeln die Telefone vor Klausuren ein.

Textnachrichten sind auch oft im Spiel, wenn junge Menschen sich verlieben: Zunächst lernen sie sich im Chat-Kanal kennen, danach wird direkt von Handy zu Handy getextet. Schüchternen Jugendlichen erleichtert das Medium, ihre Gefühle und geheimen Sehnsüchte zu zeigen – tippen ist offenbar viel leichter als sprechen: Jungen schreiben romantische „Messages", bestätigt eine 15-Jährige. „Einer hat meiner Freundin eine Message geschickt. So was Sensibles habe ich von dem Typen noch nie gehört."

1 **SMS sind**

a) kleine Texte, die man mit dem Handy verschickt.

b) kleine Zettel, die man in der Schule schreibt.

c) spezielle Fernsehnachrichten.

2 **SMS haben viele Vorteile, z.B.:**

a) Man kann ganz leicht lange Briefe schreiben.

b) Schüchterne können ihre Gefühle leichter ausdrücken.

c) Lehrer können die Klasse besser kontrollieren.

3 **Mädchen**

a) schreiben kürzere Texte als Jungen.

b) und Jungen benutzen alle 160 Zeichen.

c) schreiben längere Texte als Jungen.

4 **SMS sind**

a) vor allem bei Leuten unter 25 beliebt.

b) vor allem bei Leuten über 25 beliebt.

c) bei Jung und Alt gleichermaßen beliebt.

5 **Jeden Tag werden ca. ... SMS verschickt.**

a) 20 Millionen

b) 25 Millionen

c) 160 Millionen

Wie finden Sie SMS? Benutzen Sie dieses Kommunikationsmittel? Warum? Warum nicht?

A 5   **Lesen Sie die Regeln und Beispiele und beantworten Sie die Fragen.**

Ort und Richtung

Es gibt verschiedene Möglichkeiten „Ort ● und Richtung ▢→ →▢ " auszudrücken:

● mit Präpositionen   **§ 19a**

Präpositionen haben immer ein Nomen mit einem bestimmten Kasus.

→ **mit Akkusativ** (bis, durch, gegen, um … (herum))

*Täglich werden ca. 25 Millionen Kurznachrichten **durch** den Äther gejagt.*

→ **mit Dativ** (ab, aus, bei, nach, von, zu, gegenüber von)

*Textnachrichten sind **bei** den Jugendlichen der Renner und gelten als cool.*

→ **Wechselpräpositionen**, die mit dem Akkusativ oder dem Dativ benutzt werden (auf, über, unter, hinter, vor, zwischen, neben, an, in).

*Und wenn nicht alles **in** eine SMS passt, wird eben eine zweite hinterhergeschickt.*

*Zunächst lernen sie sich **im** Chat-Kanal kennen.*

→ **mit Genitiv** (z.B. innerhalb, außerhalb)

● mit Adverbien   **§ 20a**

z.B. *oben, unten, hinten, rechts, da, überallhin, hierher, dahin …*

*Eine Textbotschaft ist **da**. Diesmal von Julia, einer Freundin, die ganz **hinten** in der letzten Reihe sitzt.*

*Knapp und knackig lassen sich diskrete Signale **überallhin** verschicken.*

Aufgaben

1 Mit welchem Kasus stehen die Wechselpräpositionen jeweils auf die Fragen „Wohin" und „Wo"?

2 Was ist der Unterschied zwischen Präposition und Adverb?

3 Unterstreichen Sie die sechs <u>Adverbien</u>, die eine Richtung oder einen Ort angeben.

   aber ◆ doch ◆ donnerstags ◆ dort ◆ eigentlich ◆ hier ◆ hinten ◆ hinter ◆ mein ◆
         rechts ◆ unten ◆ unter ◆ vielleicht ◆ vor ◆ vorn

A 6   **Schreiben Sie einen Text mit maximal 160 Zeichen. Treffen Sie eine Verabredung, laden Sie jemanden ein, sprechen Sie über ein Thema, …**

ARBEITSBUCH
A2-A7

Lesen Sie den Text. Diskutieren Sie, was man in diesen Fällen tun kann.

Keine Angst vor Smalltalk

Das kennen Sie sicher:

◼ Ihr Gesprächspartner ist ein echter Langweiler. Sämtliche Versuche, diskret zu verschwinden, etwa ein Glas Wein zu holen oder zur Toilette zu gehen, sind gescheitert. Angestrengt überlegen Sie, wie Sie ihn loswerden.

◼ Auf einem Fest kennen Sie nur die Gastgeberin. Je länger der Abend dauert, desto mehr haben Sie das Gefühl, unsichtbar zu sein. Überall plaudern Paare und Grüppchen, nur mit Ihnen spricht keiner.

◼ Fortbildung, Fitness-Studio, Elternabend – gute Gelegenheiten, nette Leute kennen zu lernen. Bloß: Sie haben Hemmungen, Kontakte zu knüpfen.

◼ Ein angetrunkener Gast pöbelt Sie an oder wird zudringlich.

B 2

Lesen Sie die Tipps und vergleichen Sie mit Ihren Vorschlägen.

Kontakte in Gesellschaft sind wie ein Pingpongspiel. Eine(r) schlägt den Gesprächsball hin, die (der) andere schlägt ihn zurück. Wenn Sie Lust auf Kennenlernen haben, trauen Sie sich ruhig, das erste „Ping" zu machen, anstatt darauf zu warten. Wahrscheinlich sind die Menschen um Sie herum noch schüchterner als Sie oder kommen nur nicht selbst auf die Idee. Ebenso liegt es in Ihrer Hand, ein „Spiel" zu verweigern, falls Ihnen die Mitspieler nicht gefallen. Für beides finden Sie hier gute Spielregeln.

So knüpfen Sie Kontakt

1 Lassen Sie sich verkuppeln
Wenn Sie sich auf einem Fest isoliert fühlen, bitten Sie die Gastgeber um Vermittlung. Die können Sie mit Leuten bekannt machen, mit denen Sie etwas gemeinsam haben, sei es ein Hobby oder ein Reiseziel. Nach Sätzen wie „Das ist Frau Wildgruber, sie war in diesem Sommer auch auf Kreta" ist es viel leichter, ins Gespräch zu kommen.

2 Greifen Sie auf, was Sie mit den anderen teilen
Keine Angst vor Banalitäten! Es kommt nicht darauf an, dass Sie etwas besonders Kluges sagen, sondern dass Sie sich überhaupt äußern. Damit signalisieren Sie, dass Sie sich gern unterhalten möchten. Die besten Themen zum Einstieg: Sprechen Sie über etwas, was Sie gerade miteinander teilen. Das kann das üppige Büfett sein, die Hitze im Raum, der Anlass der Party oder Ähnliches.

3 Stellen Sie die richtigen Fragen
Fragen regen Ihren Gesprächspartner an, über sich zu sprechen. Also – legen Sie los! Achten Sie aber bitte darauf, dass Sie keine „geschlossenen" Fragen stellen. Das sind solche, die nur eine kurze, knappe Antwort verlangen. Bei Fragen, die mit „Wer", „Wann", „Wo", „Welcher", „Wie lange" oder „Wie oft" beginnen, stoppt das Gespräch recht schnell. Mehr Möglichkeiten geben so genannte „offene" Fragen, die man mit mehreren Sätzen beantworten muss. Sie beginnen mit „Warum", „Weshalb", „Wie kommt es, dass", „Was halten Sie von" und führen dazu, dass Ihnen Ihr Gesprächspartner eine etwas längere Erklärung oder Beschreibung gibt.
Beispiel: Statt der geschlossenen Frage „Mögen Sie Beethoven?" (kurze Antwort: „Ja.") wählen Sie lieber die offene Frage: „Wie sind Sie eigentlich dazu gekommen, sich für Beethoven zu interessieren?"

So werden Sie Nervensägen los

4 Distanzieren Sie sich deutlich
Langweiler und Selbstdarsteller sind im Grunde einsame Menschen, die verzweifelt Kontakt suchen. Deshalb übersehen sie bewusst oder unbewusst alle höflichen Signale, sich zu verabschieden. Da hilft nur Ehrlichkeit, ohne zu verletzen. Sagen Sie beispielsweise: „Es hat mich gefreut, mit Ihnen zu reden, aber jetzt möchte ich mich auch gern noch mit anderen Gästen unterhalten."

5 Zeigen Sie angetrunkenen und aggressiven Gästen die kalte Schulter
Menschen außer Kontrolle stoppen Sie, indem Sie sich klar und deutlich verhalten: Schauen Sie ihnen direkt in die Augen. Lächeln Sie nicht. Sprechen Sie in kurzen Sätzen („Nehmen Sie Ihre Hand von meinem Arm"). Lassen Sie sich keinesfalls provozieren. Holen Sie sich notfalls einen anderen Gast zur Unterstützung.

Welcher Tipp gefällt Ihnen besonders gut, welchen finden Sie unpassend? Diskutieren Sie.

B 3

Lesen Sie die Regeln und Beispiele und beantworten Sie die Fragen.

Qualifizierende Nebensätze

Es gibt im Deutschen verschiedene Möglichkeiten, Aussagen oder Fragen in einem Nebensatz näher zu erläutern:

● mit Relativsätzen   **§ 5b)6**

*Das sind solche, **die** nur eine kurze, knappe Antwort verlangen.*
*Die Gastgeber können Sie mit Leuten bekannt machen, **mit denen** Sie etwas gemeinsam haben.*

● mit „dass"-Sätzen   **§ 5b)2**

*Es kommt nicht darauf an, **dass** Sie etwas besonders Kluges sagen, sondern **dass** Sie sich überhaupt äußern.*

● mit „Infinitiv mit zu"-Sätzen   **§ 5c)1**

*Ebenso liegt es in Ihrer Hand, ein Spiel **zu verweigern**, falls Ihnen die Mitspieler nicht gefallen.*
*Fragen regen Ihren Gesprächspartner an, über sich **zu sprechen**.*

Aufgaben:

1 Wo steht in den Nebensätzen das Verb? Wo steht „zu + Infinitiv" immer?
2 Wo ist das Subjekt bei einem „Infinitiv mit zu"-Satz?
3 Suchen Sie weitere Relativsätze aus B1 und B2.
4 Wie lauten die Formen des Relativpronomens? Ergänzen Sie die Tabelle.

	NOM	AKK	DAT
feminin			
maskulin			
neutrum			
Plural			

5 Was bestimmt die Form des Relativpronomens?
6 Sammeln Sie weitere „dass"- bzw. „Infinitiv mit zu"-Sätze aus B1 und B2.
7 Wo steht „zu" bei trennbaren Verben?
8 Wo steht „zu" beim „Infinitiv mit zu" im Perfekt?
9 Wo steht „zu" beim „Infinitiv mit zu" mit Modalverb?

Übernehmen Sie eine Rolle und spielen Sie Party.

1 Sie möchten auf einer Party gern neue Leute kennen lernen. Sprechen Sie möglichst viele Leute im Laufe der Party an.

2 Sie sehen einen netten Menschen, den Sie aber nicht kennen. Gehen Sie auf ihn zu und beginnen Sie ein Gespräch.

3 Sie fühlen sich auf einer Party unwohl. Sie kennen nur den Gastgeber. Bitten Sie ihn um Hilfe.

4 Sie sind der Gastgeber. Ein Gast kommt zu Ihnen, weil er niemanden kennt und sich allein fühlt. Helfen Sie weiter.

5 Sie möchten nicht mehr mit einem Gast reden, weil er Sie langweilt. Verabschieden Sie sich höflich und gehen Sie auf jemand anderen zu.

6 Spielen Sie einen Langweiler. Benehmen Sie sich so, dass Ihr Gegenüber Sie gern loswerden möchte.

Smalltalk

Ein Gespräch beginnen
Guten Abend! Darf ich mich vorstellen?
Meine Name ist ...
Woher kennen Sie ...?
Wie finden Sie ...?
Kennen wir uns nicht?

Jemanden vorstellen
Darf ich Ihnen Frau ... / Herrn ... vorstellen?
Sie/Er interessiert sich auch für ...
Und das hier ist meine Kollegin/Nachbarin/Frau/Freundin ...

Das Thema wechseln
Also, ich finde das ja auch sehr interessant, aber ...
Ich beschäftige mich auch gern mit ..., aber ...
Haben Sie übrigens schon gehört, dass ...

Ein Gespräch beenden
Es hat mich sehr gefreut, Sie kennen gelernt zu haben.
War nett, Sie kennen zu lernen.
Das Gespräch mit Ihnen war sehr interessant.
Entschuldigung, aber ich möchte/muss jetzt ...

Über diese Themen sollten Sie lieber nicht sprechen
Krankheiten, Katastrophen, Unfälle, Tratsch über andere Gäste/Kollegen ...

C

C 1

Werbung

Sprechen Sie über die Fotos. Wofür wird hier geworben?

ARBEITSBUCH
C1

A

NEWS & HIGHLIGHTS

B

Maxiflasche Sonnenmilch ab 3,65*

dm
HIER BIN ICH MENSCH
HIER KAUF ICH EIN

E

Anti-Falten-Creme ab 5,95*

dm
HIER BIN ICH MENSCH
HIER KAUF ICH EIN

TUI *Qualität: Alles Gute für Schöne Ferien!*

MEHR SERVICE GENIESSEN

C

Die _neue_ Lotto-Woche:

mittwochs gewinnen

wie samstags X

1. Ziehung am 6.12.

X LOTTO
X TOTO
LOTTERIE

Lottospieler haben mehr Chancen.

D

Den Kurs
be-
stimmen
Sie!
vhs

Die Hessischen

Volkshochschulen

vhs

G

Diese Woche:

DER SPIEGEL

**STUDIEREN
ZUM ERFOLG**

SPIEGEL-Leser wissen mehr.

F

Krampfadern?

Warum rotes Weinlaub helfen kann.

ANTISTAX

• Hilft bei Krampfadern • Fördert die Durchblutung • Strafft die Venen

Wie finden Sie die Werbung? Welche gefällt Ihnen am besten? Warum?

:2

8

Hören Sie die Werbespots. Welche Werbung aus C1 passt zu welchem Spot?

Spot	1	2	3	4	5
Foto					

C 3

Hören Sie die Spots noch einmal. Entscheiden Sie beim Hören, ob die Aussagen richtig oder falsch sind. Markieren Sie richtig [R] oder falsch [F].

1	Man ist gut informiert, wenn man den „Spiegel" liest.	R F
2	Lottospieler haben mehr Chancen im Leben.	R F
3	Man soll jetzt seinen Sommerurlaub buchen.	R F
4	Bei der Volkshochschule kostet die Beratung nur wenig.	R F
5	Antistax hilft gegen Müdigkeit.	R F

Welcher Spot gefällt Ihnen am besten, welcher am wenigsten? Warum?

C 4

Sehen Sie sich die Abbildung an. Berichten Sie Ihrer Partnerin / Ihrem Partner kurz, welche Informationen Sie zum Thema vorliegen haben. Danach berichtet Ihre Partnerin / Ihr Partner kurz über ihre/seine Informationen.

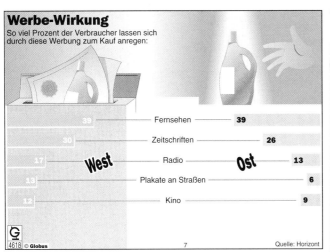

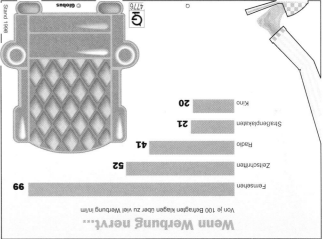

Erzählen Sie sich gegenseitig, was Sie über dieses Thema denken. Geben Sie Gründe. Reagieren Sie auf die Meinung Ihrer Partnerin / Ihres Partners.

C 5

Was ist im Moment gerade „in", was ist „out"? Berichten Sie.

Ich finde, Miniröcke sind immer „in".
…

Was ist für Sie persönlich „in", was ist „out"? Nennen Sie jeweils drei Punkte.

C 6

Lesen Sie den Text und machen Sie Notizen.

Firma	Produkt	Entstehung/Ideenlieferant	Problem
A: Thomy			
...			

Wo bitte ist der nächste Trend?

Hunderte Sorten Eis und Pudding, Käse und Joghurt, Suppen und Soßen – die Supermärkte quellen über. Und doch fällt den Herstellern immer wieder etwas Neues ein.

A

■ Eine Weltneuheit vor der Haustür

Die Frage nach erfolgreichen Trends hält die Produktentwickler und Marketing-Leute unentwegt in Bewegung. Um nichts zu verpassen, werden so genannte Trendforscher bemüht. Schließlich muss man ja wissen, was in den USA, in Japan oder Australien gerade so läuft.

Doch manchmal reicht schon der Schritt vor die Haustür. Im Rheinland z. B. ist es üblich, an der Imbissbude „Pommes Schranke" zu bestellen, rot-weiß mit Ketchup und Mayonnaise. Wäre es da nicht praktischer, beides gleich in einer Tube zusammenzubringen? Einfach war es für die Kreativen beim Mayonnaisen-Riesen Thomy allerdings nicht, die dicke Mayonnaise und den dünnflüssigen Ketchup gemeinsam in die Tube zu bringen. Aber letzten Winter war es dann soweit: „Thomy Rot-Weiß" war erfunden, eine echte Weltneuheit. Und offenbar sind die Marketing-Leute sehr zufrieden mit ihrer Idee.

B

■ Ravioli – die Zeitgeistnudeln

Neue Bedürfnisse zu wecken ist schwer, denn es gibt ja schon alles. Nach Auskunft des Bonner Bundesverbandes des Deutschen Lebensmittel-Einzelhandels werden jedes Jahr etwa 8000 neue Lebensmittel entwickelt. Etwa 90 Prozent davon sind allerdings ein Flop. Sie überleben das erste Jahr im Markt nicht. Und doch gibt es immer wieder Produkte, die sich sofort durchsetzen und nicht mehr wegzudenken sind. Zum Beispiel dieses: In den 50-er Jahren rollte die erste Reise-Welle nach Italien. Dort lernten die Urlauber köstliche Pasta kennen: Ravioli. Damit das Urlaubs-Feeling anhielt, brachte Maggi 1958 die ersten „Ravioli in Tomatensoße" auf den Markt – ein Riesenerfolg. Das Problem war, dass die Nudeln überhaupt nicht „al dente" waren. Aber wer wusste damals schon so genau, wie es richtig sein sollte?! Millionen Kinder wurden seither mit den Dosennudeln satt gemacht – auch ohne Italien-Urlaub. Und wer meint, die gefüllten Teigwaren sind nicht mehr beliebt, irrt sich. „Das ist nach wie vor ein gigantischer Markt", sagt Birgit Becker von Maggi. Inzwischen gehören Techno-Freaks zu den treuesten Fans: Sie essen Ravioli am liebsten kalt aus der Dose.

C

▪ Heiß auf Eis – auch im Winter

Auch die Eisfirma Schöller findet ihre Ideen manchmal im nächsten Kindergarten. Die Kids wissen nämlich genau, was sie mögen. Erfolgreiches Ergebnis dieser Zusammenarbeit war der „Giftzwerg": ein Eis am Stiel mit grünem Gesicht, roten Augen, roter Nase, rotem Mund. Es sieht so aus und heißt so, wie die Kinder es wollten, und es schmeckt nach Apfel, Waldmeister und Erdbeere. „Kinder haben klare Vorstellungen, sie lassen sich auch viel weniger beeinflussen, als man glaubt", sagt Barbara Groll, Pressefrau von Schöller. „Und Erwachsene stehen zwar immer noch auf Vanille-, Schoko- und Erdbeer-Geschmack, sind aber Neuem gegenüber durchaus aufgeschlossen." Wie schön, denn das hilft dem Unternehmen in schlechteren Zeiten. Schwierig wird es nämlich, wenn es draußen kalt ist. Was also tun? Ganz einfach: Der Mensch braucht auch im Winter Eis, man muss ihm nur das richtige anbieten. Im letzten Herbst brachte Schöller sein erstes Winter-Eis heraus, Amaretto-Mandel. Es wurde auf Anhieb ein Erfolg. Seit September ist nun „Apfelstrudel Eiskrem" auf dem Markt und soll genauso ein Winter-Hit werden wie Amaretto-Mandel.

D

▪ Löslicher Espresso – erst war er ein totaler Flop

Maggi gehörte damals schon zum Schweizer Nestlé-Konzern, der überwiegend Produkte mit „eingebauter Dienstleistung" auf den Markt bringt und damit Milliarden-Umsätze macht. Ein Beispiel dafür ist der lösliche Kaffee: einen Löffel Gefriergetrocknetes in die Tasse, heißes Wasser drauf, fertig. 1980 bot das Unternehmen als Neuheit löslichen Espresso an. Ein gut gewählter Zeitpunkt, dachte man bei Nestlé, denn die kleinen bitteren Schwarzen waren gerade im Trend, aber nicht jeder wollte sich gleich eine Espresso-Maschine zulegen. Und doch fand der Quickie im Glas nicht die erhofften Abnehmer. Was war das Problem? Die Lösung dafür klingt schon fast wie ein Witz: Die Leute brauchten kleine Tassen! Erst als die zusammen mit dem Kaffee angeboten wurden, setzte sich der „presso presso" durch. Am Ende wurden gar mehr Tassen als Kaffee verkauft. Die Einführung eines neuen Produkts lassen sich große Konzerne deshalb zweistellige Millionen-Beträge kosten. Etwa die Hälfte davon geht für die Werbung drauf.

Vergleichen Sie Ihre Ergebnisse. Welches der neuen Produkte finden Sie gut, welches nicht?

C 7   **Lesen Sie die Regeln und Beispiele und beantworten Sie die Fragen.**

> ### Vergleiche
>
> Wenn man Personen oder Dinge miteinander vergleichen will oder Entwicklungen und Veränderungen beschreiben möchte, dann benutzt man den Komparativ oder den Superlativ.
>
> ● Komparativ (+ als)   **§ 17c**
> *Wäre es da nicht **praktischer**, beides gleich in einer Tube zusammenzubringen?*
> *… das hilft dem Unternehmen in **schlechteren** Zeiten.*
> *Am Ende wurden gar **mehr** Tassen **als** Kaffee verkauft.*
> *Kinder haben klare Vorstellungen, sie lassen sich auch viel **weniger** beeinflussen, **als** man glaubt …*
>
> ● Superlativ   **§ 17c**
> *Inzwischen gehören Techno-Freaks zu den **treuesten** Fans.*
> *Sie essen Ravioli **am liebsten** kalt aus der Dose.*
>
> ● Man stellt keine (oder nur kleine) Unterschiede fest.   **§ 17c**
> *Seit September ist nun „Apfelstrudel Eiskrem" auf dem Markt und soll **genauso** ein Winter-Hit werden **wie** Amaretto-Mandel.*
>
> Aufgaben
> 1 Wie bildet man den Komparativ und den Superlativ?
> 2 Welche unregelmäßigen Formen kennen Sie? (z.B. gut, besser, am besten)
> 3 Wann bekommen Superlativ und Komparativ eine Endung?

ARBEIT
C2-

8

Entwickeln Sie mit Ihrer Partnerin / Ihrem Partner ein neues Produkt, das die Welt unbedingt braucht.

- Überlegen Sie gemeinsam, was für ein Produkt das sein soll (Lebensmittel, Möbel, Spezial-Auto ...)
- Überlegen Sie, wie Sie für Ihr Produkt werben können, z. B.: Sammeln Sie die Vorteile Ihres Produkts. Machen Sie einen Slogan.
- Versuchen Sie dann andere Kursteilnehmer von Ihrem Produkt zu überzeugen. Verkaufen Sie jemandem Ihr Produkt.

Jemanden überreden

Etwas vorschlagen
Was halten Sie / hältst du davon, wenn ...
Ich schlage vor, wir ...
Wie wäre es, wenn ...?

Mit Zweifeln reagieren
Also, ich weiß nicht ...
Da bin ich mir nicht so sicher.
Das finde ich nicht so gut.
Das ist keine besonders gute Idee.

Auf Zweifel reagieren
Aber Sie glauben / du glaubst doch auch, dass ...
Aber Sie sagen / du sagst doch selbst, dass ...
Sie müssen / Du musst zugeben, dass ...

Dagegen argumentieren
Ja, schon, aber ...
Das ist egal. Trotzdem ...
Ja, vielleicht, aber ...

Weitere Argumente suchen
Überlegen Sie / Überleg doch mal: ...
Ich bin mir sicher, dass ...
Außerdem ...

Sich überreden lassen
Na gut, wenn's unbedingt sein muss ...
Na ja, vielleicht haben Sie / hast du Recht.
Okay, meinetwegen.

Unser neues Produkt XY ist besser/schöner/schneller/... als alles, was es bisher gab.
XY ist das beste/schönste/gesündeste/..., was es auf dem Markt gibt.

Das klingt gut. Vielleicht könnten Sie uns das mal zeigen. Wie funktioniert das denn?

Unser Produkt hat viele Vorteile: Mit ... können Sie schneller/besser/einfacher/...
Und es ist sehr preiswert. Es kostet nur ...

Das ... überzeugt mich gar nicht. Da habe ich schon viel bessere/schönere/preiswertere/... gesehen.
Das gefällt mir sehr. Das hätte ich auch gern. Wo bekommt man das?

Flirten und mogeln

Ein kurzer Piepser während der Vorlesung, und Sonja Meiser weiß: Eine Textbotschaft ist da. Diesmal von Julia. Ihre Freundin nimmt heute ganz hinten in der letzten Reihe an der Vorlesung teil. „Germanistisches Blabla! Ist stinklangweilig und strengt auch noch an! Nachher Kaffee?", fragt es im Handy-Display der Studentin.

Nicht bloß an den Universitäten, auch an den Schulen werden immer seltener Zettel heimlich durch die Reihen gereicht. Es ist unkomplizierter, sich über Funk zu verständigen und unter dem Tisch über Lehrer und Professoren zu lästern. Doch das Jungvolk lästert nicht nur über Pauker – unter der Schulbank wird auch gern geflirtet. Textbotschaften boomen wie noch nie: 20 Millionen Deutsche sind inzwischen mobil erreichbar.

D 1

Suchen Sie die markierten Wörter im Wörterbuch.
Machen Sie eine Liste nach diesem Modell:

	gefunden?	Infinitiv? / Formen?	nicht gefunden	dafür gefunden	Bedeutung klar?
Piepser	–		x	*der Pieps, der Piep, piepsen*	*ja (?)*
nimmt	x	*nehmen*			*NEIN!*
Blabla	x	*das (nur Sing.)*			*ja*
stinklangweilig	–		x	*stinken, etw. stinkt j-m, stinksauer*	*ja*
strengt	–		x	*streng*	*nein*
gereicht	x	*gereichen*			*NEIN!*
...					

Sprechen Sie zuerst mit Ihrem Partner und dann in der ganzen Klasse über die Wörter, deren Bedeutung Ihnen nicht (oder nicht ganz) klar ist.

D 2

Ein paar Tipps zur Arbeit mit dem Wörterbuch

A Sie finden ein Wort nicht.

Tipp 1: Ist das unbekannte Wort vielleicht ein Verb (z. B. „strengen")? Lesen Sie in diesem Fall noch einmal den Satz, in dem es steht. Gehört das letzte Wort dieses Satzes (z. B. „an") vielleicht zu diesem Verb? → Schauen Sie unter „anstrengen" nach!

Tipp 2: Ist das unbekannte Wort vielleicht ein Partizip oder eine Präteritumform eines Verbs? → Suchen Sie es in einer Liste der starken und unregelmäßigen Verben.

B Sie finden ein Wort, aber die Bedeutung macht keinen Sinn.

Tipp 1: Manche Wörter haben viele verschiedene Bedeutungen. → Lesen Sie alles durch, was zu dem Wort im Wörterbuch steht, und sehen Sie sich auch die Stichwörter davor und danach an. Manchmal hilft das weiter.

Tipp 2: Hat das Wort eine Vorsilbe? → Streichen Sie diese Vorsilbe durch und suchen Sie das Wort, das dann übrig bleibt.

Tipp 3: Ist das „sinn-lose" Wort ein Verb (z. B. „nehmen")? Vielleicht gehört das letzte Wort dieses Satzes (z. B. „teil") zu diesem Verb? → Schauen Sie unter „teilnehmen" nach!

Der Ton macht die Musik

Kein Schwein ruft mich an

Palast Orchester, Gesang Max Raabe

Kein Schwein ruft mich an, keine Sau interessiert sich für mich.
Solange ich hier wohn', ist es fast wie Hohn, schweigt das Telefon.
Kein Schwein ruft mich an, keine Sau interessiert sich für mich.
Und ich frage mich: Denkt gelegentlich jemand mal an mich?

Den Zustand find' ich höchst fatal,
Für heut'ge Zeiten nicht normal,
Wo jeder nur darüber klagt,
Dass Telefon an Nerven nagt.
Ich trau' mich kaum mehr aus der Tür,
Denn stets hab' ich vermutet,
Dass, kaum dass ich das Haus verlass',
Es klingelt oder tutet.

Doch: Kein Schwein ruft mich an, keine Sau interessiert sich für mich.
Solange ich hier wohn', ist es fast wie Hohn, schweigt das Telefon.
Kein Schwein ruft mich an, keine Sau interessiert sich für mich.
Und ich frage mich: Denkt gelegentlich jemand mal an mich?

Vielleicht, dass manche mich im Land der Dänen wähnen
Oder fern von hier, wo die Hyänen gähnen.
Denn: Kein Schwein ruft mich an, keine Sau interessiert sich für mich.
Doch liegt es nicht an mir, ich zahle monatlich die Telefongebühr.

Das war für mich kein Zustand mehr.
Es musste eine Lösung her.
Das war für mich sofort der
Anrufbeantworter.
Und als ich dann nach Hause kam,
War ich vor Glück und Freude lahm:
Es blinkt mir froh der Apparat,
Dass jemand angerufen hat.
Die süße Stimme einer Frau
Verrät mir und erzählt:
„Verzeihen Sie, mein werter Herr,
Ich habe mich verwählt."

Das Palast Orchester wurde 1986 von 13 Studenten gegründet, unter Ihnen war auch der Sänger Max Raabe. Seit Februar 1987 widmeten sie sich der originalgetreuen Interpretation von Schlagern (Film- und Tanzmusik!) der 20er und 30er Jahre. Mit dem Lied „Kein Schwein ruft mich an" in dem Film „Der bewegte Mann" wurden sie bekannt.

Kurz & bündig

Ort und Richtung

Präpositionen § 19a

Täglich werden ca. 25 Millionen Kurznachrichten **durch** den Äther gejagt.

Textnachrichten sind **bei** den Jugendlichen der Renner und gelten als cool.

Und wenn nicht alles **in** eine SMS passt, wird eben eine zweite hinterhergeschickt.

Zunächst lernen sie sich **im** Chat-Kanal kennen.

Adverbien § 20a

Eine Textbotschaft ist **da**. Diesmal von Julia, einer Freundin, die ganz **hinten** in der letzten Reihe sitzt.

Knapp und knackig lassen sich diskrete Signale **überallhin** verschicken.

Qualifizierende Nebensätze

Relativsätze § 5b)6

Das sind solche, **die** nur eine kurze, knappe Antwort verlangen.

Die Gastgeber können Sie mit Leuten bekannt machen, **mit denen** Sie etwas gemeinsam haben.

„dass"-Sätze § 5b)2

Es kommt nicht darauf an, **dass** Sie etwas besonders Kluges sagen, sondern **dass** Sie sich überhaupt äußern.

Achten Sie aber bitte darauf, **dass** Sie keine „geschlossenen" Fragen stellen.

„Infinitiv mit zu"-Sätze § 5c)1

Ebenso liegt es in Ihrer Hand, ein Spiel **zu verweigern**, falls Ihnen die Mitspieler nicht gefallen.

Fragen regen Ihren Gesprächspartner an, über sich **zu sprechen**.

Vergleiche

Seit September ist nun „Apfelstrudel Eiskrem" auf dem Markt und soll **genauso** ein Winter-Hit werden **wie** Amaretto-Mandel.

Komparativ (+ als) § 17c

Am Ende wurden gar **mehr** Tassen **als** Kaffee verkauft.

Kinder haben klare Vorstellungen, sie lassen sich auch viel **weniger** beeinflussen, **als** man glaubt.

Superlativ § 17c

Inzwischen gehören Techno-Freaks zu den **treuesten** Fans.

Sie essen Ravioli **am liebsten** kalt aus der Dose.

Nützliche Ausdrücke

Der Renner in den Mobilfunknetzen heißt SMS.

Der Kurznachrichtendienst hat die Zahl der Mobilfunkteilnehmer **schlagartig** in die Höhe getrieben.

Kein Schwein interessiert sich für mich.

Erwachsene **stehen** immer noch **auf** Vanille-, Schoko- und Erdbeer-Geschmack.

Das neue Winter-Eis wurde **auf Anhieb** ein Erfolg.

Der niedrige Preis macht Kurznachrichten für Schüler und Studenten, die **chronisch pleite sind**, attraktiv.

Die kleinen Freuden des Lebens

A

A 1

Unser Ausland

Wofür stehen diese Symbole?

Was fällt Ihnen noch zu Deutschland ein? Erzählen Sie.

2 **Was fällt Ihnen spontan zu diesen Themen ein? Berichten Sie.**

typisch deutsches Essen	Tierliebe	Gastfreundschaft	Einkaufen	Tischsitten
Spontaneität	Sauberkeit und Ruhe	*1* Ernährung	Wetter/Klima	Vereine

0-13 **In welcher Reihenfolge wird über diese Themen gesprochen? Hören und markieren Sie.**

3 **Was sagen die Leute zu diesen Themen? Hören Sie noch einmal und machen Sie Notizen.**

0-13

1 Ernährung Süßigkeiten → Probleme mit den Zähnen

**Vergleichen Sie die Notizen mit Ihren Erfahrungen.
Was hat Sie überrascht, was ist neu für Sie? Berichten Sie.**

Lesen Sie die Regeln und Beispiele und beantworten Sie die Fragen.

Gründe und Gegengründe

Es gibt verschiedene Möglichkeiten, Gründe und Gegengründe auszudrücken:

● mit Konjunktionen   § 5, § 22

*Jedes Mal, wenn sie kommen, müssen wir Eisbein mit Sauerkraut essen, **weil** sie das für typisch deutsch halten.*
*Das dunkle Brot dagegen mögen sie überhaupt nicht, **obwohl** es typisch ist.*
*Viele Taiwanesen kommen gern nach Deutschland, **denn** hier ist es schön sauber und ruhig.*
*Über die Tischdekoration in Deutschland machen sich die Taiwanesen oft lustig, **da** man hier so viel Wert auf schön gedeckte Tische legt.*

Aufgaben

1 Welche Konjunktionen stehen mit einem Nebensatz, welche mit einem Hauptsatz?
2 Wo steht das Verb im Nebensatz, wo steht es im Hauptsatz?

● mit Adverbien   § 20e

*Ich war anfangs schon überrascht; die Deutschen haben **nämlich** in Georgien einen schlechten Ruf als Gastgeber.*
*Gleichzeitig essen die Deutschen aber viel zu viel Schokolade, Zucker und Eis, **deshalb** haben ja auch fast alle schlechte Zähne, Karies und so.*
*In Chile gibt es auch sehr viele Vereine, **trotzdem** funktioniert das Vereinsleben da anders.*

Aufgaben

1 Wo stehen die Hauptsätze mit dem Grund oder Gegengrund bei *nämlich, deshalb, trotzdem*?
2 Wo stehen die Adverbien *nämlich, deshalb, trotzdem* im Hauptsatz?
3 Formulieren Sie die Aussagen mit *weil, denn* oder *obwohl*.

● mit präpositionalen Ausdrücken   § 19c

*Sie können einfach nicht spontan sein **wegen** ihrer vielen Regeln und Gesetze.*
*Schließlich bin ich **aus** Spaß an der Bewegung im Sportverein.*
*Eigentlich brauchen Hunde ja **trotz** der Kälte auch in Deutschland keine Kleidung.*

Aufgabe

Welcher Kasus steht nach „wegen" und „trotz"? Wie sind die Genus-Signale?

● mit Nomen oder Verben

*ein Grund sein: Die meisten sitzen viel zu nah vor dem Fernseher. Das könnte ein **Grund** sein.*
*begründen + AKK: Ich kann das gar nicht **begründen**.*
*liegen an + DAT: Ich habe mich schon oft gefragt, **woran** das **liegt**.*
*widersprechen + DAT: Die offizielle Gründlichkeit **widerspricht** also total den ungesunden Ernährungsgewohnheiten.*

ARBEIT
A1-

Finden Sie das positiv, neutral oder schlecht? Sortieren Sie die Aussagen.

Ordentlichkeit ◆ Spontaneität ◆ Pünktlichkeit ◆ viele Regeln und Gesetze ◆ Winter ◆ Sommer ◆
Frühling ◆ Herbst ◆ Haustiere ◆ Tierliebe ◆ Ladenschlusszeiten ◆ Höflichkeit ◆
guter Kundenservice ◆ Vereine ◆ Sport ◆ Süßigkeiten ◆ viel fernsehen ◆ Bürokratie ◆
Gründlichkeit ◆ Perfektion ◆ Familie ◆ ...

Diskutieren Sie zu dritt oder viert.

Ich finde Pünktlichkeit sehr wichtig, obwohl es bei mir zu Hause üblich ist, dass man später kommt.
   Ich komme aus Indonesien, da gibt es keinen kalten Winter. Deshalb finde ich ihn gut. Das ist mal etwas anderes.
      ...

ARBEIT
A

B

Der beste Freund des Menschen

B 1

Welches ist Ihr Lieblingstier? Haben Sie ein Haustier? Warum? Warum nicht?

ARBEITSBUCH
B 1

A B C D E

B 2 Sehen Sie sich die Statistik an und lesen Sie den Text dazu. Berichten Sie dann Ihrer Partnerin / Ihrem Partner kurz, welche Informationen Sie zum Thema Haustiere vorliegen haben. Danach berichtet Ihre Partnerin / Ihr Partner kurz über ihre/seine Informationen.

TIPPS
ARBEITSBUCH
Seite 72

A

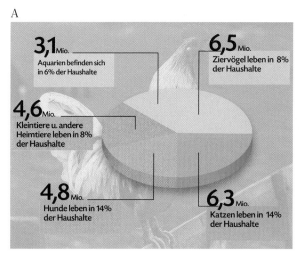

3,1 Mio.
Aquarien befinden sich in 6% der Haushalte

6,5 Mio.
Ziervögel leben in 8% der Haushalte

4,6 Mio.
Kleintiere u. andere Heimtiere leben in 8% der Haushalte

4,8 Mio.
Hunde leben in 14% der Haushalte

6,3 Mio.
Katzen leben in 14% der Haushalte

Rund 22 Millionen Tiere (ohne Zierfische) leben in deutschen Haushalten. Das heißt: In mehr als einem Drittel aller Haushalte werden Tiere gehalten.

Etwa ein Viertel der Haustiere lebt in Single-Haushalten, aber fast die Hälfte aller Haustiere hat eine richtige „Familie": 45% leben in Haushalten mit drei oder mehr Personen.

Haushaltsgröße		Alter	
1-Personenhaushalte	26%	bis 34 Jahre	27%
2-Personenhaushalte	29%	35 bis 49 Jahre	32%
3-Personenhaushalte und mehr	45%	50 bis 64 Jahre	26%
		über 65 Jahre	15%

B

Erzählen Sie sich gegenseitig, was Sie über dieses Thema denken. Geben Sie Gründe. Reagieren Sie auf die Meinung Ihrer Partnerin / Ihres Partners.

ARBEITSBUCH
B2-B3

Wie Menschen auf den Hund kommen

Wie lernen sich Mensch und Hund kennen? Warum? Lesen Sie die Geschichten und machen Sie sich Notizen dazu.

King → riesiger schwarzer Schäferhund, Besitzer fand ihn in einer Plastiktüte als kleines Bündel

Der Mensch will einen Hund und kauft sich einen. Immer? Nicht immer, weiß Ursula Lebert. Manchmal findet er ihn auch im Mülleimer, und manchmal sucht sich der Hund auch einen Menschen aus.

Der Hund heißt King und gehört einem Mann, der bei uns gleich um die Ecke wohnt. King ist ein riesiger schwarzer Schäferhund. Sein Besitzer ist eher klein und schmal, so dass die beiden ein lustiges Paar sind. King ist gefürchtet. Sein Besitzer muss bei Begegnungen mit anderen Hunden die Leine um einen Laternenpfahl binden, damit King nicht auf sie losgeht. King bäumt sich auf, er knurrt schrecklich. Er würde Hackfleisch aus dir machen, wenn er bloß könnte. Seit ich weiß, wie der kleine Mann zu dem großen Hund gekommen ist, habe ich zwar immer noch Angst vor King, aber sein Herrchen finde ich inzwischen ganz nett. Das hielt nämlich auf einer Dienstfahrt an einem Autobahnparkplatz und sah in einem Papierkorb eine Plastiktüte, die sich bewegte. Ein schwarzes Bündel war drin, halb tot und ganz klein. Mitleid überfiel ihn, er nahm es folglich mit ... es war der Beginn einer wunderbaren Freundschaft!

Wie bitte haben Sie Ihren Hund kennen gelernt? Wo? Wann haben Sie beschlossen, dass er sein Leben mit Ihnen verbringen soll? Und was folgt daraus? Sie werden nicht mehr ungestört schlafen können. Er muss nämlich immer Gassi gehen. Ob's regnet oder schneit. Keine ganz einfache Entscheidung.

Ein befreundetes Arzt-Ehepaar, kinderlos, fliegt jedes Jahr nach Fuerteventura. Strand, Wind, Sonne ... und Hunde gibt es da, die so arm dran sind, dass sie sich aus Müllcontainern ernähren. Sie sind herrenlos. Einer davon liegt eines Morgens vor dem Eingang ihres Ferienhauses, schaut sie mit seinen goldfarbenen Augen so treuherzig an, dass sie es nicht übers Herz bringen, ihn liegen zu lassen. Und was war die Konsequenz? Er fliegt in einem Käfig an Bord der Lufthansa-Maschine mit ihnen zurück nach München. Ihr künftiges Urlaubsziel ist nun eine Almhütte im Allgäu, damit Willi genug freien Auslauf hat. So läuft das.

Oder so wie bei uns. Wir sind eine Familie mit zwei Kindern, Besitzer eines Wellensittichs und eines Goldhamsters. Bis zu einem sonnigen Herbsttag, an dem uns ein Ausflug in ein uriges Dorfgasthaus führte. Wir kehrten ein, um etwas zu trinken. Die Söhne besichtigten den Stall und kamen begeistert zurück: Wir mussten unbedingt auch in den Stall, da gab es nämlich kleine Katzen, und die Wirtin hatte gesagt, sie schenkt uns eine. „Kinder", fiel mir in meiner Verzweiflung als einzige Ausrede ein, „wir wollen doch jetzt keine Katze! Ihr wisst doch, wir möchten bald einen Hund..." – „Hund?", fragte die Wirtin. „Hund hamma aa." Hatten sie auch: fünf kleine Schnauzer. Das Schicksal hatte uns also ereilt in Gestalt eines graustruppigen Hundemädchens, das die Kinder Acki nannten. Acki muss morgens schon um halb sieben Gassi gehen, mein Jüngster steht also jeden Morgen pünktlich auf. Acki liebt frisches Fleisch, deshalb holt mein Großer regelmäßig Abfälle beim Metzger. Ackis Fell wird leicht strubbelig, so dass die Jungen sie täglich bürsten. Das Resultat ist: Acki erzieht nun meine Söhne.

Wer erzieht wen? Wer lebt mit wem zusammen? So deutlich lässt sich das nicht immer beantworten. Ich kenne ein Ehepaar, das sein Leben noch enger als andere Leute mit einem Hund teilt. Als Polizist ging Lothar Streife. Als er in einer Kneipe eines Nachts brutal zusammengeschlagen wurde, beschloss er, sich als Hundeführer ausbilden zu lassen und mit einem Hund auf Streife zu gehen, um sich sicherer fühlen zu können. Bei meinem ersten Besuch bei Lothar und seiner Frau merkte ich rasch, wer hier den Ton angab: Asta. Sie lag mit geschlossenen Augen im Wohnzimmer auf einem orangeroten Kissen, um den Eindruck zu erwecken, als ob sie schliefe. In Wirklichkeit hörte sie uns zu. Es war kein gemütlicher Abend. Lothar hatte mir gesagt, dass ich unter allen Umständen das Wort „über" vermeiden solle. „Über" war Astas Stichwort. Darauf griff sie an, gnadenlos. Kein häufiges Wort, nicht wahr? An diesem Abend hatte ich es ständig auf der Zunge, überall, übermäßig und überflüssigerweise. Ich kann mich überhaupt nicht mehr erinnern, wie ich es schaffte, dass Asta mir nicht über den Couchtisch an die Kehle sprang. Übrigens schienen sich auch die Eheleute nicht sehr wohl zu fühlen ... So ein Leben zu dritt ist halt manchmal recht schwierig.

Welche Geschichte gefällt Ihnen am besten? Warum? Kennen Sie ähnliche Geschichten? Erzählen Sie.

4   Lesen Sie die Regeln und Beispiele und beantworten Sie die Fragen.

Ziele, Absichten und Folgen

Es gibt verschiedene Möglichkeiten, Folgen oder Ziele und Absichten auszudrücken:

● mit Konjunktionen § 5, § 22

*Sein Besitzer ist eher klein und schmal, **so dass** die beiden ein lustiges Paar sind.*
*Hunde gibt es da, die **so** arm dran sind, **dass** sie sich aus Müllcontainern ernähren.*
*Sein Besitzer muss bei Begegnungen mit anderen Hunden die Leine um einen Laternenpfahl binden, **damit** King nicht auf sie losgeht.*
*Ihr künftiges Urlaubsziel ist nun eine Almhütte im Allgäu, **damit** Willi genug freien Auslauf hat.*
*Wir kehrten ein, **um** etwas **zu** trinken.*
*Er beschloss, sich als Hundeführer ausbilden zu lassen und mit einem Hund auf Streife zu gehen, **um** sich sicherer fühlen **zu** können.*

Aufgaben

1   Nebensätze mit „so dass" stehen immer nach dem Hauptsatz. Wo steht „so", wenn ein Wort im Hauptsatz besonders betont wird? Womit beginnt der Nebensatz?
2   Wo ist das Subjekt in den Nebensätzen mit „um … zu" und „damit"?
3   Wo steht das Verb bzw. die Verben in den Nebensätzen?
4   Wo steht „zu" bei „um … zu" mit Modalverb? Wo steht es bei den trennbaren Verben und dem Perfekt?

● mit Adverbien § 20e

Folgen können auch mit Adverbien ausgedrückt werden.

*Acki muss morgens schon um halb sieben Gassi gehen, mein Jüngster steht **also** jeden Morgen pünktlich auf.*
*Acki liebt frisches Fleisch, **deshalb** holt mein Großer regelmäßig Abfälle beim Metzger.*
*Ein schwarzes Bündel war drin, halb tot und ganz klein. Mitleid überfiel ihn, er nahm es **folglich** mit.*

Aufgabe

Das Adverb kann im Hauptsatz unterschiedliche Positionen haben. Wo steht das Verb immer?

● mit Verben und Nomen

*daraus folgen: Und was **folgt daraus**? Sie werden nicht mehr ungestört schlafen können.*
*Konsequenz: Und was war die **Konsequenz**?*
*Resultat: Das **Resultat** ist: Acki erzieht nun meine Söhne.*

---

5   Wozu schaffen sich Menschen Haustiere an? Sprechen oder schreiben Sie.

sich allein fühlen ◆ Spielkameraden für die Kinder haben ◆ Ersatz für eigene Kinder ◆
glücklicher sein ◆ in der Natur sein ◆ sich regelmäßig bewegen ◆ mehr Sport treiben ◆
mit jemandem reden ◆ sich entspannen ◆ andere Leute kennen lernen ◆
über jemanden verfügen/bestimmen können ◆ Verantwortung übernehmen ◆ beobachten ◆
pflegen ◆ sich sicherer fühlen ◆ keine Angst mehr haben ◆ dem Leben einen Sinn geben ◆ …

Ich denke, dass viele Menschen sich Haustiere anschaffen, um sich nicht so allein zu fühlen.
…

ARBEITSBUCH
B4-B7

B 6   **Lesen Sie zuerst die zehn Situationen und dann die zwölf Anzeigen. Welche Anzeige passt zu welcher Situation? Sie können jede Anzeige nur einmal verwenden. Es ist auch möglich, dass es keine passende Anzeige gibt. In diesem Fall markieren Sie 0.**

TIP
ARBEITS
Seite

1 Endlich Urlaub! Jetzt brauchen Sie nur noch eine Unterkunft für Ihren Hund während dieser Zeit.

2 Sie möchten einen Hund kaufen und wollen sich über unterschiedliche Hunderassen informieren.

3 Ihre Familie möchte in den Urlaub: Ihr Mann will ans Meer, die Kinder wollen den Hund mitnehmen, und Sie bekommen nur im Winter Urlaub. Wohin können Sie fahren?

4 Ihr Sohn wünscht sich einen Vogel. Sie wollen sich informieren, was man für die Vogelhaltung alles braucht.

5 Ihre Eltern haben schon lange einen Hund, jetzt möchten sie sich das Hundefutter gern nach Hause bringen lassen. Es darf aber nichts zusätzlich kosten.

6 Sie lieben Hunde und möchten sich gern zum Hundeführer ausbilden lassen.

7 Sie möchten eine Woche mit Ihrer Familie in Frankreich Urlaub machen, Ihre Tochter will sich aber nicht von ihrer Katze trennen.

8 Sie sind Hobby-Hundetrainer und möchten sich in Ihrer Freizeit mit Hunden beschäftigen.

9 Ihr Hund ist so wild, dass er leicht etwas kaputtmacht. Sie möchten ihn gern versichern lassen.

10 Sie haben einen jungen Hund, den Sie selbst erziehen möchten, und Sie möchten Urlaub machen. Wie können Sie beides verbinden?

(H)
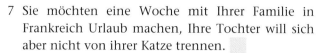
Direktversand-Service Leerkamps Futterdepot
Bestellen Sie bequem von zuhause aus!
Jetzt auch in unserem Online Shop: Volles Programm im Netz!
Wir liefern: schnell, zuverlässig und zu fairen Preisen - ohne Nachnahme!
ANIMONDA EXPERT-SYSTEM
Kompetenz in allen Fragen rund um den Hund
Leerkamps Futterdepot · ☎ (05 41) 8 43 21 · Fax 8 54 96
online-shop http://www.leerkamp.de

(A)
Haupt- oder nebenberufliche Existenz
Tierheilpraktiker/in
Tiertherapeut/in u.v.m
Seit 1952 erfolgreiche nebenberufliche Ausbildung mit Diplom.
Heimstudium – Seminare. Studienführer H 61 anfordern.
Institut für berufliche Weiterbildung GmbH,
Postfach 1867, 79553 Weil, Telefon 0 76 21/9 56 66 50

(D)
B.I.G.
Finanzberatung Manfred Traut
- VERSICHERUNGSMAKLER -
Inh. Heidrun Necker
Hundehalterhaftpflicht
Deckungssummen
für Personenschäden   1.125.000,00 €
Sachschäden   1.125.000,00 €
Vermögensschäden   50.000,00 €
Jahresbeitrag pro Hund   67,20 €
inkl. Vers.-Steuer und
ohne Selbstbeteiligung
Schleppweg 8   Tel. (02381) 9 20 15-0
59063 HAMM   Fax (02381) 9 20 15-19
E-Mail: Traut@BIG-Hamm.de

(B)

• Tierfreundliches Hotel für Italienurlaub • Auffrischungskurse, Perfektion •
Hotel POST ★★★
Dorf 1, I-39059 Oberbozen-Ritten,
SÜDTIROL
„Gönnen Sie Ihrem Hund einen menschenwürdigen Urlaub!" Bei uns ist Ihr vierbeiniger Kollege nicht nur geduldet, sondern stets gern gesehen! Hallenbad, Sauna, Dampfbad, Solarium und Massage runden das Angebot ab. Wir bieten im Frühjahr Ausbildungskurse für Herrchen und Hund an; und was am wichtigsten ist: lange Wanderungen durch die herrliche Südtiroler Landschaft, voller Bäume und Büsche… fürs Gassi gehen.
Ab 325,– € HP/Woche u. Pers. E-Mail: hotel-post@dnet.it
Tel.: 00 39/04 71/34 53 65, Fax: 00 39/04 71/34 51 28, Fam. Mayr

(E)
Suche Hundetrainer/in
3–5 Std./Wo. + Urlaubsvertretung.
Aufgabengebiete:
allg. Schulung, PST u. Agility
Stünkel's
Wallenser Str. 13, 31089 Duingen
Tel.: 0 51 86/15 88, Fax: 15 77

(I)

Akademie für Hundeausbilder
NEUSTADT / WEINSTRASSE
ZUM WOHLE DES HUNDES
Seminare rund um den Hund:
Zum Hundeausbilder mit Diplom,
Erwerb des Hundeführerscheins, u.v.m.
Tel: 06321 / 968472   Fax: 06321 / 968471

(C)
AUF DEM LAND - AM MEER - IM GEBIRGE
Ferienwohnungen
Ferienhäuser
Landhäuser
Clubs
Feriendörfer
Agriturismo
Hotels
Aostatal
Trentino
Venetien
Toskana
Umbrien
Marken
Abruzzen
Kampanien
Apulien
Sizilien
Sardinien
Frankreich
Istrien
Dalmatien
Willkommen
mit Ihren Hunden & Katzen bei uns auf Urlaub

IMMAGINI EMOZIONI AGENZIA DI VIAGGI
Das erste Reisebüro, das sich mit Urlaub für Hunde Katzen und Menschen beschäftigt.
Via Frà Domenico Buonvicini, 2r • 50132 Firenze
Tel. 055 5048445   Fax 055 5048477
E-mail pimondo@fol.it

(F)
Hallo Hund!
Lust auf Bildung und Urlaub? Dann bist Du hier richtig!
Im Antonienwald kannst Du lernen oder Dich einfach nur erholen!
…und das wird Dir, Frauchen und Herrchen geboten:
• ABC-Schütze – für die Kleinen
• Familienhund – für die Anspruchsvollen
• Begleithund – für die Verantwortungsbewußten
• Urlaub – für Ferienhunde und „Streßgeplagte"
50 Jahre Erfahrung
DIPLOM
Mit weniger sollte sich kein Hund zufrieden geben.
Kostenloses Info-Material oder Beratung für „jederhund"!
Tierpädagogisches Hundeinternat Antonienwald Werner GmbH
Postfach 1150 49419 Wagenfeld Telefon: 05444/410 Fax: 05444/51 11

(J)
ATLANTIK/VENDEE
Frankreich
Komf. Ferienhäuser, alle strandnah, pers. ausges.
Bei uns gebucht, von uns in Ihrem Haus begrüßt. **Hunde willkommen.** VENDEE-Microklima, absolut sauberes Wasser, weite Sandstrände. Info auch Sa./So.
B & B en Vendée
Individuelle Ferienhausvermittlung
Tel. 0 83 26/3 81 00 · Fax 3 81 01

(K)
Familienurlaub direkt am Ostseestrand.
Im **Haus Seeschwalbe** sind Haustiere willkommen. Ganzjährig geöffnet.
Spezielles Winterangebot.
Familie Fürstenberg-Schütt
Strandallee 76, 23683 Haffkrug/Ostsee
Tel. 0 45 63 / 4 27 50, Fax 0 45 63 / 42 75 10

(G)

16 Jahre Erfahrung in erfolgreicher Hundezucht!
8 Jahre für Sie als Hunde-artikel-Versandhaus tätig.
Viele Spezialartikel zu echt günstigen Preisen!
Wir beraten Sie gerne!
**1500 Artikel rund um Hund,
Frauchen + Herrchen!**
Service Telefon
0180 / 555 2995
Jetzt anrufen + Katalog bestellen (24 Pf/Min.)

Gutschein über einen **kostenlosen** Farbkatalog
Name: _____
Straße: _____
PLZ/Ort: _____
Anzahl/Hunde: ___ Katzen: ___ Vögel: ___
Pferde: ___
an : Lucky Pet · Pf 1622 · 23843 Bad Oldesloe

(L)

Das jenseitige Tierreich
Auch Tiere überleben den Tod
Buch, 92 Seiten, € 8,90
Kostenlose Buchprospekte bei:
Ins Licht - Buchversand
Dr. - Roos - Straße 5 · 97839 Esselbach
Tel. 0 93 94 / 99 66 24 · Fax 0 93 94 / 99 66 34

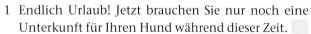

ARBEIT
B.

C

Man soll die Feste feiern, wie sie fallen

Da kannst du warten, bis Weihnachten
und Ostern auf einen Tag fallen!

Wie heißen diese Dinge? Markieren Sie.

☐ abgeschnittene Krawatte	☐ Harlekinhut	☐ Osternest
1 Bleigießen	☐ Nikolausstiefel	☐ Silvesterraketen
☐ Clownmaske	☐ Osterhase	☐ Weihnachtsstern
☐ Engel	☐ Osterei	☐ Weihnachtsbaumschmuck/-kugeln

Was gehört zu folgenden Festen? Ergänzen Sie.

Karneval/Fasching	Ostern	Weihnachten	Silvester/Neujahr

**Welche anderen Dinge erkennen Sie noch auf der Zeichnung? Wann braucht man sie?
Berichten Sie.**

Lesen Sie die Texte und unterstreichen Sie Daten und Namen von einzeln genannten Tagen.

Am Rosenmontag bin ich geboren,
Am Rosenmontag in Köln am Rhein.
Bis Aschermittwoch ging ich verloren,
Denn Rosenmontagskinder müssen närrisch sein.

A

Karneval/Fasching/Fastnacht

Im Norden sagt man Karneval oder Fasching dazu, im Süden Fastnacht.
Der Beginn der „fünften Jahreszeit" ist am 11. 11. um 11.11 Uhr. Die eigentliche Karnevalszeit
ist allerdings erst im Februar oder März. Die Leute verkleiden sich mit wilden Masken und Kostümen und machen
viel Lärm dazu, um die bösen Geister des Winters zu vertreiben. Alle Ordnungsregeln sind in dieser Zeit außer
Kraft, deshalb sagen in dieser Zeit nicht die Weisen, sondern die Narren die Wahrheit. An Weiberfastnacht – am

Donnerstag – übernehmen die Frauen das Regiment. Wenn ein Mann an diesem Tag eine Krawatte trägt, darf jede Frau sie abschneiden. Das ganze
Wochenende wird dann gefeiert. Man macht sich über die Mächtigen in der
Politik lustig, es werden witzige Reden gehalten. Der darauf folgende Rosenmontag ist der Tag der großen Karnevalsumzüge. Dann ziehen Wagen mit riesigen Figuren durch die Straßen. Am Aschermittwoch ist dann alles vorbei, es
beginnt die Fastenzeit, die vierzig Tage dauert und am Karsamstag (dem Samstag vor Ostern) endet. Karnevalistische Zentren sind Köln oder Basel. Wenn
es den Karneval nicht gäbe, müsste er erfunden werden, das meinen zumindest die Kölner.

B

Ostern

Ostern wird am Sonntag nach dem ersten Vollmond nach Frühlingsanfang (21. März) gefeiert, also im März
oder April. Wenn der Vollmond kurz nach dem 21. März ist, dann liegt Ostern noch im März. Die Fastenzeit ist damit zu Ende. Die Woche vor dem Ostersonntag heißt „Karwoche" und beginnt mit dem Gründonnerstag. Im christlichen Gottesdienst wird daran erinnert, dass Jesus Christus mit seinen Jüngern beim
Abendmahl aß und trank. Mit dem Karfreitag gedenkt man seiner Kreuzigung, es ist ein Tag der Trauer.
Öffentliche Veranstaltungen mit Unterhaltungsmusik und Tanz sind den ganzen Tag verboten. Der eigent-

liche Festtag ist der Ostersonntag. An diesem Tag wurde das leere Grab
Christi gefunden, sein Sieg über den Tod war damit bewiesen. Auch
der Ostermontag ist Feiertag. Traditionell werden an Gründonnerstag
grüne Speisen gegessen, zum Beispiel Spinat, oder Soßen mit grünen
Kräutern. Am Karfreitag wird Fisch gegessen, ansonsten essen viele an
Ostern Lammbraten. Das Symbol des Osterfests ist das Ei. Das Oster-
ei im christlichen Sinn ist ein Symbol der Auferstehung, nach altem
Volksbrauch sind das Ei und der Hase auch Symbole der Fruchtbar-
keit. Fünfzig Tage nach Ostern ist Pfingsten, dann wird an zwei Tagen
(Sonntag und Montag) gefeiert, dass der Heilige Geist zu den Menschen gekommen ist.

Lesen Sie den Text noch einmal und machen Sie Notizen.

Was?	Wann?	Wie heißen die Tage?
Karneval	Beginn: 11.11. Februar	Weiberfastnacht

Advent, Advent, ein **Lichtlein** brennt.
Erst **eins**, dann **zwei**, dann **drei**, dann **vier**,
Dann steht das **Christkind** vor der **Tür**.

C *Weihnachten*

Am 1. Dezember beginnt die Adventszeit. In vielen Familien wird
ein Adventskranz aus grünen Tannenzweigen mit vier Kerzen –
für jeden Sonntag eine – aufgestellt. Er soll Segen bringen und
Unheil abwenden. Der 6. Dezember ist der Tag des heiligen Nikolaus. Der echte Nikolaus lebte im vierten Jahrhundert als Bischof
in Kleinasien und war für seine Mildtätigkeit und seine Liebe zu
den Kindern berühmt. Nach der Tradition besucht der Nikolaus
am Abend des 5. Dezember die Familien. Wenn die Kinder
während des Jahres lieb waren, bekommen sie Süßigkeiten vom
Nikolaus. Am 24. Dezember ist Heiligabend, der Abend, an dem
Christus in einer Krippe im Stall geboren wurde. Tagsüber wird ein Weihnachtsbaum aufgestellt und geschmückt, daneben werden zur „Bescherung" die Geschenke gelegt. Abends ist dann „Bescherung", dabei werden die Geschenke verteilt und oft Weihnachtslieder gesungen. In der Nacht gehen viele Menschen in die Christmette. Das traditionelle
Gericht an Weihnachten ist die Gans, in manchen Familien auch ein Karpfen. Die Weihnachtszeit endet mit dem
6. Januar, dem Dreikönigstag. Die Heiligen Drei Könige aus dem Morgenland, Caspar, Melchior und Balthasar, hätten
den Weg zum Christuskind wohl nicht gefunden, wenn der Stern von Bethlehem nicht gewesen wäre, der ihnen den
Weg gezeigt hatte. In katholischen Gegenden ziehen auch heute noch „Sternsinger" von Tür zu Tür und segnen die
Häuser für das Jahr, indem sie die Anfangsbuchstaben ihrer Namen, „C+M+B", mit Kreide über die Haustür schreiben.

D **Silvester**

Der Wechsel vom 31. Dezember zum 1. Januar war schon immer etwas Besonderes. In früheren Zeiten fand das
Silvesteressen am Abend immer im Kreis der Familie statt. Man betrachtete den Menschen „zwischen den Jahren"
als besonders gefährdet. Man war vor Unheil geschützt, wenn man im Kreise der Angehörigen blieb; der magisch
geschlossene Kreis sollte böse Geister fern halten. Heute wird Silvester mit Freunden
oder auf großen Bällen gefeiert. Von allen Silvesterspeisen soll man nach alter Tradition
bis zum Neujahrstag einen Rest stehen lassen. Das ist die Voraussetzung dafür, dass
einem das Essen im ganzen Jahr nicht ausgeht.
Die letzten Sekunden im alten Jahr werden rückwärts gezählt. Um Mitternacht stößt man
mit einem Glas Sekt an und wünscht sich alles Gute für das kommende Jahr. Das Ganze
wird mit einem Feuerwerk gefeiert. Mit Bleigießen
wird dann die Zukunft gedeutet. Das erhitzte flüssi-
ge Blei wird in kaltes Wasser gegossen, so dass das
Material erstarrt. In den bizarren Formen versucht
man nun Symbole für Ereignisse im kommenden
Jahr zu erkennen.

Es tickt die Zeit. Das Jahr dreht sich im Kreise.
Und werden kann nur, was schon immer war.
Geduld, mein Herz. Im Kreise geht die Reise.
Und dem Dezember folgt der Januar.

ERICH KÄSTNER, LETZTE STROPHE VON „DER DREIZEHNTE MONAT"

Was ist typisch für diese Tage?	Was ist der Ursprung?
Frauen schneiden Krawatten ab	*Vertreibung der bösen Geister*

Werden diese Feste auch bei Ihnen gefeiert? Berichten Sie.

C 3   **Lesen Sie die Regeln und Beispiele und beantworten Sie die Fragen.**

Bedingung

Bedingungen drückt man mit „wenn"-Sätzen aus. Die Bedingungen können real oder irreal sein.
Der „wenn"-Satz kann vor oder nach dem Hauptsatz stehen.

- **reale Bedingungen   § 5b)4**

Wenn es sich um eine reale Bedingung handelt, benutzt man im Haupt- und Nebensatz eine Tempusform der Gegenwart oder der Vergangenheit.

__Wenn__ ein Mann an diesem Tag eine Krawatte __trägt__, __darf__ jede Frau sie __abschneiden__.
__Wenn__ der Vollmond kurz nach dem 21. März __ist__, dann __liegt__ Ostern noch im März.
Man __war__ vor Unheil geschützt, __wenn__ man im Kreise der Angehörigen __blieb__.

- **irreale Bedingungen + Konjunktiv II (Gegenwart und Vergangenheit)   § 5b)4, § 8j**

__Wenn__ es den Karneval nicht __gäbe__, __müsste__ er __erfunden werden__, das meinen zumindest die Kölner.
Die Heiligen Drei Könige aus dem Morgenland __hätten__ den Weg zum Christuskind wohl nicht __gefunden__, wenn der Stern von Bethlehem nicht __gewesen wäre__.

- **ohne „wenn"   § 5b)4**

Die Konjunktion „wenn" im Nebensatz kann weggelassen werden; das konjugierte Verb steht dann auf Position 1.

__Gäbe__ es den Karneval nicht, müsste er erfunden werden, das meinen zumindest die Kölner.
Die Heiligen Drei Könige hätten den Weg zum Christuskind wohl nicht gefunden, __wäre__ der Stern nicht gewesen.

- **mit Nomen**

Das ist die __Voraussetzung__ dafür, dass einem das Essen im ganzen Jahr nicht ausgeht.

Aufgaben
1 Wo steht das konjugierte Verb im Hauptsatz, wenn der „wenn"-Satz auf Position 1 ist?
2 Wo steht das konjugierte Verb im Hauptsatz, wenn ein „dann" eingefügt wird?

C 4   **Formulieren Sie Bedingungen, indem Sie die beiden Hauptsätze miteinander verbinden.**

1 *Wenn die Leute sich nicht über die Politiker ärgern würden, könnten die Narren keine Witze machen.*
   Die Leute ärgern sich nicht über die Politiker. – Die Narren können keine Witze machen. *(irreal/Gegenwart)*

2 _____
   Das Wetter ist schön. – Die Eltern verstecken die Ostereier im Garten. *(irreal/Gegenwart)*

3 _____
   Die Kinder sind nicht so brav gewesen. – Der Nikolaus hat ihnen keine Süßigkeiten geschenkt. *(irreal/Vergangenheit)*

4 _____
   Geschäfte sind nicht so voll. – Ich kaufe Weihnachtsgeschenke ein. *(irreal/Gegenwart)*

5 _____
   An Weihnachten liegt Schnee. – Das Weihnachtsfest ist viel feierlicher. *(real/Gegenwart)*

6 _____
   Ich habe Zeit. – Ich organisiere eine große Silvesterparty mit all meinen Freunden. *(real/Gegenwart)*

7 _____
   Meine Freunde haben mich nicht geweckt. – Ich habe an Silvester verschlafen. *(irreal/Vergangenheit)*

8 _____
   Ich fasse an Silvester keinen Vorsatz für das nächste Jahr. – Es wird sicherlich ein gutes Jahr. *(real/Gegenwart)*

5 **Sie planen mit Ihrem Kurs ein Fest. Laden Sie dazu Freunde und Bekannte ein.**

Jemanden einladen

Du, ich würde gerne mein/e/en ... feiern. Kommst du auch?
Ich würde/möchte dich/Sie gerne zu ... einladen.
Ich habe vor, mein ... zu feiern. Du bist / Sie sind herzlich eingeladen.
Hättest du Lust, am ... zu ... zu kommen?

Sich bedanken
Vielen Dank für die Einladung.
Danke für deine Einladung.

Zusagen / Freude ausdrücken
Ich freue mich sehr über deine/Ihre Einladung.
Das finde ich aber nett/toll/prima/schön ...
Ich komme gerne.
Ja, gerne! Ich freue mich schon.
Na klar komme ich!

Absagen / Bedauern ausdrücken
Oh, es tut mir Leid, da kann ich nicht.
    Da muss ich ...
Schade, aber da habe ich schon etwas
    anderes vor.
Das geht leider nicht, weil ...

Sich nicht sicher sein / zögern
Ich kann dir/Ihnen jetzt leider noch nicht sagen, ob es
    klappt. Ich muss erst ...
Also, versprechen kann ich dir/Ihnen nichts. Aber ich sage
    dir/Ihnen so bald wie möglich/bis ... Bescheid.
Ich weiß nicht genau, ob ich kommen kann. Aber ich rufe
    dich/Sie möglichst bald an.

6 **Sprechen Sie über den Cartoon.**

Welche weiteren Glückwünsche kennen Sie? Berichten Sie.

Sie hören fünf kurze Texte. Dazu sollen Sie fünf Aufgaben lösen.
Entscheiden Sie beim Hören, ob die Aussagen richtig oder falsch sind.
Markieren Sie richtig [R] oder falsch [F].

TIPPS ARBEITSBUCH Seite 67

1   Die Sprecherin ist sehr religiös.   R   F
2   Der Sprecher hat früher gern Ostern gefeiert.   R   F
3   Die Sprecherin feiert mit ihrer griechischen Nachbarin Ostern.   R   F
4   Der Sprecher geht Ostern in die Kirche.   R   F
5   Die Sprecherin wünscht sich für Ostern schönes Wetter.   R   F

Paul Auster
Timbuktu
Roman

Deutsch von Peter Torberg
192 Seiten. Gebunden.
ISBN 3–498–00053–5

Timbuktu ist das Paradies, von dem Penner Willy und sein treuer Hund Mr. Bones träumen. Paul Austers amüsant-melancholischer Roman über eine tiefe Freundschaft zwischen Herr und Hund.

Mr. Bones hat allen Grund die Lefzen hängenzulassen: Neben ihm, an einer zugigen Straßenecke in Baltimore, liegt sein zweibeiniger Freund Willy G. Christmas und spuckt Blut. Es geht zu Ende mit dem weltklugen Penner, verrückten Künstler und genialen Schwätzer. Schlimm für Mr. Bones, der jahrelang mit ihm auf Trebe war: Nie wieder wird er Willys durchgedrehte Geschichten über Gott und die Welt hören, nie wieder seine theologischen Haarspaltereien, erotischen Träumereien und philosophischen Sophistereien, die Mr. Bones zu dem gemacht haben, was er ist: ein lebenserfahrener, wenngleich ein wenig melancholischer alter Hund. Und nie wieder werden sie gemeinsam von Timbuktu träumen – ihrem Paradies – dem wunderbaren Ort der Dauerwürste und läufigen Hündinnen.

Inspiriert und beraten von seinem eigenen zugelaufenen Hund Jack, hat Paul Auster eine Tierfabel geschrieben, wie sie nicht im Märchenbuch steht. Mr. Bones sieht die Welt durch die scharfen Augen dessen, der sie stets von unten hat betrachten müssen. Seine weisen, in knurrigem Menschisch vorgebrachten Erkenntnisse über das Hundeleben, das wir alle führen, sind um so amüsanter – und trauriger –, als ihnen in ihrem augenzwinkernden Humor jede Sentimentalität fremd ist. Und wer weiß, vielleicht liegt Timbuktu doch nicht so fern, sondern direkt hinter den Seiten dieses Buches.

D 1   **Suchen Sie im Text Wörter, die mit den folgenden Nomen verwandt sind, und schreiben Sie sie in die Liste.**

Kennen Sie weitere Wörter mit der gleichen Endung wie das Wort aus dem Text? Wenn ja, schreiben Sie ein solches Wort dahinter.

Nomen:	Wort aus dem Text:	Weitere Wörter mit gleicher Endung:
Freund	*Freundschaft*	*Verwandtschaft, Partnerschaft,*
Bein	*zweibeinig*	
Kunst		
Jahr		
Philosoph		
Wunder		
Mensch		

D 2   **Machen Sie eine solche Liste auch mit Wörtern aus dem Text, die mit den folgenden Verben verwandt sind.**

Verben :	Wort aus dem Text:	Weitere Wörter mit gleicher Endung:
amüsieren	*amüsant*	*interessant, elegant,*
schwatzen	*Schwätzer*	
träumen		
zulaufen		
knurren		
erkennen		

D 3   **Markieren Sie im Text weitere Wörter, die von anderen Wörtern abgeleitet sind.**

Sortieren Sie diese Wörter zuerst nach ihrer Vorsilbe, dann nach ihrer Endung und schließlich nach ihrer Wortart.

Der Ton macht die Musik

Offene Tafel

JOHANN WOLFGANG VON GOETHE

Viele Gäste wünsch ich heut
Mir zu meinem Tische!
Speisen sind genug bereit,
Vögel, Wild und Fische.
Eingeladen sind sie ja,
Haben's angenommen.
Hänschen, geh und sieh dich um!
Sieh mir, ob sie kommen!

Männer lud ich mit Respekt,
Die auf ihre Frauen
Ganz allein, nicht nebenaus
Auf die Schönste schauen.
Sie erwiderten den Gruß,
Haben's angenommen.
Hänschen, geh und sieh dich um!
Sieh mir, ob sie kommen!

Frauen denk ich auch zu sehn,
Die den Ehegatten,
Ward er immer brummiger,
Immer lieber hatten.
Eingeladen wurden sie,
Haben's angenommen
Hänschen, geh und sieh dich um!
Sieh mir, ob sie kommen!

Schöne Kinder hoff ich nun,
Die von gar nichts wissen.
Nicht, dass es was Hübsches sei,
Einen Freund zu küssen.
Eingeladen sind sie all,
Haben's angenommen.
Hänschen, geh und sieh dich um!
Sieh mir, ob sie kommen! ... Hänschen!

Doch ich sehe niemand gehen,
Sehe niemand rennen!
Suppe kocht und siedet ein,
Braten will verbrennen.
Ach, wir haben's, fürcht ich nun,
Zu genau genommen!
Hänschen, sag, was meinst du wohl?
Es wird niemand kommen?

Hänschen, lauf und säume nicht,
Ruf mir neue Gäste!
Jeder komme, wie er ist,
Das ist wohl das Beste!
Schon ist's in der Stadt bekannt,
Wohl ist's aufgenommen,
Hänschen, mach die Türen auf:
Sieh nur, wie sie kommen!!!

Johann Wolfgang von Goethe, geboren in Frankfurt am Main am 28. 8. 1749, gestorben in Weimar am 22. 3. 1832; ist der bedeutendste deutsche Dichter. Er war Universalgelehrter, arbeitete auch als Minister und Naturforscher. Schrieb Lyrik, Dramen (z. B. „Faust"), Romane und Novellen.

Gründe und Gegengründe
Konjunktionen   § 5, § 22
Jedes Mal, wenn sie kommen, müssen wir Eisbein mit Sauerkraut essen, **weil** sie das für typisch deutsch halten.

Das dunkle Brot dagegen mögen sie überhaupt nicht, **obwohl** es typisch ist.

Viele Taiwanesen kommen gern nach Deutschland, **denn** hier ist es schön sauber und ruhig.

Über die Tischdekoration in Deutschland machen sich die Taiwanesen oft lustig, **da** man hier so viel Wert auf schön gedeckte Tische legt.

Adverbien   § 20e
Ich war anfangs schon überrascht, die Deutschen haben **nämlich** in Georgien einen schlechten Ruf als Gastgeber.

Gleichzeitig essen die Deutschen aber viel zu viel Schokolade, Zucker und Eis, **deshalb** haben ja auch fast alle schlechte Zähne, Karies und so.

In Chile gibt es auch sehr viele Vereine, **trotzdem** funktioniert das Vereinsleben da anders.

Präpositionale Ausdrücke   § 19c
Sie können einfach nicht spontan sein **wegen** ihrer vielen Regeln und Gesetze.

Schließlich bin ich **aus** Spaß an der Bewegung im Sportverein.

Eigentlich brauchen Hunde ja **trotz** der Kälte auch in Deutschland keine Kleidung.

Ziele, Absichten und Folgen
Konjunktionen   § 5, § 22
Sein Besitzer ist eher klein und schmal, **so dass** die beiden ein lustiges Paar sind.

Hunde gibt es da, die **so** arm dran sind, **dass** sie sich aus Müllcontainern ernähren.

Sein Besitzer muss bei Begegnungen mit anderen Hunden die Leine um einen Laternenpfahl binden, **damit** King nicht auf sie losgeht.

Wir kehrten ein, **um** etwas **zu** trinken.

Adverbien   § 20e
Acki muss morgens schon um halb sieben Gassi gehen, mein Jüngster steht **also** jeden Morgen pünktlich auf.

Acki liebt frisches Fleisch, **deshalb** holt mein Großer regelmäßig Abfälle beim Metzger.

Ein schwarzes Bündel war drin, halb tot und ganz klein. Mitleid überfiel ihn, er nahm es **folglich** mit.

Bedingung
Reale Bedingungen   § 5b)4
Wenn ein Mann an diesem Tag eine Krawatte **trägt**, **darf** jede Frau sie **abschneiden**.

Irreale Bedingungen   § 5b)4, § 8j
Gegenwart
Wenn es den Karneval nicht **gäbe**, **müsste** er **erfunden werden**, das meinen zumindest die Kölner.

Vergangenheit
Die Heiligen Drei Könige aus dem Morgenland **hätten** den Weg zum Christuskind wohl nicht **gefunden**, wenn der Stern von Bethlehem nicht **gewesen wäre**.

Nützliche Ausdrücke
Ich habe mich schon oft gefragt, **woran** das **liegt**.

Und was **folgt daraus**? Sie werden nicht mehr ungestört schlafen können.

Einer davon liegt eines Morgens vor dem Eingang ihres Ferienhauses, schaut sie so treuherzig an, dass sie **es nicht übers Herz bringen**, ihn liegen zu lassen.

Bei meinem ersten Besuch bei Lothar und seiner Frau merkte ich rasch, **wer hier den Ton angab**.

Ich **fasse** an Silvester **keinen Vorsatz** für das nächste Jahr.

Man soll die Feste feiern, wie sie fallen.

Da waren wir erst mal **mucksmäuschenstill**, um alles von draußen hören zu können.

Da lachen ja die Hühner!

Bewegte Zeiten

A

A 1

Du liebe Zeit!

Arbeiten Sie in Kleingruppen. Wählen Sie _ein_ Bild aus und diskutieren Sie: Was sagt das Bild über das Thema „Zeit" aus? Machen Sie Notizen.

ARBEITSBUCH
A1-A2

A

B

D

E

Fassen Sie Ihre Diskussionsergebnisse zusammen, berichten Sie im Plenum über „Ihr" Bild und geben Sie ihm einen Titel.

Die Zeit heilt alle Wunden.   Zeit ist Geld.   Kommt Zeit, kommt Rat.

Lesen Sie einen Ausschnitt aus dem Roman „Momo" von Michael Ende und machen Sie Notizen zu folgenden Fragen.

Was arbeitet Beppo?	Wie macht er seine Arbeit?	Was für ein Problem hat er manchmal?	Wie löst er das Problem?

Beppo liebte diese Stunde vor Tagesanbruch, wenn die Stadt noch schlief. Und er tat seine Arbeit gern und sehr gründlich. Er wusste, es war eine sehr notwendige Arbeit. Wenn er so die
5 Straßen kehrte, tat er es langsam, aber stetig: bei jedem Schritt einen Atemzug und bei jedem Atemzug einen Besenstrich.

Schritt – Atemzug – Besenstrich.
Schritt – Atemzug – Besenstrich.

10 Dazwischen blieb er manchmal ein Weilchen stehen und blickte nachdenklich vor sich hin. Und dann ging es wieder weiter:

Schritt – Atemzug – Besenstrich.

Während er sich so dahinbewegte, vor sich die
15 schmutzige Straße und hinter sich die saubere, kamen ihm oft große Gedanken. Aber es waren Gedanken ohne Worte, Gedanken, die sich so schwer erklären ließen wie ein bestimmter Duft, an den man sich nur gerade eben noch erinnert,
20 oder wie eine Farbe, von der man geträumt hat. Nach der Arbeit, wenn er bei Momo saß, erklärte er ihr seine großen Gedanken. Und da sie auf ihre besondere Art zuhörte, löste sich seine Zunge, und er fand die richtigen Worte.
25 „Siehst du, Momo", sagte er dann zum Beispiel, „es ist so: Manchmal hat man eine sehr lange Straße vor sich. Man denkt, die ist so schrecklich

lang; das kann man niemals schaffen, denkt man." Er blickte eine Weile schweigend vor sich hin, dann redete er weiter: „Und dann fängt man 30 an, sich zu beeilen. Und man beeilt sich immer mehr. Jedes Mal, wenn man aufblickt, sieht man, dass es gar nicht weniger wird, was noch vor einem liegt. Man möchte es unbedingt schaffen und strengt sich noch mehr an, man kriegt es mit 35 der Angst, und zum Schluss ist man ganz aus der Puste und kann nicht mehr. Und die Straße liegt immer noch vor einem. So darf man es nicht machen."

Er dachte einige Zeit nach. Dann sprach er wei- 40 ter: „Man darf nie an die ganze Straße auf einmal denken, verstehst du? Man muss nur an den nächsten Schritt denken, an den nächsten Atemzug, an den nächsten Besenstrich. Und immer wieder nur an den nächsten." 45

Wieder machte er eine kurze Pause und überlegte, bevor er hinzufügte: „Dann macht es Freude; das ist wichtig, dann macht man seine Sache gut. Und so soll es sein."

Und nach einer weiteren langen Pause sprach er 50 weiter: „Auf einmal merkt man, dass man Schritt für Schritt die ganze Straße gemacht hat. Man hat gar nicht gemerkt wie, und man ist nicht aus der Puste." Er nickte vor sich hin und sagte abschließend: „Das ist wichtig."

Michael Ende, *Garmisch-Partenkirchen 12.11.1929, †Stuttgart 29.8.1995, deutscher Schriftsteller. Schrieb abenteuerlich-fantastische Erzählungen für Kinder und Erwachsene, u. a. „Jim Knopf und Lukas, der Lokomotivführer", „Momo", „Die unendliche Geschichte".

Fassen Sie den Text in einem Satz zusammen. Kennen Sie ähnliche Situationen? Berichten Sie.

A 3

Lesen Sie die Regeln und Beispiele und beantworten Sie die Fragen.

Art und Weise

Es gibt verschiedene Möglichkeiten, die Art und Weise, wie man etwas macht, auszudrücken:

● mit Modalverben **§ 10**

Mit Hilfe von Modalverben kann man die Bedeutung eines Satzes verändern oder ausdrücken, wie jemand zu einer Handlung steht. (Vergleichen Sie z. B. den Satz: *Man denkt nie an die ganze Straße auf einmal* und *Man **darf** nie an die ganze Straße auf einmal denken.*)

Möglichkeit:	*können*	Wunsch:	*wollen, möchten*
Verbot:	*nicht dürfen*	Erlaubnis:	*dürfen*
Notwendigkeit:	*müssen, sollen*		

*Das **kann** man niemals schaffen.*
*Man **möchte** es unbedingt schaffen.*
*So **darf** man es nicht machen.*
*Man **muss** nur an den nächsten Schritt denken.*
*Und so **soll** es sein.*

● mit modalen Adverbien und adverbialen Ausdrücken **§ 20d**

Mit modalen Adverbien und adverbialen Ausdrücken kann man beschreiben, wie etwas passiert.

*Und er tat seine Arbeit **gern** und sehr **gründlich**.*
*Wenn er so die Straßen kehrte, tat er es **langsam**, aber **stetig**.*
*Dazwischen blieb er manchmal ein Weilchen stehen und blickte **nachdenklich** vor sich hin.*
*Und da sie **auf ihre besondere Art** zuhörte, löste sich seine Zunge.*

● mit Modalpartikeln **§ 21**

Modalpartikeln verändern den Satz oder einzelne Satzteile. Sie setzen subjektive Akzente.

*Man denkt, die ist **so** schrecklich lang.*
*Es war eine **sehr** notwendige Arbeit.*
*Aber es waren Gedanken, die sich **so** schwer erklären ließen.*

Aufgaben

1 Welche Formen der Modalverben sind im Präsens gleich und haben keine Verb-Endung? Welche Formen sind im Präteritum gleich?

2 Auf welcher Position steht das Modalverb, auf welcher der Infinitiv: a) im Hauptsatz? b) im Nebensatz?
   Machen Sie je einen Beispielsatz.

3 Und wie ist das bei Ihnen? Ergänzen Sie die folgenden Sätze mit passenden modalen Adverbien / adverbialen Ausdrücken, z. B.:

in Ruhe ◆ gründlich ◆ zuverlässig ◆ gut/schlecht ◆ hektisch ◆ am liebsten ◆ regelmäßig ◆ ordentlich/unordentlich ◆ gern/ungern ◆ glücklicherweise ◆ freundlich ◆ leider ◆ genau/ungenau ◆ normalerweise ◆ …

a) _____ stehe ich morgens früh auf.
b) Zum Frühstück trinke ich _____ Kaffee.
c) Ich mache meine Arbeit meistens _____ .
d) Meine Kollegen behandle ich immer _____ .
e) _____ kann ich _____ Kritik von anderen akzeptieren.
f) Abends lese ich _____ ein Buch oder die Zeitung.
g) Ich bin ein Mensch, der _____ zuhören kann.

A 4

Formulieren Sie Fragen zum persönlichen Umgang mit „Zeit" und machen Sie ein Partner-Interview.

Stehst du oft unter Zeitdruck? Wann besonders?
Kannst du die Zeit, in der du nicht arbeitest, genießen?
…

Beschreiben Sie das Foto. Was meinen Sie: Wer sind diese Menschen und was wollen sie mit dieser Aktion erreichen? Diskutieren Sie.

Lesen Sie die Ratschläge des „Vereins zur Verzögerung der Zeit" und unterstreichen Sie die Ihrer Meinung nach wichtigsten Aussagen.

1 Machen Sie sich klar: Um Zeitdruck abzubauen, brauchen Sie Zeit. Wenn Sie sich diese Zeit nicht nehmen, werden Sie Ihre Zeitprobleme nicht lösen.

2 Zeitdruck ist keine Folge Ihrer eigenen Unfähigkeit, er ist unsere Lebensweise. Trotzdem sind Sie selbst verantwortlich dafür, was in Ihrer Zeit geschieht und was nicht geschieht. Machen Sie sich klar, wo Sie selbst Zeitdruck produzieren.

3 Sprechen Sie doch mal mit Ihren Freunden, Kollegen oder Vorgesetzten über den Zeitdruck und Ihre Zeitprobleme. Sie werden sehen: Alle kennen das! Sie sollten gemeinsam besprechen, was Sie ändern können.

4 Überlegen Sie: Was ist mir wichtig? Wo bin ich glücklich und wie viel Zeit habe ich dafür? Vergleichen Sie mit Ihrer Realität! Sie müssen nicht überall dabei sein und nicht alles wissen. Lassen Sie sich keine Bedürfnisse einreden; Sie wissen viel besser selbst, was Sie brauchen.

5 Verplanen Sie nicht den ganzen Tag. Lassen Sie ein großes Stück frei und schauen Sie, was passiert. Machen Sie so oft wie möglich NICHTS. Nicht rauchen, essen, telefonieren, Sport, nein: NICHTS. Nur dasitzen, rumliegen, rumhängen und schauen, was passiert oder auch nicht passiert. Aber machen Sie es bewusst und ohne Erwartungen! Das ist Freiheit!

6 Wenn Sie mit anderen sprechen: Seien Sie wirklich interessiert, stellen Sie Fragen und hören Sie zu! Geben Sie anderen Menschen von Ihrer Zeit ab. Sie haben genug, und Sie brauchen selbst die Zeit der anderen. Lassen Sie sich auch mal die Zeit stehlen.

7 Fangen Sie an, bewusst langsamer zu gehen oder zu fahren, und schauen Sie einfach nur aufmerksam.

8 Beobachten Sie Ihren eigenen Zeitrhythmus. Das ist einfach: Sie sind in Ihrem Rhythmus, wenn Sie sich wohl fühlen. Sie sollten auch versuchen, Dinge langsamer zu machen, wenn Sie sich gehetzt fühlen. Nehmen Sie sich ein paar Minuten Zeit für die Frage: Muss das jetzt sein? Alles?

9 Konfrontieren Sie sich mit der unangenehmen Tatsache, dass Sie in Zukunft öfter zu anderen NEIN! sagen müssen. Es hängt viel von Ihrem eigenen Selbstbewusstsein ab.

10 Machen Sie sich klar, dass diese einfachen Tipps sehr schwer umzusetzen sind. Sie müssen sich Unterstützung suchen, wenn Sie etwas für eine menschenwürdige Zeitgestaltung tun wollen. Allein ist das schwer bis unmöglich.

Wie finden Sie diese Ratschläge? Sind sie realistisch und sinnvoll? Welche finden Sie besonders wichtig? Diskutieren Sie.

Der Verein zur Verzögerung der Zeit e. V. wurde 1990 von Prof. Dr. Peter Heintel von der Universität Klagenfurt (Österreich) gegründet. „Zeitverzögerer" gibt es mittlerweile in Österreich, Deutschland, Schweden, Italien und in der Schweiz. Trotz des humorvollen Namens handelt es sich keineswegs um einen Witz. Der Verein forscht zum Thema Zeit, veranstaltet Symposien, publiziert und weckt das Interesse der Medien, um bei immer mehr Menschen ein Bewusstsein für den Umgang mit Zeit zu schaffen. Das heißt auch, nicht Quantität, Schnelligkeit und Beschleunigung an die Stelle von Qualität zu setzen.

A 6 **Lesen Sie die Regeln und Beispiele und beantworten Sie die Fragen.**

Ratschläge und Aufforderungen

Es gibt verschiedene Möglichkeiten, Ratschläge und Aufforderungen auszudrücken:

● mit dem Imperativ **§ 8b**

Im Imperativsatz steht das Verb am Anfang. Am Ende steht oft ein Ausrufezeichen („!"). Die Wörter „doch" und „mal" machen den Ratschlag / die Aufforderung höflicher.

Sprechen Sie doch mal mit Ihren Freunden, Kollegen oder Vorgesetzten über den Zeitdruck und Ihre Zeitprobleme.
Vergleichen Sie mit Ihrer Realität!
Seien Sie wirklich interessiert.
Fangen Sie an, bewusst langsamer zu gehen oder zu fahren.

● mit „sollen" im Konjunktiv II **§ 8j, § 10**

Eine andere höfliche Variante ist das Modalverb „sollen" im Konjunktiv II.

Sie sollten gemeinsam besprechen, was Sie ändern können.
Sie sollten auch versuchen, Dinge langsamer zu machen.

Aufgaben

1 Wie bildet man den Imperativ in der „du"- und in der „ihr"-Form von folgenden Verben: *machen, sprechen, vergleichen, sein, geben, nehmen, anfangen*? Welche Verben haben einen Vokalwechsel?

2 Unterstreichen Sie alle Imperative im Text und formulieren Sie den Text in der „du"-Form so, als würden Sie an einen Freund schreiben.

3 Formulieren Sie fünf Imperative im Text in der „sollten"-Form.

A 7 **Formulieren Sie in Stichworten persönliche Tipps für Ihre Interviewpartnerin / Ihren Interviewpartner aus A4. Beraten Sie sich gegenseitig.**

A7-A9

B Mobile Welt

B 1 **Was haben diese Bilder mit dem Begriff „Mobilität" zu tun? Beschreiben Sie.**

A
C
B
D
E

Wann und warum sind Menschen sonst noch „mobil"?
Kennen Sie weitere Beispiele? Berichten Sie.

Finden Sie das richtig oder falsch? Markieren Sie und diskutieren Sie zu zweit oder zu dritt.

richtig falsch

a) Reisen sind nur sinnvoll, wenn man auch im Kopf offen ist für andere Menschen und ihre Kultur.

b) Mobil sein liegt in der Natur des Menschen.

c) Mobil sein macht das Leben in jedem Fall interessanter.

d) Emotionale Bindungen werden in Zukunft an Bedeutung verlieren.

e) Reisen macht die Menschen auch nicht zufriedener; zu Hause ist es sowieso am schönsten.

f) Die technische Entwicklung ist beängstigend.

Hören Sie jetzt verschiedene Aussagen von Bahnreisenden. Welche Aussage passt zu welcher These (a–f)? Markieren Sie.

1 **Kiko**
26, Sängerin

2 **Ulrich Schober**
51, Manager

3 **Chantal Bauer**
42, Hausfrau

4 **Mark Hoffmann**
33, Diplom-Inge-
nieur

5 **Susanne Spirgatis**
34, Lehrerin

6 **Giovanna Pozzi**
36, Stewardess

B 3 **Arbeiten Sie in Gruppen. Lesen Sie einen Text und finden Sie eine passende Überschrift.**

A

An einem sonnigen Sonntag setzen sich Herr und Frau Kolbe in ihren BMW 730i, und los geht's zu einem Ausflug aufs Land. „Idylle pur" steht auf dem Programm. So jedenfalls schwärmt die Lokalzeitung von einem gastronomischen Geheimtipp am Schalsee.

Von wegen. Als der BMW nach einstündiger Fahrt den Gasthof in Neuenkirchen erreicht, sind Parkplatz und Wege schon mit Autos überfüllt. Längst hat die Küche vor den Besuchermassen kapituliert, und Getränke gibt es erst nach langer Wartezeit. Und Ehepaar Kolbe reagiert wie die meisten anderen Touristen auch: „Was wollen bloß all die Leute hier?" Ein Witz aus der Öko-Szene beschreibt die Situation besonders gut: „Alle wollen zurück zur Natur, bloß nicht zu Fuß." Das geht so seit der Massenmotorisierung in den fünfziger Jahren. Das Jammern über den steigenden Verkehr ist so verbreitet wie absurd. Jeder möchte am Individualverkehr Teil haben, ihn aber mit möglichst wenigen Individuen teilen. Jeder reist gerne, will aber an seinem Heimatort möglichst keine Touristen sehen.

„In unserer Gesellschaft", so Sigurd Agricola von der deutschen Gesellschaft für Freizeit (DGF), „gibt es so etwas wie eine Verpflichtung, sich zu bewegen. Wer ruht, ist out. Mobilität ist eine Image-Frage geworden." Alle aktuellen Untersuchungen registrieren eine stark steigende Mobilität, vor allem auch in der Freizeit (Urlaub, Ausflüge etc.). Und sie kommen zu demselben Schluss: Die Deutschen haben sehr viel, vielleicht zu viel Freizeit – mit der Folge, dass sie diese gern in Mobilität umsetzen.

Und wie sieht die Zukunft aus? Die freizeitmobile Gesellschaft wird immer mehr eine automobile Gesellschaft sein. Denn das Auto ist nicht nur ein Ausdruck von Freiheit und Flexibilität. Es hat auch eine sehr hohe emotionale Bedeutung. Für die meisten Bundesbürger ist das Autofahren selbst schon ein Freizeiterlebnis. Und so muss sich das Ehepaar Kolbe in Zukunft wohl damit begnügen, die „Idylle pur" hinterm Steuerrad zu erleben – nach dem Motto „Los, wir fahren zum Stau ins Grüne".

B

Stellenmarkt in Europa. Gesucht: Computerspezialisten, „mobil und engagiert". Gesucht: Betriebswirte, „persönlich flexibel und mobil". Es wird vor allem und immer wieder eines gesucht: Mobilität. Im Zeitalter der Globalisierung ist es vor allem für Berufseinsteiger inzwischen fast selbstverständlich, für den Job die Heimat zu verlassen. Für die meisten Angestellten im mittleren und oberen Management gilt: ohne Umzug keine Karriere. Doch die Forderung der Wirtschaft nach mobilen Menschen bleibt nicht ohne Folgen. Die traditionelle Lebensform „Ehe und Familie" zum Beispiel ist kaum mehr geeignet für das karrierefördernde Länder-Hopping. Wer Karriere machen will, macht sie am einfachsten allein.

Schon sind in Großstädten wie Berlin die Mehrzahl der Männer zwischen 25 und 45 Jahren unverheiratet. Wer sich heute länger, vielleicht sogar lebenslang binden will, bekommt früher oder später Probleme. Bei jüngeren Paaren sind häufig beide Partner berufstätig. Die beiden Finanzexperten Volkmar und Martina Müller sind ein typischer Fall: Sie studierte in Spanien und den USA, machte ein Praktikum bei einer Bank in Frankfurt, ist dann von der Firma für zwei Jahre nach Spanien geschickt worden und von dort weiter nach Luxemburg. Dort lernte sie ihren Mann kennen, der aus Deutschland dorthin versetzt worden war. Kaum hatten sie geheiratet, kam für Martina Müller auch schon der Ruf nach Hamburg. Beide hofften, der Ehemann könne bald nachkommen. Nach zwei Jahren Wochenend-Ehe aber wurde er stattdessen nach Singapur versetzt. Sie wollte nicht mitgehen, und die Ehe ging kaputt.

Mobil sein ist alles, doch nicht mehr alle machen mit. „Mobilität ist ein Wert, der bisher ziemlich unkritisch als positiv und wünschenswert gesehen wird", sagt Norbert Schneider vom Institut für Soziologie an der Universität Mainz. „Doch ich sehe in der Gesellschaft einen gewissen Trend zu fragen, wo denn eigentlich die Vorteile der Mobilität liegen." Firmen bekommen immer häufiger von kompetenten Kandidaten eine Absage und spüren die ersten Anzeichen einer Trendwende. Oft wird eine Versetzung ins Ausland abgelehnt, weil der Partner oder die Partnerin keinen Job findet. So ist es wohl langsam Zeit für die Firmen, sich auf die gesellschaftliche Entwicklung einzustellen und nach neuen Lösungen zu suchen. Derzeit fehlen Konzepte, und in den Unternehmen ist das Thema noch immer tabu.

Lesen Sie den Text noch einmal, machen Sie Notizen zu den folgenden Punkten und berichten Sie.

allgemeines Thema	Situation heute	mögliche Gründe	konkrete Folgen	Trend für die Zukunft

Und wie ist die Situation in Ihrem Land? Vergleichen und berichten Sie.

Lesen Sie die Regeln und Beispiele und beantworten Sie die Fragen.

Handlungen/Prozesse beschreiben

● „werden"-Passiv § 8h

Das Passiv beschreibt Handlungen und Prozesse. Die handelnden Personen sind nicht so wichtig, nicht bekannt oder nicht vorhanden. Man bildet es normalerweise mit „werden" und dem Partizip Perfekt. Wenn es nicht wichtig ist, wer etwas macht, sondern nur, was passiert, kann ein Passivsatz auch ohne Subjekt stehen oder mit „es" eingeleitet werden.

*Sie ... **ist** von der Firma für zwei Jahre nach Spanien **geschickt worden**.*
(= Die Firma hat sie nach Spanien geschickt. → Handlung)
*Es **wird** vor allem und immer wieder eines **gesucht**: Mobilität.*
*Dort lernte sie ihren Mann kennen, der aus Deutschland dorthin **versetzt worden war**.*
*Nach zwei Jahren Wochenend-Ehe aber **wurde** er stattdessen nach Singapur **versetzt**.*
*Mobilität ist ein Wert, der bisher ziemlich unkritisch als positiv und wünschenswert **gesehen wird**.*

Zustände/Resultate beschreiben

● „sein"-Passiv (= Zustandspassiv) § 8h

Um einen Zustand oder ein Resultat zu beschreiben, bildet man das Passiv mit „sein" und dem Partizip Perfekt. Das Partizip Perfekt hat dann dieselbe Funktion wie ein Adjektiv.

*Parkplatz und Wege **sind** schon mit Autos **überfüllt**.*
*(= Der **überfüllte** Parkplatz und die **überfüllten** Wege → Zustand)*
*Das Jammern über den steigenden Verkehr **ist** so **verbreitet** wie absurd.*

Aufgaben

1 Wie bildet man das Präteritum, das Perfekt und das Plusquamperfekt der Passivformen mit „werden"? Suchen Sie je ein Beispiel in den Beispielsätzen oben. Wie ist die Reihenfolge der Verbformen im Nebensatz?

2 Was passiert in Ihrer Firma? Bilden Sie Passivsätze mit „werden".

a) (Fachkräfte – dringend suchen): In meiner Firma *werden dringend Fachkräfte gesucht.*

b) (Computerspezialisten – einstellen): Im letzten Jahr _____

c) (eine Versetzung ins Ausland – ablehnen): Oft _____

d) (unser Projektleiter – nach Italien versetzen): Nächstes Jahr _____

e) (ein neues Projekt – realisieren): Seit einigen Wochen _____

f) (mein Kollege – nach Schweden schicken): Vor zwei Monaten _____

Waren Sie selbst schon einmal „mobil für den Beruf"? Berichten Sie.

Sie hören jetzt fünf kurze Texte. Dazu sollen Sie fünf Aufgaben lösen. Entscheiden Sie beim Hören, ob die Aussagen richtig oder falsch sind. Markieren Sie richtig [R] oder falsch [F].

1 Weil in Bayern und Baden-Württemberg die Ferien begonnen haben, kann es auf vielen Autobahnen zu Staus kommen. R F

2 In diesem Zug werden auch Autos transportiert. R F

3 Autofahrer, die in der Alpenregion unterwegs sind, brauchen derzeit noch keine Winterreifen. R F

4 Der neue DCI-Motor von Renault verbraucht weniger Benzin und hat eine höhere Leistung. R F

5 Man sollte tagsüber nicht mit Licht fahren, um die Batterie zu schonen. R F

B 7 Sie arbeiten in Stuttgart und sollen zusammen mit Ihrem Kollegen eine dreitägige Geschäftsreise nach Berlin machen. Überlegen Sie, was alles zu tun ist und wer welche Aufgaben übernimmt. Sie haben sich schon einen Zettel mit Notizen gemacht.

- Mit Auto, Bahn oder Flugzeug?
- Hotelreservierung
- Termine (mit Geschäftspartner)
- Wegbeschreibung
- Wichtige Papiere für das Meeting

Etwas vorschlagen

Etwas vorschlagen
Wie wäre es, wenn ...?
Was halten Sie / hältst du davon, wenn ...?
Ich schlage vor, wir ...
Wir könnten z. B. ...

Einen Vorschlag annehmen
Ja, ist gut / okay / in Ordnung.
Damit bin ich einverstanden.
Kein Problem.
Ja, vielleicht. Das wäre nicht schlecht.
Gute Idee!

Einen Gegenvorschlag machen
Ich denke, es ist sinnvoller, wenn ...
Wäre es nicht besser, wenn ... ?
Vielleicht sollten wir lieber ...

Fragen, wie Ihre Partnerin / Ihr Partner den Vorschlag findet
Wie finden Sie den Vorschlag? / Wie findest du das?
Sind Sie / Bist du einverstanden?
Was meinen Sie / meinst du dazu?
Haben Sie / Hast du eine andere/bessere Idee?

Einen Vorschlag ablehnen
Ich weiß nicht. Das ist keine besonders gute Idee.
Das sehe ich anders.
Da bin ich anderer Meinung.
Das finde ich nicht so gut.

B5-B6

Visionen

1 **Was vermuten Sie: Wie sehen Jugendliche heutzutage ihre Zukunft? Welche Träume, welche Wünsche haben sie?**

2-27 Hören Sie jetzt Aussagen von Jugendlichen. Über welche Themen sprechen sie? Markieren Sie.

Hörtexte	1	2	3	4	5
Arbeitslosigkeit					
neue Technologie					
Medizin					
Armut					
Familie					
eigenes Haus					
Umwelt/Natur					
Leben auf anderen Planeten					
Freunde					

Lesen Sie die Regeln und Beispiele und beantworten Sie die Fragen.

Träume und Wünsche

Es gibt verschiedene Möglichkeiten, Träume und Wünsche auszudrücken:
- mit Konjunktiv II   § 8j

*Wenn jeder Mensch bei sich selbst **anfangen würde**, dann **gäbe** es eine Chance.*

- mit Adverbien und adverbialen Ausdrücken   § 20d

***Hoffentlich** gibt es bis dahin noch viel Natur.*

- mit bestimmten Wörtern (Nomen, Verben, Adjektive): *Traum, Wunsch, wollen, sich etwas vorstellen, sich etwas wünschen, ...*

*Aber mein größter **Traum** würde sich erfüllen, wenn ...*

Vermutungen

Es gibt verschiedene Möglichkeiten, Vermutungen auszudrücken:
- mit Konjunktiv II   § 8j

*Man **könnte** alle seine Gedanken einfach nur **denken**, und der Computer im Gehirn **würde** alles **umrechnen**.*

- mit Futur I oder II   § 8i

*In Zukunft **wird** es auch möglich **sein**, im All zu leben.*

- mit bestimmten Wörtern (Nomen, Verben, Adjektive): *glauben, denken ...*

*Ich **denke**, die Technik wird in Zukunft noch viel weiter entwickelt sein.*

- mit modalen Adverbien und adverbialen Ausdrücken: *wahrscheinlich, vielleicht, eventuell ...*   § 20d

*Da dies aber sowieso nicht passiert, bleibt **wahrscheinlich** alles beim Alten.*
***Vielleicht** bin ich nur eine Träumerin.*

- mit der Partikel „wohl"   § 21

*Doch das bleibt **wohl** nur ein Traum, wie auch vieles andere.*

Aufgaben
1 Wie heißt der Konjunktiv II von „haben", „sein" und den Modalverben?
2 Wie bildet man den Konjunktiv II von regelmäßigen Verben? Welche Ersatzform wird häufig benutzt?
3 Bei welchen unregelmäßigen Verben benutzt man meistens die „Originalform" des Konjunktiv II?

Wie haben Sie sich mit 16 Jahren die Zukunft vorgestellt?
Welche Wünsche, Ängste und Träume hatten Sie? Berichten Sie.

Arbeit ◆ Politik ◆ Gesellschaft ◆ Familie ◆ Freizeit ◆ ...

C1-

Überfliegen Sie die Texte 1–5. Wo könnten diese Texte stehen?
Ergänzen Sie die passende Nummer.

a) in einem Magazin für Wissenschaft und Forschung

b) in einer Informationsbroschüre der Deutschen Bahn AG

c) in einer Werbeanzeige im Internet

d) auf der Homepage der Expo 2000

e) in einer Fachzeitschrift für Motorsport

Lesen Sie zuerst die zehn Überschriften. Lesen Sie dann die fünf Texte und entscheiden Sie, welcher Text (1–5) am besten zu welcher Überschrift (a–j) passt. Sie dürfen jeden Text und jede Überschrift nur einmal verwenden.

a) Rollendes Büro für Daten-Surfer

b) Neue Sicherheit auf Deutschlands Straßen

c) Tipps zum Zeitmanagement

d) Deutschlands Verkehrssysteme im Vergleich

e) Nie wieder Termine vergessen!

f) Das Phänomen Zeit in der Wissenschaft

g) Zeit ist Geld

h) Faszination „Reisen"

i) Erstes computergesteuertes Auto auf dem Markt

j) Immer mehr Deutsche fahren mit der Bahn

1 Der InterNizer ist ein Jahreskalender, der Sie automatisch per E-Mail über aktuelle Termine pünktlich informiert. Kostenlos und nur bei uns. Geben Sie einfach wichtige Termine ein und bestimmen Sie, ob Sie monatlich, wöchentlich oder nur einmalig erinnert werden möchten. Mit Ihrem Usernamen und Passwort können Sie alle Ihre Termine verändern, löschen oder neu eingeben.

Um den InterNizer zu nutzen, müssen Sie sich zuerst hier anmelden, damit das System Ihre E-Mail-Adresse erfährt und Sie Zugriff auf Ihre persönlichen Termine erlangen. Sie erhalten Ihr Passwort für das InterNizer-System anschließend per E-Mail. Wenn Sie schon registrierter Nutzer sind, können Sie sofort zu Ihrer Terminübersicht surfen.

2

Die Deutsche Bahn AG hat in Zusammenarbeit mit der Umweltstiftung WWF eine umfassende CD-ROM zum Vergleich von Reisezeit, Kosten, Energieverbrauch und Schadstoffausstoß bei Bahn, Pkw und Flugzeug bei über 1600 Städteverbindungen herausgebracht. Damit können nicht nur für Geschäftsreisen, sondern auch für die Pendel- und Wochenendverkehre detailliert und anschaulich die Leistungsmerkmale Preis, Zeit und Umweltauswirkungen für die wichtigsten Strecken in Deutschland dargestellt werden. Die Mobilitätsbilanz unterstreicht damit auf vielen Strecken nicht nur die Umweltfreundlichkeit der Bahn, sondern auch ihre Vorzüge bezüglich Kosten und Zeit. Daneben informiert sie auch über die Umweltwirkungen von Reisen mit verschiedenen Verkehrsmitteln.

3

Konzeptfahrzeug Opel „Omega V8.com": Dieser 1,5 Millionen Euro teure Wagen auf der Basis des Caravans wurde um 13 Zentimeter verlängert, um Platz für die aufwendige Kommunikationstechnik zu schaffen. Während der Fahrt am Computer arbeiten, die elektronische Post erledigen oder ein Video aus dem Internet anschauen – im Multimediacenter des „Omega V8.com" ist alles möglich. Die Tastatur mit Infrarotschnittstelle ist auf allen Sitzplätzen verwendbar. Über Bedienelemente in der Mittelkonsole lassen sich die gewünschten Funktionen ansteuern. Eine Vielzahl von elektronischen Systemen erleichtert im „Omega V8.com" das Fahren bei Dunkelheit, Regen oder Nebel.

4 Besuchen Sie die Ausstellung „Mobilität der Zukunft", ein Projekt der Weltausstellung 2000, am Flughafen Frankfurt. Zentraler Inhalt der Ausstellung ist die intelligente Vernetzung von Luft, Schiene und Straße zur Sicherung der Mobilität von Menschen und Gütern in einer immer bewegteren Welt. Mobilität der Zukunft bedeutet komfortabel reisen, Zeit nutzen und das Leben genießen. Erleben Sie auf einer cirka 2000 Quadratmeter großen Ausstellungsfläche faszinierende Reise-Dimensionen. Tauchen Sie ein in eine interaktive Reiselandschaft. Bei Licht, Ton, Bild, Bewegung – spüren Sie die Mobilität mit allen Sinnen. Neben vielfältigen Exponaten erwartet Sie ein attraktives Rahmenprogramm. Hier dient die Bühne als Podium für Unterhaltung und Informationsveranstaltungen.

5 Zeit ist nicht gleich Zeit. Man unterscheidet genauer gesagt zwischen drei verschiedenen: der subjektiv-psychologischen, der objektiv-messbaren und der philosophisch-weltanschaulichen Zeit. Die objektive Zeit haben wir Menschen mit allen Mitteln bis ins Kleinste vermessen: erst mit mechanischen Uhrwerken, dann mit Schwingquarzen und 1967 schließlich mit der unerbittlichen, absoluten „Atomsekunde". Seitdem ordnen und planen wir unser Leben in Jahren, Monaten, Tagen, Stunden, Minuten, Sekunden ... Unser subjektives Zeitgefühl allerdings ist nicht von diesen messbaren Einteilungen, sondern von der Zahl der erlebten Veränderungen abhängig: Sitzt man in einem Wartezimmer, und es passiert rein gar nichts, werden Minuten zu Stunden; hat man hingegen viel zu tun oder sieht im Kino einen spannenden Film, verfliegt die Zeit.

Welchen Text finden Sie interessant? Warum? Diskutieren Sie in Kleingruppen.

Mobil sein ist alles, doch nicht mehr alle machen mit. „Mobilität ist ein Wert, der bisher ziemlich unkritisch als positiv und wünschenswert gesehen wird", sagt Norbert Schneider vom Institut für Soziologie an der Universität Mainz. „Doch ich sehe in der Gesellschaft einen gewissen Trend zu fragen, wo denn eigentlich die Vorteile der Mobilität liegen."

Firmen bekommen anscheinend immer häufiger von kompetenten Kandidaten eine Absage und spüren die ersten Zeichen einer Trendwende. Oft wird eine Versetzung ins Ausland abgelehnt, weil der Partner oder die Partnerin keinen Job findet. So ist es wohl allmählich Zeit für die Firmen, sich auf die gesellschaftliche Entwicklung einzustellen und nach neuen Lösungen zu suchen. Zurzeit fehlen eventuell die richtigen Konzepte, und in den Unternehmen ist das Thema immer noch tabu.

D 1   **Sortieren Sie die markierten Wörter.**

Sechs dieser Ausdrücke deuten eine **Veränderung oder Entwicklung** an. Beispiel:

Wenn ich sage: „Nicht alle machen mit.", dann meine ich „Das ist so, das war so, das bleibt so."
Wenn ich sage: „**Nicht mehr** alle machen mit.", dann meine ich: „**Früher** haben **alle** mitgemacht. Aber das hat sich jetzt geändert. **Heute** ist es so, dass **nicht alle** mitmachen."

Drei der markierten Wörter deuten eine **Vermutung** an. Beispiel:

Wenn ich sage: „Mobil sein ist **wahrscheinlich** alles.", dann bin ich nicht ganz sicher, ob es so ist.

Zwei der markierten Wörter deuten eine **Abschwächung** an. Beispiel:

Wenn ich sage: „Mobil sein ist alles.", dann meine ich das ohne Ausnahme.
Wenn ich sage: „Mobil sein ist **fast** alles.", dann schwäche ich das Wort „alles" ab. Dann ist das Mobil sein zwar viel, aber eben doch nicht „alles".

Sortieren Sie jetzt die im Text markierten Wörter in die Liste.

Veränderung oder Entwicklung:	Vermutung:	Abschwächung:
1. *nicht mehr*	7.	10.
2.	8.	11.
3.	9.	
4.		
5.		
6.		

D 2   **Die folgenden Wörter bedeuten (fast) das gleiche wie die Wörter in D1.**
               Schreiben Sie ein passendes Wort aus D1 zu jedem Wort in der Liste.

bis jetzt	*bisher*	nach und nach	
etwas	*ziemlich*	nach wie vor	
im Augenblick		offenbar	
im Moment		recht	*ziemlich*
immer öfter		unverändert	
langsam		vielleicht	
leichten		wahrscheinlich	
mehr und mehr		zunehmend	

Vergleichen Sie dann Ihre Listen im Kurs.

Der Ton macht die Musik

Ludwig Fulda

Wenn …

Ja, hätte mir von Anbeginn
so manches nicht gefehlt,
und hätt' ich nur mit anderm Sinn
den andern Weg erwählt,
und hätt' ich auf dem andern Pfad
die rechte Hilf' empfahn*
und so stattdessen, was ich tat,
das Gegenteil getan,
und hätt' ich vieles nicht gemusst
auf höheres Geheiß
und nur die Hälft' vorher gewusst
von dem, was heut' ich weiß,
und hätt' ich ernstlich nur gewollt –
ja, wollt' ich nur noch jetzt,
und wäre mir das Glück so hold
wie manchem, der's nicht schätzt,
und hätt' ich zehnmal so viel Geld
und könnt', was ich nicht kann,
und käm' noch einmal auf die Welt –
ja, dann!

(* = empfangen)

Ludwig Fulda, geboren am 15. Juli 1862 in Frankfurt/Main, gestorben am 30. März 1939 in Berlin. Studium der Germanistik und Philosophie in Heidelberg, Berlin und Leipzig. Populärer Stückeschreiber (Der Talisman, Jugendfreunde, Die verlorene Tochter) und Übersetzer von Molières Meisterwerke und Ibsens „Peer Gynt". 1933 bekam er Probleme mit den Nationalsozialisten. 1939 nahm er sich das Leben.

Wenn das Wörtchen „wenn" nicht wär' …
Und was hätten Sie gern anders gemacht? Ergänzen Sie die Sätze.

Hätte ich _____ ,

dann wäre ich heute _____

Wenn _____

und _____ ,

dann _____

…

Art und Weise

Modalverben   § 10
Das **kann** man niemals schaffen.
Man **möchte** es unbedingt schaffen.
So **darf** man es **nicht** machen.

Modalpartikeln   § 21
Man denkt, die ist **so** schrecklich lang.
Es war eine **sehr** notwendige Arbeit.
Aber es waren Gedanken, die sich **so** schwer erklären ließen.

Modale Adverbien und adverbiale Ausdrücke   § 20d
Und er tat seine Arbeit **gern** und sehr **gründlich**.
Wenn er **so** die Straßen kehrte, tat er es **langsam**, aber **stetig**.

Ratschläge und Aufforderungen

Imperativ   § 8b
Sprechen Sie doch mal mit Ihren Freunden, Kollegen oder Vorgesetzten über den Zeitdruck und Ihre Zeitprobleme.
Fangen Sie **an**, bewusst langsamer zu gehen oder zu fahren.
Seien Sie wirklich interessiert.

„sollen" im Konjunktiv II   § 8j, § 10
Sie **sollten** gemeinsam **besprechen**, was Sie ändern können.

Handlungen/Prozesse beschreiben

„werden"-Passiv   § 8h
Sie ... **ist** von der Firma für zwei Jahre nach Spanien **geschickt worden**.
Dort lernte sie ihren Mann kennen, der aus Deutschland dorthin **versetzt worden war**.
Nach zwei Jahren Wochenend-Ehe aber **wurde** er stattdessen nach Singapur **versetzt**.
Mobilität ist ein Wert, der bisher ziemlich unkritisch als positiv und wünschenswert **gesehen wird**.

Zustände/Resultate beschreiben

„sein"-Passiv (= Zustandspassiv)   § 8h
Parkplatz und Wege **sind** schon mit Autos **überfüllt**.
Das Jammern über den steigenden Verkehr **ist** so **verbreitet** wie absurd.

Träume und Wünsche

Konjunktiv II   § 8j
Wenn jeder Mensch bei sich selbst **anfangen würde**, dann **gäbe** es eine Chance.

Adverbien und adverbiale Ausdrücke   § 20d
Hoffentlich gibt es bis dahin noch viel Natur.

Bestimmte Wörter (Nomen, Verben, Adjektive)
Aber mein größter **Traum** würde sich erfüllen, wenn ...

Vermutungen

Konjunktiv II   § 8j
Man **könnte** alle seine Gedanken einfach nur **denken**, und der Computer im Gehirn **würde** alles **umrechnen**.

Futur I oder II   § 8i
Die Technik **wird** in Zukunft noch viel **weiter entwickelt sein**.

Bestimmte Wörter (Nomen, Verben, Adjektive)
Denn ich **glaube**, in Zukunft wird es auch möglich sein, im All zu leben.

Modale Adverbien und adverbiale Ausdrücke   § 20d
Da dies aber sowieso nicht passiert, bleibt **wahrscheinlich** alles beim Alten.

Partikel „wohl"   § 21
Doch das bleibt **wohl** nur ein Traum, wie auch vieles andere.

Nützliche Ausdrücke
Mobil sein **liegt in der Natur des Menschen**. Emotionale Bindungen werden in Zukunft **an Bedeutung verlieren**. Mobil sein **ist alles**, doch nicht mehr alle machen mit.
Heiraten, falls das überhaupt noch „**in**" **ist**, möchte ich eventuell, außerdem zwei Kinder, die ich strenger erziehen würde, denn ich **tanze** meiner Mutter **auf der Nase herum**. Scheiden lasse ich mich nicht, denn ich habe **am eigenen Leib erfahren**, wie es ist, wenn der Vater weggeht.

A

A 1

Das 20. Jahrhundert

Sprechen Sie über die Fotos. Wann war was?

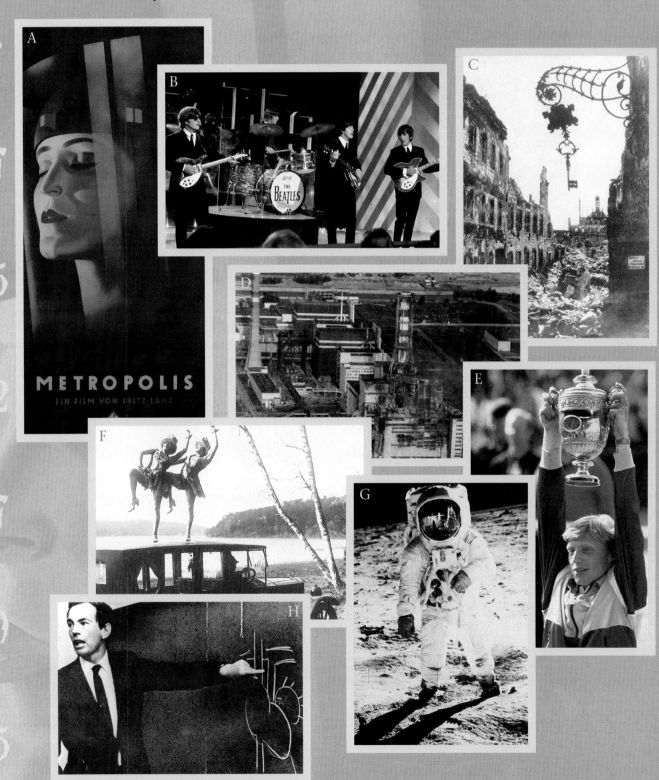

Überfliegen Sie die Texte. Welcher Text passt zu welchem Foto aus A1?

A 10.1.1927

In den Zeitungen stand nur Gutes über den Stummfilm „Metropolis", der im Januar 1927 in die Kinos kam. Der Regisseur Fritz Lang (*1890 in Österreich, †1976) produzierte den bis dahin teuersten Film der Filmgesellschaft „Ufa". Das Publikum war nicht begeistert: Der Film spielte so wenig ein, dass er beinahe zum Ruin der „Ufa" geführt hätte.

Heute ist „Metropolis" ein Klassiker des Science-Fiction-Kinos, den viele Menschen kennen. Vor allem die fantastische Architektur und die besondere Verwendung von Licht und Schatten haben den Film berühmt gemacht.

1962

Die Beatles waren die bedeutendsten Vertreter der Beat-Musik, ihr Markenzeichen: die Pilzköpfe. Zur Band gehörten: John Lennon (*9. 10. 1940, † 8. 12. 1980), Paul McCartney (*18. 6. 1942), George Harrison (*25. 2. 1942), Ringo Starr (*7. 7. 1940). Die Beatles kamen aus Liverpool; dort hatten sie am 27. Dezember 1960 auch ihren ersten Auftritt. 1962 veröffentlichten sie ihre erste Single: „Love me do". Weitere Aufnahmen und Veröffentlichungen folgten, die sofort die ersten Plätze der Hitparaden belegten und die Gruppe international bekannt machten.

Über 180 Titel veröffentlichten die Beatles auf über 50 Singles und LPs. Insgesamt schrieben sie über 230 Songs und verkauften über 200 Millionen Schallplatten. 1970 löste sich die Gruppe auf.

3.12.1967

Es war ohne Zweifel eines der wichtigsten Ereignisse in der Geschichte der Medizin: Dem südafrikanischen Chirurgen Christiaan Barnard (*1922) gelang es am 3. Dezember 1967 in Kapstadt erstmals, einem Schwerkranken das Herz eines Verstorbenen einzupflanzen. Im darauf folgenden Jahr wurden weltweit schon 101 Herztransplantationen durchgeführt. Allerdings starben knapp 80 % der Patienten an den Operationsfolgen.

20.7.1969

1957 schossen die Russen den ersten Satelliten (Sputnik 1) ins All. 1961 war Juri Gagarin als erster Mensch im Weltall. 1969 hatten nun endlich auch die USA den lange erwünschten Erfolg in der Raumfahrt: Neil Armstrong betrat am 20. Juli 1969 als erster Mensch den Mond. Er kommentierte diese spektakulärste technische Leistung des 20. Jahrhunderts mit folgenden Worten: „Dies ist ein kleiner Schritt für den Menschen, aber ein großer für die Menschheit."

Wichtigste Aufgabe war das Sammeln und Untersuchen von Mondgestein. Dabei kam unter anderem heraus, dass Erde und Mond zur gleichen Zeit entstanden sind.

26.4.1986

Am frühen Morgen des 26. April 1986 passierte im Kernkraftwerk in Tschernobyl der bisher schwerste Unfall in der Geschichte der Kernenergienutzung. Das Reaktorgebäude wurde zerstört, und große Mengen radioaktiven Materials wurden frei gesetzt.

Innerhalb der nächsten Tage breitete sich die radioaktive Wolke über weite Teile Europas aus. Manche Lebensmittel waren so stark belastet, dass man riet, sie nicht mehr zu essen oder zu trinken (z. B. Milch, Gemüse, Obst).

Durch diesen Unfall starben viele Menschen, und viele wurden verstrahlt. Wie viele davon an Krebs erkrankt sind oder noch erkranken werden, weiß niemand ganz genau. Babys kamen krank zur Welt oder starben vor der Geburt. 135 000 Menschen mussten ihre Häuser verlassen, weil sie in der Nähe des Kernkraftwerks wohnten. 25 000 km^2 Boden wurden radioaktiv verseucht.

Finden Sie passende Überschriften zu den Texten.

A 3
29

Hören Sie den ersten Teil der Radiosendung und notieren Sie, über welche Ereignisse und Erfindungen gesprochen wird.

Was ist das Projekt „Zeitenwende"?

A 4
30

Hören Sie nun den zweiten Teil der Radiosendung. Dazu sollen Sie fünf Aufgaben lösen. Entscheiden Sie beim Hören, ob die Aussagen richtig oder falsch sind. Markieren Sie richtig [R] oder [falsch [F].

TIPPS
ARBEITSBUCH
Seite 67

1   Frau Bacher erzählt, dass die Autos damals nicht schnell fuhren, ungefähr vierzig.   [R]   [F]
2   Frau Kuch hat die Mondlandung damals nicht interessiert.   [R]   [F]
3   Herr Lehmann erinnert sich noch daran, dass man nach dem Krieg kein Radio behalten durfte.   [R]   [F]
4   Herr Marloth findet, dass Reisen früher anders war: gemütlicher und familiärer.   [R]   [F]
5   Frau Breuer erinnert sich genau an den 26. 4. 86. Es war erst wunderbares Wetter, und dann   [R]   [F]
    kamen plötzlich dunkle Wolken, und es fing an zu regnen.

A 5

Lesen Sie die Regeln und Beispiele und beantworten Sie die Fragen.

Satztypen

Es gibt Aussagen, Fragen und Imperativ-Sätze. Je nachdem, wo das Verb steht, handelt es sich um Haupt- oder Nebensätze.

● Aussagen   § 1

Hans Marloth war Chemiker in Dresden. Er ist heute 70 Jahre alt.
*Am auffallendsten war, **dass** die Flugreisen damals noch etwas – ich will mal so sagen – behäbiger gewesen sind.*
*Ich wurde von der gesamten Familie zum Flughafen begleitet und verabschiedet wie ein Weltreisender, **obwohl** ich ja ein paar Tage später schon wieder zurück war.*
*Dies ist ein kleiner Schritt für den Menschen, **aber** ein großer für die Menschheit.*

● Fragen   § 2, § 5b)5
W-Fragen, Ja/Nein-Fragen, indirekte Fragen

***Wie** haben Sie früher Wäsche gewaschen ?*
***Erinnern** Sie sich noch an den Halleyschen Kometen?*
***Wissen** Sie noch, **wann** Sie Ihren ersten Fernseher bekamen?*
*Ich habe große Zweifel, **ob** da was Wesentliches bei rauskommt.*

● Imperativ-Sätze   § 3, § 8b
***Machen Sie** mit bei unserem Internet-Memorial.*
***Schicken Sie** uns Ihre Erinnerungen – Texte und Fotos.*

Aufgaben
1   Welche Formen des Imperativs gibt es noch?
2   Was ist der Unterschied zwischen einem direkten und einem indirekten Fragesatz?
3   Sortieren Sie die Aussagen nach Haupt- und Nebensätzen. Wo steht das Verb?
4   Unterstreichen Sie die Konjunktionen in den Nebensätzen.
5   Welche Nebensatz-Konjunktionen kennen Sie? Machen Sie eine Liste.

6

Wie war das 20. Jahrhundert? Was war für Sie wichtig? Machen Sie eine Liste mit Fragen und interviewen Sie sich gegenseitig. Arbeiten Sie in Gruppen.

Panamakanal eröffnet ◆ der erste Fernseher ◆ Mondlandung ◆ John Lennon ermordet
das erste Handy ◆ Olympiade in ... ◆ ...

Erinnern Sie sich an ...?   Wann bekamen Sie ...?   Wann wurde ...?
Wo waren Sie, als ...?   Wissen Sie, wann ...?   ...

ARBEITSBUCH
A3-A5

Sprechen Sie über die Fotos und sammeln Sie, was Sie darüber wissen.

Überfliegen Sie die Texte und bringen Sie sie in die richtige zeitliche Reihenfolge.

A Weimarer Republik

Im Januar 1919 fanden Wahlen statt. Dies war der Anfang einer parlamentarischen Demokratie in Deutschland. Das Parlament trat in Weimar zusammen und wählte Friedrich Ebert zum ersten Reichspräsidenten. Die Verfassung der Weimarer Republik trat am 11. August 1919 in Kraft.

Durch den verlorenen Krieg war die erste deutsche Republik von Anfang an großen Belastungen

ausgesetzt. Hohe Kriegsschulden und eine rasch steigende Inflation erschwerten den Neubeginn. Radikale Gruppen nutzten die Enttäuschung der Deutschen über den verlorenen Krieg und die harten Friedensbedingungen, um gegen die Republik zu hetzen.

Durch die Weltwirtschaftskrise 1929 spitzte sich die Situation zu. In den Wahlen zwischen 1930 und 1933 gewannen die radikalen, antidemokratischen Parteien an Stimmen. Die Ernennung Adolf Hitlers zum Reichskanzler am 30. Januar 1933 markierte den Zusammenbruch der Weimarer Republik.

B Nationalsozialismus / Das Dritte Reich

Innerhalb kurzer Zeit hatte Hitler das parlamentarisch-demokratische System beseitigt und eine Diktatur errichtet. Parteien und Gewerkschaften wurden verboten. Die Nationalsozialisten wurden zur stärksten Staatspartei des „Dritten Reiches". Politische Gegner und Minderheiten wurden aus ideologischen, rassischen und anderen Gründen diskriminiert, verfolgt und in Konzentrationsla-

gern interniert. Die Nationalsozialisten erließen neue Gesetze, die den Juden ihre Rechte als Staatsbürger nahmen und sie aus dem gesellschaftlichen Leben ausgrenzten. Millionen von Menschen, vor allem Juden, wurden von den Nazis ermordet.

Hitler plante von Anfang an einen Eroberungskrieg. Mit dem Überfall auf Polen begann Deutschland am 1. September 1939 den Zweiten Weltkrieg.

Am 8. Mai 1945 endete der Krieg mit der Kapitulation Deutschlands. 50 Millionen Tote, halb Europa in Schutt und Asche – das war die Bilanz, die Hitlers Plan eines Tausendjährigen Reichs hinterließ.

Wenn die **Sonne** der **Kultur** niedrig steht,
werfen selbst **Zwerge** einen **Schatten.**
(KARL KRAUS)

C Das Kaiserreich

Das Deutsche Reich wurde am 18. Januar 1871 gegründet. Wilhelm I. wurde zum Kaiser ausgerufen. Der Kaiser und sein Kanzler Otto von Bismarck hatten eine starke Machtposition gegenüber dem Parlament.
Ziel von Bismarcks Politik war es, die außenpolitische Stabilität in Form von Bündnissen herzustellen. Innenpolitisch versuchte er die konservative Ordnung Deutschlands zu erhalten.
Nach dem Tod Wilhelms I. bestieg 1888 dessen Enkel Wilhelm II. den Thron. Da er andere politische Ziele verfolgte als Bismarck, setzte er diesen 1890 ab. Deutschland sollte zu einer führenden Wirtschaftsmacht in Europa werden. Durch diese Politik provozierte Wilhelm II. internationale Krisen und isolierte das deutsche Kaiserreich innerhalb weniger Jahre. Dies führte 1914 schließlich zum Ausbruch des 1. Weltkriegs, der 1918 mit der Niederlage Deutschlands endete. Nach dem Krieg musste Wilhelm II. auf Grund des außenpolitischen Drucks und der inneren revolutionären Unruhen abdanken.

D Nach 1945

Die USA, Großbritannien, Frankreich und die Sowjetunion (Alliierte) teilten Deutschland nach der Kapitulation 1945 in vier Besatzungszonen und Berlin in vier Sektoren ein. Der wachsende politische Gegensatz zwischen Ost und West, insbesondere zwischen den beiden Großmächten Sowjetunion und USA, verhinderte jedoch den Abschluss eines Friedensvertrages und führte schließlich zur Teilung Deutschlands: 1949 entstanden die Bundesrepublik Deutschland (BRD) und die Deutsche Demokratische Republik (DDR). Die deutsche Teilung wurde mit dem Mauerbau, der am 13. August

1961 begann, zementiert. Niemand konnte sich vorstellen, dass die Mauer noch einmal fallen könnte.
Die beiden Staaten entwickelten sich nicht nur politisch, sondern auch wirtschaftlich und gesellschaftlich sehr unterschiedlich.
In der BRD führten Soziale Marktwirtschaft, Währungsreform und

finanzielle Hilfe durch die USA (Marshallplan) zu einem schnellen wirtschaftlichen Aufschwung, der Mitte der 50-er Jahre als „Wirtschaftswunder" bezeichnet wurde. Das stabilisierte das parlamentarisch-demokratische System genauso wie die Politik der Westintegration.
Die Wirtschaft der DDR war eine staatlich gelenkte Planwirtschaft nach sowjetischem Vorbild. Es gab fast keine privaten Unternehmen. Der Wiederaufbau ging wesentlich langsamer voran als in der BRD. Auch gab es große Einschränkungen im alltäglichen Leben, z.B. keine Reisefreiheit, kein (unbegrenztes) Recht auf freie Meinungsäußerung und die Bespitzelung durch das „Ministerium für Staatssicherheit" (Stasi).
Die wirtschaftliche Situation verschlechterte sich, und das politische Klima in Osteuropa veränderte sich. Schließlich führten die Massendemonstrationen für Freiheit und Demokratie 1989 zum Rücktritt der Regierung Erich Honeckers. Am 9. November 1989 wurden die Grenzen zur BRD geöffnet. Knapp ein Jahr später, am 3. Oktober 1990, wurde Deutschland wieder vereinigt. Seitdem ist der 3. Oktober der deutsche Nationalfeiertag, und Berlin ist Hauptstadt des vereinten Deutschlands.

Welche Informationen sind neu für Sie? Vervollständigen Sie die Stichworte.

**Lesen Sie die Texte noch einmal und lösen Sie dann die fünf Aufgaben (1–5).
Entscheiden Sie, welche Lösung (a, b oder c) richtig ist.**

1 In Deutschland gab es

    a) bis 1918 einen Kaiser.

    b) nie einen Kaiser.

    c) bis 1933 einen Kaiser.

2 Der Zweite Weltkrieg begann

    a) am 30. Januar 1933.

    b) am 1. September 1939.

    c) am 8. Mai 1945.

3 Die Weimarer Republik

    a) war eine Diktatur.

    b) war die erste Demokratie in Deutschland.

    c) war eine Versammlung.

4 Adolf Hitler hat in kurzer Zeit

    a) die demokratischen Strukturen zerstört.

    b) den 2. Weltkrieg gewonnen.

    c) den Kaiser abgesetzt.

5 Am 13. August 1961

    a) wurde Deutschland wieder vereinigt.

    b) endete der Kalte Krieg.

    c) begann der Mauerbau.

Welche Zeit interessiert Sie besonders? Welche Zeit finden Sie eher uninteressant? Warum?

Lesen Sie die Regeln und Beispiele und beantworten Sie die Fragen.

Die Verbklammer

Gibt es in einem Satz mehrere Verben/Verbteile, dann bilden sie zusammen die Verbklammer.
Das konjugierte Verb steht auf Position 1 (Ja/Nein-Fragen und Imperativ-Sätze) oder auf Position 2
(Aussagen, W-Fragen), das nicht konjugierte Verb/Verbteil am Satzende.

● Trennbare Verben   § 4b

*Wilhelm II. **setzte** Bismarck 1890 **ab**.*
*Im Januar 1919 **fanden** Wahlen **statt**.*
*Durch die Weltwirtschaftskrise 1929 **spitzte** sich die Situation **zu**.*

● Verben/Verbformen mit Infinitiv (Modalverben, Futur I , Konjunktiv II: Gegenwart)
§ 4a + d + f

*Nach dem Krieg **musste** Wilhelm II auf Grund des außenpolitischen Drucks und der inneren revolutionären
Unruhen **abdanken**.*
*Deutschland **sollte** zu einer führenden Wirtschaftsmacht in Europa **werden**.*
*Niemand **konnte** sich **vorstellen**, dass die Mauer noch einmal fallen könnte.*

● Verben/Verbformen mit Partizip (Perfekt, Plusquamperfekt, Konjunktiv II: Vergangenheit, Passiv)
§ 4c + e

*Innerhalb kurzer Zeit **hatte** Hitler das parlamentarisch-demokratische System **beseitigt** und eine Diktatur
errichtet.*
*Das Deutsche Reich **wurde** am 18. Januar 1871 **gegründet**.*
*Die deutsche Teilung **wurde** mit dem Mauerbau … **zementiert**.*

Aufgabe

1 Welche dieser Verben sind trennbar? Welche nicht? Sortieren Sie.

beenden ◆ aufbauen ◆ eingliedern ◆ empfinden ◆ beitreten ◆ ausrufen ◆
zerstören ◆ herstellen ◆ zunehmen ◆ absetzen ◆ vorstellen ◆ nachgeben ◆
gewinnen ◆ entstehen ◆ verhindern ◆ zuspitzen ◆ versuchen ◆ erhalten ◆
mitbringen ◆ missverstehen ◆ zurückschauen ◆ ankommen

trennbar	nicht trennbar

B 4 **Beantworten Sie folgende Fragen zu Ihrem Land, machen Sie Notizen.**
Interviewen Sie sich dann gegenseitig.

Welche wichtigen historischen Ereignisse gab es?

Was wissen Sie über das politische System?
(Regierung, Parteien, Wahl …)

Was wird an Ihrem Nationalfeiertag gefeiert?

Gibt es Parallelen zwischen Ihrem Land und Deutschland?

Wie ist die politische und wirtschaftliche Situation heute?

Jemanden um Informationen bitten

Jemanden ansprechen / ein Gespräch einleiten
Können Sie mir etwas von … erzählen?
Wie war das in Ihrem Land? Gab es auch …?
Wissen Sie etwas über …?
Wissen Sie, was … bedeutet?
Hast du schon einmal etwas von … gehört?
Entschuldigung, können Sie mir erklären, …?

Interesse zeigen
Ach, das ist aber sehr interessant.
Ich habe gar nicht gewusst, wie spannend …

Rückfragen, Nachfragen
Und wie ist das mit …?
Können Sie mir noch mehr Informationen zu … geben?
Wissen Sie mehr über …?
Wer ist das hier auf dem Foto? / Was sieht man hier auf dem Foto?
Das habe ich nicht verstanden. Können Sie mir das noch einmal genauer erklären?

Sich bedanken
Vielen Dank! Das war sehr aufschlussreich.
Danke. Ich habe viel Neues gehört/gelernt.

Schreiben Sie einen Artikel über ein historisches Ereignis in Ihrem Land. B2-B7

C 1
Kennen Sie Science-Fiction-Literatur? Über welche Themen wird gern geschrieben? Berichten Sie.

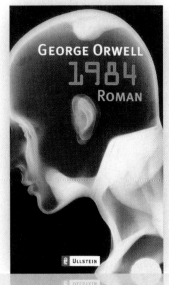

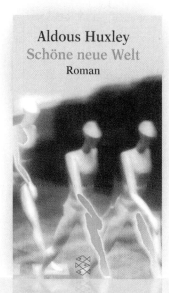

Welches dieser Bücher würden Sie gerne lesen? Warum?

C 2
Lesen Sie <u>einen</u> Klappentext. Fassen Sie das Thema in einem Satz zusammen.

A **Duplik Jonas 7**
(von Birgit Rabisch)

Jonas 7 ist ein Duplik. Er lebt mit vielen anderen Dupliks in einem so genannten Hort, abgeschottet von der Welt, und muss nichts anderes tun als Sport treiben, sich richtig ernähren und auf seine Gesundheit achten. Nur eine Bedrohung gibt es in diesem scheinbar idyllischen Leben: den Fraß. Diese „Krankheit" tritt plötzlich und völlig unbemerkt irgendwo im Körper auf. Der Fraß kann wegen seiner Gefährlichkeit nur mit der sofortigen Entfernung des jeweiligen Körperteils „geheilt" werden. Die grausame Wirklichkeit, die dahinter steckt, ahnt keiner der Dupliks: Sie sind genetische Zwillinge von in der normalen Welt lebenden Menschen und müssen jederzeit als Ersatzteillager für sie zur Verfügung stehen. Eines Tages bekommt auch Jonas 7 den Fraß. Seine Augen müssen ganz schnell entfernt werden. Sein Mensch hatte einen Autounfall, bei dem seine Augen so schwer verletzt wurden, dass sie nicht mehr zu retten waren. Jonas' Vater hat in den Duplik seines Sohnes viel Geld investiert. Die ältere Schwester von Jonas besitzt keinen Duplik. Sie kämpft seit Jahren entschieden gegen die Duplikhaltung. Von ihr erfährt Jonas, woher er seine neuen Augen hat. Ab da denkt Jonas dauernd an seinen Duplik. …

B **Blueprint**
(von Charlotte Kerner)

Blueprint spielt irgendwann in der Zukunft, wenn das Klonen von Menschen möglich sein wird. Die hoch begabte Komponistin Iris Sellin ist unheilbar krank und kinderlos. Damit ihr Talent nicht mit ihr aus der Welt verschwindet, lässt sie sich klonen. Iris und ihre Tochter Siri sind damit eineiige Zwillinge und zugleich Mutter und Kind. Siri wächst in einer Beziehung auf, die es so zwischen zwei Menschen noch nie gegeben hat. Als Kopie, als Blueprint ihrer Mutter, lebt sie mit einem vorgegebenen Leben und dem Auftrag, Iris und ihr Talent unsterblich zu machen. Was aber bedeutet ein solches Leben für das Original und die Kopie? Beide sind Menschen aus Fleisch und Blut, aber wo verläuft die Grenze zwischen ihren Persönlichkeiten? Wer ist hier Ich und wer Du, wer frei und wer Sklave des anderen? Blueprint erzählt Siris Geschichte von ihrer Geburt bis zum Tod der Mutter, als Siri 22 ist. Siri wird sich jetzt erst und schreibend ihrer Besonderheit bewusst; und wie Teile eine Puzzles fügen sich ihre Erinnerungen und Träume, ihre Gespräche und Gedanken zu einem neuen Bild ihrer selbst zusammen. Es ist ein schmerzhafter Prozess, aber nur so wird Siri eines Tages ICH sagen können. Siri hat sich am Ende trotz ihres Talents und gegen den Wunsch ihrer Mutter ganz von der Musik abgewandt.

Der Computer der Zukunft wiegt vielleicht nicht mehr als 1,5 Tonnen.

[POPULAR MECHANICS, 1949]

C 3

Lesen Sie die Texte noch einmal und entscheiden Sie: Sind die Aussagen (1–8) richtig oder falsch?

			richtig	falsch
A	1	Das Wichtigste für Dupliks ist es, gesund zu leben.		
	2	Duplik Jonas 7 verliert seine Augen.		
	3	Die Dupliks wissen, warum sie auf der Welt sind.		
	4	Jonas und seine Schwester besitzen einen Duplik/Dupliks.		
B	5	Iris Sellin hätte gern ein Kind, kann aber auf normalem Weg keine Kinder bekommen.		
	6	Iris Sellin lässt sich klonen.		
	7	Siri stirbt mit 22 Jahren.		
	8	Siri wird Musikerin wie ihre Mutter.		

C 4

Lesen Sie die Regeln und Beispiele und beantworten Sie die Fragen.

Angaben im Mittelfeld: Faustregel „Tekamolo"   § 6

Im Mittelfeld können verschiedene Angaben stehen. Ihre Reihenfolge ist nicht obligatorisch festgelegt. Es gilt aber die Faust-Regel: „Tekamolo". Wenn mehrere Angaben in einem Satz vorkommen, stehen zuerst die temporalen, dann die kausalen bzw. die konzessiven Angaben, dann die modalen und ganz zum Schluss die lokalen. Normalerweise kommen in einem Satz nicht mehr als zwei oder drei Angaben vor.

temporal	kausal/konzessiv	modal *wie?*	lokal
Er lebt		*mit vielen anderen*	*in einem sogenannten Hort.*
Der Fraß kann	*wegen seiner Gefährlichkeit*	*nur mit der sofortigen Entfernung des jeweiligen Körperteils*	*„geheilt" werden.*
Diese Krankheit tritt		*plötzlich und völlig unbemerkt*	*irgendwo im Körper* *auf.*
Sie kämpft	*seit Jahren*	*entschieden*	*gegen die Duplikhaltung.*

Aufgaben

1 Welches Fragewort *(wann? wie? warum? wo?)* passt zu welcher Angabe? Ergänzen Sie das Satzmodell.

2 Ergänzen Sie in den folgenden Sätzen, ob es sich um eine temporale, kausale etc. Angabe handelt.

     [ ]

     Blueprint spielt irgendwann in der Zukunft.

     [ ] [ ]

     Siri wird sich jetzt erst und schreibend ihrer Besonderheit bewusst.

     [ ] [ ]

     Siri hat sich am Ende trotz Ihres Talents und gegen den Wunsch Ihrer Mutter ganz von der Musik abgewandt.

5

Diskutieren Sie über folgende Situationen. Arbeiten Sie in Gruppen.

1 Ein millionenschwerer Unternehmer von Mitte fünfzig und Junggeselle will einen Klon-Sohn in Auftrag geben, um ihm später sein Imperium vererben zu können.

2 Ein Mann, dessen Frau unheilbar an Krebs erkrankt ist, will seine Frau noch vor ihrem Tode klonen, damit sie noch einmal neu lebt.

3 Eltern wollen schnellstens den Klon ihres vierjährigen Sohnes erzeugen lassen, der nach einem Verkehrsunfall schwer verletzt ist und vielleicht sterben muss.

4 Ein Ehepaar fragt, ob es möglich ist, einen Klon der neugeborenen Tochter zu erzeugen und als Reserve-Embryo einzufrieren. Im Notfall könnten aus diesem Embryo andere Organe gezüchtet werden.

ARBEITSBUCH
C1-C8

Textknoten lösen ...

Die Alliierten teilten Deutschland nach der Kapitulation im Jahr 1945 in vier Besatzungszonen und Berlin in vier Sektoren ein. Der wachsende politische Gegensatz zwischen Ost und West, insbesondere zwischen den beiden Großmächten Sowjetunion und USA, verhinderte jedoch den Abschluss eines Friedensvertrags und führte schließlich zur Teilung Deutschlands: 1949 entstanden die Bundesrepublik Deutschland (BRD) und die Deutsche Demokratische Republik (DDR). Die deutsche Teilung wurde mit dem Mauerbau in Berlin, der am 13. August 1961 begann, zementiert. Die beiden Staaten entwickelten sich nicht nur politisch, sondern auch wirtschaftlich und gesellschaftlich sehr unterschiedlich: In der BRD führten Soziale Marktwirtschaft, Währungsreform und finanzielle Hilfe durch die USA zu einem schnellen wirtschaftlichen Aufschwung. In der DDR dagegen, wo die Wirtschaft eine staatlich gelenkte Planwirtschaft nach sowjetischem Vorbild war und wo es fast keine privaten Unternehmen gab, verschlechterte sich die wirtschaftliche Situation. Schließlich führten die Massendemonstrationen für Freiheit und Demokratie 1989 zum Rücktritt der Regierung.

Schreiben Sie die farbig markierten Teile des Textes neu. Benützen Sie dazu die Verben im Kasten.

Im Jahre 1945 _____ . Die Allierten teilten das Land in vier Besatzungszonen und Berlin in vier Sektoren ein.

Der politische Gegensatz _____ wuchs jedoch, insbesondere der zwischen

_____ . Dies verhinderte den Abschluss eines Friedensvertrags und führte schließlich zur Teilung Deutschlands: 1949 entstanden die Bundesrepublik Deutschland (BRD) und die Deutsche Demokratische Republik (DDR). Am 13. August

_____ ; damit wurde die deutsche Teilung zementiert. Die beiden Staaten entwickelten sich nicht nur politisch sehr unterschiedlich, sondern auch

_____ : In der BRD

_____

_____ ; dies führte zu einem schnellen wirtschaftlichen Aufschwung. In der DDR dagegen verschlechterte sich die wirtschaftliche Situation. Dort gab es eine staatlich

_____ und fast keine

_____ . 1989

_____ .

Sie führten schließlich zum Rücktritt der Regierung.

kapitulieren

~~wachsen~~

beginnen

es gibt

~~es gibt~~

es kommt zu

Der Ton macht die Musik

Georg Danzer

Die Freiheit

Vor ein paar Tagen ging ich in den Zoo.

Die Sonne schien, mir war ums Herz so froh.

Vor einem Käfig sah ich Leute stehen.

Da ging ich hin, um mir das näher anzusehen.

„Nicht füttern", stand auf einem großen Schild

und „Bitte auch nicht reizen, da sehr wild!"

Erwachsene und Kinder schauten dumm,

und nur ein Wärter schaute grimmig und sehr stumm.

Ich fragte ihn: „Wie heißt denn dieses Tier?"

„Das ist die Freiheit", sagte er zu mir.

„Die gibt es jetzt so selten auf der Welt,

drum wird sie hier für wenig Geld zur Schau gestellt."

Ich schaute, und ich sagte: „Lieber Herr!

Ich seh ja nichts, der Käfig ist doch leer."

„Das ist ja grade", sagte er, „der Gag!

Man sperrt sie ein, und augenblicklich ist sie weg!"

Die Freiheit ist ein wundersames Tier,

und manche Menschen haben Angst vor ihr.

Doch hinter Gitterstäben geht sie ein,

denn nur in Freiheit kann die Freiheit Freiheit sein.

Georg Danzer, österreichischer Liedermacher, geboren am 7. 10. 1946 in Wien. Seine Lieder, die teils poetisch und teils sozialkritisch sind, singt er in Wiener Mundart oder Hochdeutsch.

Kurz & bündig

Satztypen

Aussagen § 1

Hans Marloth **war** Chemiker in Dresden. Er ist heute 70 Jahre alt.

Am auffallendsten war, **dass** die Flugreisen damals noch etwas … behäbiger gewesen sind.

Ich wurde von der gesamten Familie zum Flughafen begleitet und verabschiedet wie ein Weltreisender, **obwohl** ich ja ein paar Tage später schon wieder zurück war.

„Dies ist ein kleiner Schritt für den Menschen, **aber** ein großer für die Menschheit."

Fragen § 2, § 5b)5

W-Fragen, Ja/Nein-Fragen, indirekte Fragen

Wie haben Sie früher Wäsche gewaschen?

Erinnern Sie sich noch an den Halleyschen Kometen?

Wissen Sie noch, **wann** Sie Ihren ersten Fernseher bekamen?

Ich habe große Zweifel, **ob** da was Wesentliches bei rauskommt.

Imperativ-Sätze § 3, § 8b

Machen Sie mit bei unserem Internet-Memorial.

Schicken Sie uns Ihre Erinnerungen – Texte und Fotos.

Die Verbklammer

•trennbare Verben § 4b

Wilhelm II. **setzte** Bismarck 1890 **ab**.

Im Januar 1919 **fanden** Wahlen **statt**.

Durch die Weltwirtschaftskrise 1929 **spitzte** sich die Situation **zu**.

Verben/Verbformen mit Infinitiv (Modalverben, Futur I , Konjunktiv II: Gegenwart) § 4a + d + f

Nach dem Krieg **musste** Wilhelm II. auf Grund des außenpolitischen Drucks und der inneren revolutionären Unruhen **abdanken**.

Deutschland **sollte** zu einer führenden Wirtschaftsmacht in Europa **werden**.

Niemand **konnte** sich **vorstellen**, dass die Mauer noch einmal fallen könnte.

Verben/Verbformen mit Partizip (Perfekt, Plusquamperfekt, Konjunktiv II: Vergangenheit, Passiv) § 4c + e

Innerhalb kurzer Zeit **hatte** Hitler das parlamentarisch-demokratische System **beseitigt** und eine Diktatur **errichtet**.

Das Deutsche Reich **wurde** am 18. Januar 1871 **gegründet**.

Die deutsche Teilung **wurde** mit dem Mauerbau … **zementiert**.

Angaben im Mittelfeld: Faustregel „Tekamolo" § 6

Er lebt <u>mit vielen anderen</u> <u>in einem sogenannten Hort</u>.

Der Fraß kann <u>wegen seiner Gefährlichkeit</u> <u>nur mit der sofortigen Entfernung des jeweiligen Körperteils</u> „geheilt" werden.

Diese Krankheit tritt <u>plötzlich und völlig unbemerkt</u> <u>irgendwo im Körper</u> auf.

Sie kämpft <u>seit Jahren</u> <u>entschieden</u> gegen die Duplikhaltung.

Nützliche Ausdrücke

Dabei **kam** unter anderem **heraus**, dass Erde und Mond zur gleichen Zeit entstanden sind.

Am auffallendsten ist, dass die Flugreisen damals – **ich will mal so sagen** – behäbiger gewesen sind.

Die Verfassung der Weimarer Republik **trat** am 11. August 1919 **in Kraft**.

Durch die Weltwirtschaftskrise 1929 **spitzte sich** die Situation **zu**.

Sie sind genetische Zwillinge von in der normalen Welt lebenden Menschen und müssen jederzeit als Ersatzteillager für sie **zur Verfügung stehen**.

Zertifikat Deutsch

TANGRAM-Modellsatz

Z

Prüfungsteil		Zeit	Punkte
Leseverstehen	Teil 1, 2, 3		je 25 Punkte
Sprachbausteine	Teil 1, 2		je 15 Punkte
Insgesamt		90 Minuten	105 Punkte
Hörverstehen	Teil 1, 2, 3		je 25 Punkte
Insgesamt		ca. 30 Minuten	75 Punkte
Schriftlicher Ausdruck			
Insgesamt		30 Minuten	45 Punkte
Mündliche Prüfung	Teil 1	ca. 3 Minuten	15 Punkte
	Teil 2	ca. 6 Minuten	30 Punkte
	Teil 3	ca. 6 Minuten	30 Punkte
Insgesamt		15 Minuten	75 Punkte

Um das Zertifikat Deutsch zu bestehen, brauchen Sie:

– mindestens 135 Punkte (= 60 %) in der Schriftlichen Prüfung
– mindestens 45 Punkte (= 60 %) in der Mündlichen Prüfung

Es gibt keine Minuspunkte auf falsche Antworten.

Lesen Sie zuerst die zehn Überschriften. Lesen Sie dann die fünf Texte und entscheiden Sie, welcher Text (1–5) am besten zu welcher Überschrift (A–J) passt. Sie dürfen jeden Text und jede Überschrift nur einmal verwenden. (Nur den Text aus dem Beispiel dürfen Sie noch einmal verwenden.)

BEISPIEL: Bed & Breakfast-Angebote in England

LÖSUNG: Die Überschrift passt zu Text 3.

A	Neues Wintersportparadies	
B	Günstige Zimmer in London und außerhalb	
C	Busreisen wieder beliebter	
D	Das StifterHaus heute	
E	Unser Wochenendtipp: Hotel für Klassikfreunde	
F	Luxusunterkünfte in Großbritannien	
G	Urlaub für sportlich Aktive	
H	Besucherrekorde bei Literaturausstellung	
I	Hotel als Jazz-Palast	
J	Weniger Studienreisen	

Text 1   Überschrift: ☐

Text 2   Überschrift: ☐

Text 3   Überschrift: ☐

Text 4   Überschrift: ☐

Text 5   Überschrift: ☐

1

Immer mehr Leute reisen mit dem Bus. Am meisten wurden in diesem Jahr Kurz- und Städtereisen gebucht, die gegenüber dem Vorjahr um fünf Prozent zunahmen. „Leicht verbessert" präsentierten sich auch wieder die Rund- und Studienreisen, die seit 1995 stagnierten. Die populärsten Ziele für Busreisen waren wie schon in den Jahren zuvor

Berlin, Dresden, Paris, Prag und Wien

2

Das Haus, in dem früher der Schriftsteller Adalbert Stifter lebte und seine Bücher schrieb, ist heute ein Museum. Außerdem finden hier Neuerscheinungen der Literatur ihre – oft erstmalige – Präsentation: Autorinnen und Autoren aus dem In- und Ausland lesen aus ihren Büchern. Auch Literaturausstellungen werden vom StifterHaus selbst produziert.

Information: Galerie im StifterHaus, Adalbert-Stifter-Platz 1, A – 4020 Linz, Tel.: +43 / 7 32 / 77 20 / 12 91-92

3

Endlich wird Reisenden die Suche nach preisgünstigen Zimmern in Großbritannien leichter gemacht. Denn gerade ist eine Broschüre zu preiswerten Bed & Breakfast-Unterkünften in ganz England erschienen. Auf 24 Seiten findet man Hunderte von ausgewählten und geprüften Häusern, darunter Pensionen mit Preisen ab 24 Euro pro Person außerhalb Londons und ab 27 Euro pro Person in London – britisches Frühstück inklusiv.

Information in Deutschland: Bed & Breakfast-Agentur,
Tel.: 0253 / 9324, Fax: 93242

4

Bad Aussee

Der idyllische Ort Bad Aussee liegt in der Mitte von Österreich. Diese Gegend ist ein Paradies für Radfahrer, Mountainbiker und Wanderer. Die wunderschöne Berg- und Seenlandschaft ermöglicht Ihnen einen erholsamen Urlaub im Frühling, Sommer und Herbst. Im Ausseer Land haben schon viele Künstler und Literaten ihren Sommer verbracht. Viele Freizeitmöglichkeiten erwarten unsere Gäste: Spazier- und Wanderwege, Rad- und Mountainbike-Strecken, Segeln und Windsurfen und vieles mehr.

Information: TV Salzkammergut,
Kurhausplatz 55, A - 8990 Bad
Aussee, Tel.: +43/362/5404-0

5

Ab Januar heißt es im luxuriösen Hotel Palace in Luzern zum dritten Mal „All that Jazz". Die Konzertreihe beginnt am 12. Januar mit einer Frau, die schon mit Josephine Baker, Sammy Davis jr. und Duke Ellington zusammen sang und tanzte: der US-Sängerin Othella Dallas. Im Februar folgt die Reihe „Jazz meets Classic" im Kultur- und Kongresszentrum Luzern. Weitere Termine stehen im März und April an. Im Preis von 140 Euro pro Person sind die Übernachtung im Doppelzimmer, das Ticket für ein Jazzkonzert, Frühstück und ein viergängiges Dinner inklusiv. Der Eintritt allein kostet ca. 22 Euro.

Informationen unter: Tel.: +41 / 41 / 4 16 16 1

Lesen Sie den Zeitungsartikel und lösen Sie dann die fünf Aufgaben zum Text.

„In zwei Kulturen zu Hause"

Niki kann sich noch erinnern, was ihre älteste Tochter Elena sagte, bevor sie vor zwei Jahren nach Griechenland umzog: „Mama, ich mache einen Versuch", gibt sie die Worte ihrer Tochter wieder. Und kommentiert: „Ich war total überrascht." Dabei war Elenas Idee relativ nahe liegend. Denn ihre Eltern, Niki

und Georgios, sind in Griechenland geboren und haben dort auch ihre Kindheit verbracht. „Aber hier in München lebe ich seit 32 Jahren und habe mir alles aufgebaut", gibt Niki zu bedenken. „Ich versuche, die guten Seiten von beiden Ländern zu verbinden." – „Sicher, ordentlich, sauber, gute Verkehrsmöglichkeiten, man bekommt alles, was man braucht", fasst Niki ihr Lob für München zusammen. Und wenn es winterlich kalt wird, freut sie sich einfach schon auf den nächsten Sommer.

Unglaublich schien ihr zunächst, dass Tochter Elena ihren Arbeitsplatz und die Familie in München so einfach hinter sich lassen wollte. Niki selber war 16, als ihr Vater Ende der 60-er Jahre entschied, das griechische Heimatdorf zu verlassen und auf der Suche nach Arbeit mit seiner Familie nach Deutschland zu ziehen. „Natürlich ging ich mit, auf eine andere Idee wäre ich gar nicht gekommen. Obwohl ich schon sehr traurig war, schließlich musste ich alle meine Freunde zurücklassen. Auch konnte ich mir damals gar nicht vorstellen, was mich hier in Deutschland erwartete."

Aber selbstverständlich ist es für Niki, dass die Familie zusammenhält. Das heißt auch, dass sie ihren Ehemann bei der Arbeit in seinem Feinkostladen unterstützt. Um neun Uhr steht sie im Geschäft ihres Mannes und hilft ihm, bis um 16 Uhr das Café im Griechischen Haus öffnet – ein bekannter Treffpunkt

für die in München lebenden Griechen. Dort ist sie für die Bewirtung der Gäste zuständig. So nimmt die Arbeit inzwischen viel mehr Zeit ein, als sie es sich wünschen würde. „Aber wir finden trotzdem immer noch genug Zeit, unser Leben zu genießen." Eine typisch griechische Eigenschaft, glaubt Niki.

Die jüngere Tochter Christina teilt diese Lebenseinstellung. Sie ist 20, hat eine Ausbildung als Kosmetikerin gemacht und arbeitet seit zwei Jahren in einem bekannten Münchener Friseursalon. „Es ist selten, dass ich nach der Arbeit gleich nach Hause fahre", sagt sie. Lieber treffe sie sich noch mit Freunden in einem Café. „Ich lebe jetzt und gebe auch gern mal Geld aus", gibt Christina zu. Auch die Kontaktfreude sei eine Eigenschaft, die sie als Kind griechischer Eltern mit auf den Weg bekommen habe.

Christina findet es vorteilhaft, dass sie zwei Kulturen kennt und beide Sprachen spricht. „Ich kann entscheiden, wo ich leben will. Das ist doch sehr praktisch", sagt sie. Später einmal, irgendwann vielleicht, wird sie ihrer großen Schwester nach Griechenland folgen, „wenn ich mal etwas anderes machen will." Doch fürs Erste möchte sie sich gar nicht vorstellen, den Job und die eigene Wohnung,

vor allem aber die Freunde und ihre Eltern in München zurückzulassen. „Ich bin ein richtiger Familienmensch", sagt Christina. „Ich muss immer jemand von meiner Familie um mich haben."
Vorschriften darüber, wie und wo sie zu leben haben, machen die Eltern ihren Töchtern nicht. „Die Kinder sollen von uns eine gute Grundlage bekommen – und wenn sie ausziehen, haben sie Kräfte zum Leben. Das war unser Ziel."

Lösen Sie die Aufgaben 6–10. Entscheiden Sie, welche Lösung (A, B oder C) richtig ist.
Achtung: Die Reihenfolge der einzelnen Aufgaben folgt nicht immer der Reihenfolge des Textes.

BEISPIEL:

Elena

A) ist von Griechenland nach Deutschland umgezogen. ☐

B) ist nach Griechenland gegangen, um dort zu leben. ☐

C) wollte ihre Mutter mit dem Umzug überraschen. ☐

LÖSUNG: B

6

Die Tochter Christina

A) trifft oft ihre Freunde in dem Café im Griechischen Haus. ☐

B) ist Kosmetikerin von Beruf. ☐

C) fährt meistens nach der Arbeit gleich nach Hause. ☐

7

Niki und Georgios

A) leben gern in Deutschland. ☐

B) lieben den deutschen Winter. ☐

C) fahren jeden Sommer nach Griechenland. ☐

8

Christina

A) möchte später auf jeden Fall in Griechenland leben. ☐

B) hat kaum Kontakt zu ihrer Familie. ☐

C) findet es praktisch, zwei verschiedenen Kulturen anzugehören. ☐

9

Nikis Vater ging mit seiner Familie nach München,

A) weil er immer schon den Wunsch hatte, in Deutschland zu leben. ☐

B) weil Niki in Griechenland traurig war. ☐

C) um Arbeit zu suchen. ☐

10

Niki arbeitet wochentags

A) ab 16 Uhr im Geschäft ihres Mannes. ☐

B) von 9–16 Uhr im Griechischen Haus. ☐

C) ab 16 Uhr im Café. ☐

**Lesen Sie zuerst die zehn Situationen (11–20) und dann die zwölf Anzeigen (A–L).
Welche Anzeige passt zu welcher Situation? Sie können jede Anzeige nur einmal verwenden.
(Die Anzeige aus dem Beispiel können Sie noch einmal verwenden.) Es ist auch möglich, dass
es keine passende Anzeige gibt. In diesem Fall markieren Sie 0.**

Beispiele:

01	Sie möchten Urlaub an der Nordsee machen und suchen ein elegantes und ruhig gelegenes Hotel.	Anzeige: D
02	Sie möchten mit ein paar Freunden in ein gutes französisches Restaurant zum Abendessen gehen.	Anzeige: 0

Situationen: Anzeige:

11 Sie hören gern klassische Musik und suchen für Dienstagabend eine geeignete
    Bar/Gaststätte, um sich mit Freunden zu treffen.

12 Sie möchten wieder Klavierunterricht nehmen.

13 Für Ihre neue Arbeitsstelle möchten Sie Ihre Englischkenntnisse verbessern und suchen
    eine Lehrerin / einen Lehrer, die/der zu Ihnen nach Hause kommt.

14 Sie möchten sich gern mit Ihrem Mann erholen. Am wichtigsten sind für Sie Hallenbad
    und Sauna.

15 Sie möchten mit Ihrer Familie auf der Insel Sylt Urlaub machen und suchen ein Hotel.

16 Sie suchen für Ihren 11-jährigen Sohn einen Gitarrenlehrer.

17 Sie möchten gern mit ausländischen Freunden zum Mittagessen in ein Restaurant mit
    typisch österreichischer Küche gehen.

18 Ihre Tochter hat schlechte Noten in Englisch und soll deshalb in den Sommerferien
    einen Sprachkurs in England besuchen.

19 Sie möchten mit Ihrer Familie einen Tennis- und Reiturlaub machen.

20 Für eine Hochzeitsfeier mit vielen Gästen suchen Sie eine gemütliche Gaststätte, in der
    Sie einen extra Raum reservieren können.

A

AUGUSTINER
HOLBEINSTUBE
ESSEN & TRINKEN

Französische- und
österreichische Küche
Großes Fischangebot
Inhaber: Laurent Pezeron

Täglich geöffnet von 18.00-1.00 Uhr

kleiner Sommergarten

Holbeinstraße 10 · 81679 München
Telefon 47 08 40 0

B

HOTEL
CHRISTIANSEN
Ihr freundliches Hotel
im Herzen von Sylt
...für Familien u. sportliche
Urlauber sowie Geschäfts-
reisende. Geräumige
Zimmer u. Familienzimmer
mit allem Komfort.

25980 Tinnum/Sylt, Zur Eiche 32-34
Tel. 04651/930 • Fax 04651/93012
www.hotel-sylt.de
e-mail: info@sylthotel-christiansen.de

C

*Sprachen lernen
und Leute treffen!*

• Sprachreisen für Erwachsene nach England, Malta,
Frankreich, Spanien, Italien und Kalifornien
• Auch als Bildungsurlaub anerkannt
• Sprachreisen für Schüler in den Oster-, Sommer-
und Herbstferien

Fordern Sie unseren Katalog an; ein Exemplar der
Sprachtests schicken wir Ihnen gleich mit, kostenlos!

Schneckenhofstr. 15 • 60596 Frankfurt
Tel. 069-61 09 12 • Fax 069-60 31 39
info@sprachcaffe.de • www.sprachcaffe.de

SPRACHCAFFE
sprachreisen

D

HOTEL STADT HAMBURG

**Attraktive Arrangements
in der Vorsaison**
◆ *Verwöhn-Wochenende in einer Garten-Suite*
◆ *Gourmet-Pauschale ab 3 Tagen*

RELAIS &
CHATEAUX

◆ 48 Zimmer und 24 Suiten
mit luxuriösen großen Bädern
im extrem ruhig gelegenen
Gartenflügel – Tiefgarage
◆ Elegant-gemütliches
Restaurant und mediterran-
sonnengelbes Bistro
◆ Ganzjährig geöffnet

25980 Westerland/Sylt · Strandstr. 2 · Tel. 04651/85 Fax 858-22

E

Englisch mit mediterranem Flair
Englisch-Kurse auf Malta, Standardkurse,
Spezialkurse, Einzelkurse, alle Stufen.
Fordern Sie unser Infomaterial an!
Calypso-Sprachreisen, Am Nordglacis 99
D-46483 Wesel, ☎ 02 81/3 00 97
Fax 0281/3009728 www.calypso-reisen.de

G

**Gitarrenunterricht
für Erwachsene**

Anfänger und Fortgeschrittene. Klassisch,
Liedbegleitung, in Zürich und Winterthur.
Dipl. Gitarrenlehrer, Tel. (01) 463 42 42
VeraisP6 BG8S

H

Mehr Freude am Klavierspielen
Pianistin
erfüllt Ihnen Ihren Wunsch, besser zu spielen. Ein-
studierung neuer Werke (Repertoire). Lernen Sie
die Technik überwinden und die Musik wieder-
geben. Beste Referenzen.

Florina Elvira Del Monte
Telefon (01) 381 77
VERAISP6 BOMO

F

■ BILDUNG

**Sprachen-Einzelunterricht
in Ihrem Hause**
Deutsch
Englisch
Französisch   **15,–/60 Min.**
Spanisch
Italienisch
Weitere Sprachen

Agentur Gerdschwager ☎ 74 68 91 9
www.agenturgerdschwager24.de

J

Angebot
**Kärnten/Österreich
***Familienhotel
Lärchenhof/Millstättersee**
Nützen Sie unser unmfangr. Sport- u.
Freizeitangebot, z.B. Tennis, Reiten,
Schwimmen, Radfahren, Wandern etc.
(günstige Tennis- und Reitkurse!).
Unser Familien-Superpreis
2 Erw. + 2 Kinder
(Fam.-Zimmer) **1 Woche € 490,–**
Spezielle Familien-Angebote für
Sommer und Herbst. Anfrage unter
Tel. und Fax: 0043/424/724
e-mail hotel.laerchenhof@netway.at

ASTORIA

TOP-ANGEBOT
Kur-Sport-Hotel ASTORIA
Bad Hofgastein
„Genieß ein Stück vom Paradies"
1 Woche inkl. Halbpension, Garten-
Thermalhallenbad, Hot-Whirlpool,
Sauna

ab € 400,–

Preisgünstige Kurpauschalen

Kur-Sport-Hotel ASTORIA
Salzburger Straße 24
A-5630 Bad Hofgastein
Tel. 0043/6432/6277, Fax 6277-7
Friedrich Dold und das ASTORIA-
Team freuen sich auf Ihren Besuch!

Internet: http://www.kur-sporthotel-astoria.com
E-Mail: info@kur-sporthotel-astoria.com

K

Gasthaus
**Zum
Brunnwart**
80802, Biedersteiner Str. 78
Telefon 3 61 40 5
Fax 36 95 5

Öffnugszeiten: tägl. von 11:00 - 1:00 Uhr   Kein Ruhetag
Küche von 11:30-23:00 Uhr (durchgehend)
Gemütliche Gaststätte mit heimeliger Atmosphäre und gutbürger-
licher Küche. Romantisch gelegener Biergarten am Rande des
Englischen Gartens.
Und außerdem: Großer Saal für Familien- oder Geschäftsveran-
staltungen (ca. 100-150 Personen).

L

CAFÉ
AM BEETHOVENPLATZ

MONTAG & DIENSTAG ABEND:
KLASSISCHE MUSIK LIVE

SAMSTAG NACHMITTAG:
TEE MIT KLASSIK

SONNTAG: KLASSIK FRÜHSTÜCK

GEÖFFNET TÄGLICH
VON 9.00 BIS 1.00 UHR

GOETHESTRASSE 51
TELEFON (0 89) 54 90 47

Lesen Sie den folgenden Text und markieren Sie, welches Wort (A, B oder C) in die Lücken (21–30) passt.

_____ (0) Julia,

herzliche Grüße aus der _____ (21) Stadt Wien!

Endlich hat sich mein Traum _____ (22), denn Peter und ich sind ein paar Tage nach Wien gefahren.

Wie du weißt, haben meine Eltern ihre Hochzeitsreise _____ (23) gemacht und sie haben mir immer

so begeistert _____ (24) erzählt.

Gleich _____ (25) ersten Tag haben wir die große Stadtrundfahrt mit dem Bus gemacht,

_____ (26) einen ersten Überblick zu bekommen und zu entscheiden, was wir in den nächsten Tagen

besichtigen wollen. Inzwischen waren wir schon im Stephansdom, im Kunsthistorischen Museum, im

Hundertwasserhaus und im berühmten Hotel Sacher, _____ (27) wir natürlich Sachertorte gegessen

haben.

Das Wetter ist auch wunderbar, und deshalb haben wir gestern einen langen Spaziergang _____ (28)

Park von Schloss Schönbrunn gemacht.

Stell _____ (29) vor, für Freitag haben wir sogar Karten für die Staatsoper bekommen,

_____ (30) habe ich mich ganz besonders gefreut.

Julia, du musst unbedingt einmal nach Wien fahren. Es ist eine so interessante Stadt!

Wie geht es dir und deiner Familie? Ich hoffe sehr, dass wir uns bald einmal wieder sehen!

Viele Grüße
Maria

Beispiel: (0)

	A) Lieber	✗ B) Liebe		C) Sehr geehrte

AUFGABEN:

21	A) schönem	B) schönes	C) schönen
22	A) erfüllt	B) erfülle	C) erfüllen
23	A) hier	B) hierher	C) da
24	A) davon	B) von	C) darum
25	A) in	B) an	C) am
26	A) für	B) damit	C) um
27	A) wo	B) in den	C) dort
28	A) zu	B) im	C) nach
29	A) euch	B) dich	C) dir
30	A) dabei	B) darüber	C) dafür

Lesen Sie den folgenden Text und entscheiden Sie, welches Wort aus dem Kasten (A–P) in die Lücken (31–40) passt. Schreiben Sie den richtigen Buchstaben (A–O) hinter die Nummern 31–40 unten. Sie können jedes Wort im Kasten nur einmal verwenden. Nicht alle Wörter passen in den Text.

Club Méditerranée
sucht für Mai bis September
sportliche junge Leute zur Mitarbeit in den
internationalen Clubdörfern.

Bewerbungen unter: www.clubmed.de

Sehr _____ (O) Damen und Herren,

mit großem Interesse habe ich _____ (31) Anzeige im Düsseldorfer Tagblatt gelesen.

_____ (32) drei Jahren habe ich einmal mit meinen Eltern in einem Ihrer Clubdörfer in Italien Urlaub gemacht, und es hat mir dort sehr _____ (33) gefallen. _____ (34) möchte ich mich um diese Stelle bewerben.

Zu meiner Person: Ich bin 21 Jahre und studiere seit vier Semestern Sport und Französisch _____ (35) der Universität Köln. Außerdem _____ (36) ich gut segeln und surfen. Letzten Sommer habe ich zwei Monate _____ (37) Segellehrer für Jugendliche an der Côte d'Azur gearbeitet, _____ (38) mir sehr viel Spaß gemacht hat. Deshalb würde _____ (39) jede Art von Job im sportlichen Bereich gefallen.

Außerdem spreche ich _____ (40) Englisch und Französisch und verfüge über Grundkenntnisse in Italienisch und Spanisch.

Ich würde mich sehr freuen, wenn Sie mich zu einem Vorstellungsgespräch einladen würden.

Mit freundlichen Grüßen
Dieter Brehm

Beispiel: Sehr (0) Damen und Herren,
Lösung: P

AUFGABEN:

A)	vor	I)	fließend
B)	weiß	J)	Ihre
C)	mir	K)	Darum
D)	seit	L)	viel
E)	was	M)	deine
F)	an	N)	als
G)	wie	O)	kann
H)	gut	P)	~~geehrte~~

31 _____   36 _____

32 _____   37 _____

33 _____   38 _____

34 _____   39 _____

35 _____   40 _____

Sie hören fünf kurze Texte. Dazu sollen Sie fünf Aufgaben lösen. Sie hören diese Texte nur einmal. Entscheiden Sie beim Hören, ob die Aussagen richtig oder falsch sind. Markieren Sie richtig [R] oder falsch [F].

Lesen Sie jetzt zuerst die Aufgaben Nr. 41–45. Sie haben dazu 30 Sekunden Zeit.

AUFGABEN:

41   Die Sprecherin findet die klassische Musik gut.   R   F

42   Der Sprecher will, dass in U-Bahnhöfen generell keine Musik gespielt wird.   R   F

43   Der Sprecher findet Musik in U-Bahnhöfen eigentlich gut.   R   F

44   Der Sprecherin gefällt die Musik im Kaufhaus, aber nicht in der U-Bahn-Station.   R   F

45   Der Sprecher bleibt jetzt manchmal sogar länger in der U-Bahn-Station und genießt die Musik.   R   F

Sie hören nun ein Gespräch. Dazu sollen Sie zehn Aufgaben lösen. Sie hören diesen Text zweimal. Entscheiden Sie beim Hören, ob die Aussagen richtig oder falsch sind. Markieren Sie richtig [R] oder falsch [F].

Lesen Sie jetzt die Aufgaben Nr. 46–55. Sie haben dazu eine Minute Zeit.

46 Frau Baumann ist Besitzerin eines Fitnessstudios.   R   F

47 Die Journalistin möchte jetzt dort Mitglied werden.   R   F

48 Es wird am Anfang getestet, wie fit die neuen Mitglieder sind.   R   F

49 Die neuen Mitglieder müssen Fragen zu ihrem Gesundheitszustand beantworten.   R   F

50 Personen über 40 sollten sich vorher von einem Arzt untersuchen lassen.   R   F

51 Die Mitglieder müssen zu bestimmten Zeiten an den Geräten trainieren.   R   F

52 Die meisten Besucher des Fitnessstudios sind jünger als 40 Jahre.   R   F

53 Vielen Leuten gefällt es, mit anderen zusammen Sport zu treiben.   R   F

54 Besonders die Berufstätigen gehen gern in die Sauna und ins Solarium.   R   F

55 Mitglieder über 40 können getrennt von den Jüngeren trainieren.   R   F

Sie hören jetzt fünf kurze Texte. Sie hören diese Texte zweimal. Dazu sollen Sie fünf Aufgaben lösen. Entscheiden Sie beim Hören, ob die Aussagen richtig oder falsch sind. Markieren Sie richtig [R] oder falsch [F].

AUFGABEN:

56   Es gibt heute Sonderangebote in der Herrenabteilung.   R   F

57   Es gibt keine Karten mehr für „Fidelio".   R   F

58   Der Zug von Stuttgart nach Karlsruhe hat 15 Minuten Verspätung.   R   F

59   Peter, Gisela und Stefan sind vor dem Kino Tivoli verabredet.   R   F

60   Am Mittwochnachmittag ist die Praxis geschlossen.   R   F

Ihre Freundin aus München hat Ihnen folgenden Brief geschrieben:

München, den 7. März 20 ..

Liebe(r) ...,

wie geht es dir? Entschuldige bitte, dass ich mich so lange nicht gemeldet habe, aber ich war sehr beschäftigt mit der Vorbereitung auf mein Abitur. Zum Glück sind alle Prüfungen vorbei und ich warte nur noch auf mein Zeugnis.

Gestern hat mir unsere Nachbarin Frau Bergmann erzählt, dass sie ab September ein Au-Pair-Mädchen suchen. Sie möchte wieder anfangen zu arbeiten und braucht jemanden, der sich um ihre Kinder kümmert. Hättest du nicht Interesse daran? Es wäre doch eine gute Gelegenheit, dein Deutsch zu verbessern. Außerdem könnten wir wie damals, als du bei uns warst, viel zusammen unternehmen.

Überleg es dir. Auf alle Fälle schicke ich dir mal die Adresse von Familie Bergmann. Dann kannst du ihnen schreiben, falls du Interesse hast.

Ich würde mich sehr freuen, dich wieder zu sehen!

Viele Grüße
Claudia

P.S.: Hier ist die Adresse von Frau Bergmann:

Frau
Anna Bergmann
Klenzestraße 44

D-80469 München

Schreiben Sie an Frau Bergmann. Sie haben dazu 30 Minuten Zeit.

Schreiben Sie in Ihrem Brief etwas zu allen vier Punkten. Überlegen Sie sich dabei eine passende Reihenfolge der Punkte. Vergessen Sie nicht Datum und Anrede und schreiben Sie auch eine passende Einleitung und einen passenden Schluss.

– warum Sie Interesse haben, als Au-Pair zu arbeiten

– warum und wie lange Sie Deutsch lernen

– ob Sie Erfahrung mit Kindern haben

– wer Sie sind

Die Mündliche Prüfung dauert etwa 15 Minuten und kann als **Einzelprüfung** oder als **Paarprüfung** durchgeführt werden.

Einzelprüfung:
– Die Prüferin / Der Prüfer ist Ihr Gesprächspartner.
– Sie haben keine Vorbereitungszeit.

Paarprüfung:
– Eine andere Prüfungskandidatin / Ein anderer Prüfungskandidat ist Ihre Gesprächspartnerin / Ihr Gesprächs-partner.
– Sie bekommen die Aufgaben für alle drei Teile und haben 20 Minuten Vorbereitungszeit.

Mündliche Prüfung **Teil 1**
Kontaktaufnahme

TANGRAM
Modellsatz

In diesem Prüfungsteil (etwa 3 Minuten) führen Sie mit Ihrer Partnerin / Ihrem Partner ein Gespräch über Ihre Person, um sich ein bisschen kennen zu lernen.

In der **Paarprüfung** bekommen Sie in der Vorbereitungszeit (= 20 Minuten) ein Aufgabenblatt mit folgenden Punkten:

> – Name
>
> – Wo Sie herkommen
>
> – Wo und wie (Haus, Wohnung ...) Sie wohnen
>
> – Ihre Familie
>
> – Was Sie im Moment beruflich machen (Schule, Ausbildung, Beruf ...)
>
> – Was Sie in Ihrer Freizeit machen
>
> – Welche Sprachen Sie sprechen
>
> – Ob Sie schon in anderen Ländern gelebt haben

In der **Einzelprüfung** stellt Ihnen Ihre Prüferin / Ihr Prüfer Fragen zu diesen oder ähnlichen Themen.

Abbildung 1:

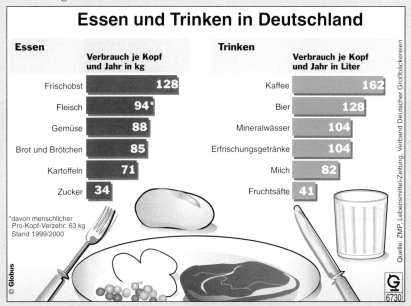

Essen und Trinken in Deutschland

Essen

Verbrauch je Kopf und Jahr in kg

Frischobst	128
Fleisch	94*
Gemüse	88
Brot und Brötchen	85
Kartoffeln	71
Zucker	34

*davon menschlicher
Pro-Kopf-Verzehr: 63 kg
Stand 1999/2000

© Globus

Trinken

Verbrauch je Kopf und Jahr in Liter

Kaffee	162
Bier	128
Mineralwässer	104
Erfrischungsgetränke	104
Milch	82
Fruchtsäfte	41

Quelle: ZMP, Lebensmittel-Zeitung, Verband Deutscher Großbäckereien

6730

Obst und Gemüse aus dem eigenen Land oder aus südlichen Ländern stehen ganz oben auf dem Speiseplan der Deutschen. Bei den Getränken ist Kaffee am beliebtesten, gefolgt vom zweiten Lieblingsgetränk der Deutschen, dem Bier.

Abbildung 2 für Gesprächspartnerin/Gesprächspartner in der Einzel- und Paarprüfung:

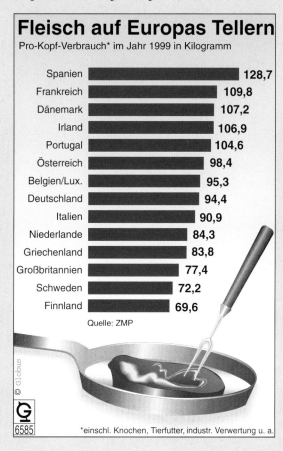

Fleisch auf Europas Tellern
Pro-Kopf-Verbrauch* im Jahr 1999 in Kilogramm

Spanien	128,7
Frankreich	109,8
Dänemark	107,2
Irland	106,9
Portugal	104,6
Österreich	98,4
Belgien/Lux.	95,3
Deutschland	94,4
Italien	90,9
Niederlande	84,3
Griechenland	83,8
Großbritannien	77,4
Schweden	72,2
Finnland	69,6

Quelle: ZMP

© Globus

6585

*einschl. Knochen, Tierfutter, industr. Verwertung u. a.

Die Spanier essen am meisten Fleisch in der Europäischen Union. Auf Platz zwei folgen die Franzosen mit einem Pro-Kopf-Verbrauch von fast 129 Kilogramm. Die Deutschen liegen im europäischen Mittelfeld.

Aufgabe:

Berichten Sie Ihrer Gesprächspartnerin / Ihrem Gesprächspartner kurz, welche Informationen Sie in der Abbildung und dem Text oben finden. Danach berichtet Ihre Gesprächspartnerin / Ihr Gesprächspartner kurz über ihre/seine Informationen.

Erzählen Sie sich gegenseitig, was Sie über dieses Thema denken. Geben Sie Gründe.
Reagieren Sie auf die Meinung Ihrer Partnerin / Ihres Partners.

Sie möchten mit Ihrer Schwester / Ihrem Bruder den 70. Geburtstag Ihres Vaters organisieren.

Überlegen Sie mit Ihrer Gesprächspartnerin / Ihrem Gesprächspartner, was zu tun ist und wer welche Aufgaben bei der Organisation übernimmt. Sprechen Sie über folgende Punkte:

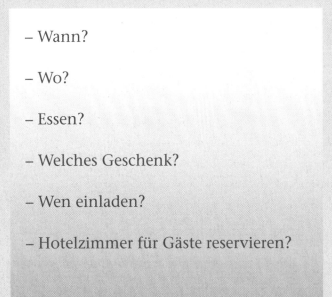

– Wann?

– Wo?

– Essen?

– Welches Geschenk?

– Wen einladen?

– Hotelzimmer für Gäste reservieren?

Grammatik

Seite G1 – G 46

Übersicht

Die Wortbildung

§ 23	Komposita	*der Gesprächspartner, die Tiefgarage, das Stellenangebot …* *umweltfreundlich, naturverbunden …*
§ 24	Vorsilben und Nachsilben	
	a) Nachsilben	*energisch, beruflich, geduldig, sprachlos, wertvoll, fantasiearm, erfolgreich …* *die Vermieterin, die Offenheit, die Beziehung, die Ehrlichkeit, die Aktivität,* *die Kaution, die Biografie, die Wäscherei …* *Freund – Freundschaft, bereit – Bereitschaft*
	b) Vorsilben	*der Gedanke, die Besichtigung, das Versprechen, der Erzähler …*

Textgrammatische Strukturen

§ 25	Die Negation:	*nicht, kein, nein, doch, nie, nichts, niemand …*
§ 26	Referenzwörter :	
	a) Personalpronomen	*Ihre Nachbarin hat Migräne. **Sie** war schon bei vielen Ärzten.*
	b) 1 Demonstrativpronomen	*… ne alte Tante. – Meinst du etwa **die** da?*
	2 Reflexivpronomen	*Ich freue **mich** auf deine Post.*
	3 Relativpronomen	*… ein Freund, **den** Sie schon lange kennen.* *Alles, **was** man hört, ist gleich wichtig.* *Gleich neben dem Aufzug, **wo** das Schild steht.*
	c) D-Wörter	*Unser Vater hat uns **dabei** sehr geholfen.*
§ 27	Kurze Sätze:	*Ab wann ist die Wohnung frei?* **Ab sofort.**
	Echofragen:	*Wann machst du Urlaub?* **Wann ich Urlaub mache?** *Im Juli.*

Der Satz

§1 **Die Aussage**

In einer Aussage steht das Verb immer auf **Position 2**. Das Subjekt steht rechts oder links vom Verb.

1.   2.   ... Position

Inzwischen wohnen *wir* *nur zehn Kilometer von meinen Eltern entfernt.*

Ich sehe *meine Eltern ungefähr zweimal die Woche.*

§2 **Die Fragen** → § 27

Es gibt W-Fragen (Fragewort auf Position 1) und Ja/Nein-Fragen (Verb auf Position 1).

a) W-Fragen

W-Wörter fragen nach <u>Satzteilen und Sätzen.</u>

***Was** ist denn jetzt schon wieder los? – <u>Du hörst mir nie zu.</u>*
***Wer** von uns beiden gibt bei einem Konflikt eher nach? – <u>Ich.</u>*
***Wo** warst du? – <u>Im Büro.</u>*
***Wieso? Weshalb? Warum?** – Wer nicht fragt, bleibt dumm.*
***Wozu** hängt man Knoblauch ins Zimmer? – <u>Um Vampire zu vertreiben.</u>*

Die Fragepronomen *wo(r)* + Präposition fragen nach einer <u>Präpositionalergänzung.</u> Beginnt die Präposition mit einem Vokal, dann wird noch ein *-r-* eingefügt, z. B. worauf.   → § 16 f

***Wofür** ist der Abstand? – **Für** den Teppichboden und einige Möbel.*
***Worum** soll ich mich kümmern? – **Um** die Hotelreservierung.*
***Worüber** hat sie nur geredet? – Ach ja, **über** die Schule.*
***Worauf** freust du dich? – **Auf** meinen Urlaub.*
***Woran** können Sie sich besonders gut erinnern? – **An** meinen ersten Schultag.*
***Woran** denkst du? – **An** den Betriebsausflug.*
***Wovon** träumst du? – **Von** einem Lottogewinn.*

b) Ja/Nein-Fragen

***Ist**   die Wohnung noch frei?*   ***Nein**, tut mir Leid. Die ist schon weg.*
***Wolltest** du mir nicht noch was erzählen?*   *Ich weiß nicht mehr – das war sicher nichts Wichtiges.*
***Kannst** du dich gut an Gesichter erinnern?*   ***Ja**, aber Namen kann ich mir nicht gut merken.*

§3 **Der Imperativ-Satz** → § 8 b

Imperativ-Sätze benutzt man für Bitten, Aufforderungen oder Ratschläge. Das Verb steht auf Position 1. Am Satzende steht oft ein Ausrufezeichen (!).

***Reiß**   dich zusammen!*
***Meldet**   euch ganz schnell unter Chiffre 7712.*
***Entdecken**   Sie Leipzig!*
***Vergleichen** Sie mit Ihrer Realität!*
***Seien**   Sie wirklich interessiert.*

▶ Die Wörter *doch* und *mal* machen den Ratschlag höflicher.   → § 21

*Sprechen Sie **doch mal** mit Ihren Freunden, Kollegen oder Vorgesetzten über den Zeitdruck und Ihre Zeitprobleme.*

§4 Die Verbklammer

Wenn es in einem Satz mehrere Verben/Verbteile gibt, dann bilden sie zusammen die Verbklammer. Das konjugierte Verb steht auf Position 1 (Ja/Nein-Fragen und Imperativ-Sätze) oder auf Position 2 (Aussagen, W-Fragen). Nicht konjugierte Verben/Verbteile stehen am Satzende.

1.	2.	...	Ende
Die Deutschen	**können**	*sich die Zeit einfach*	**nehmen** .

In Nebensätzen steht das konjugierte Verb ganz am Ende des Satzes.

*…, dass die Deutschen sich die Zeit einfach nehmen **können**.*

a) Modalverben

*Deutschland **sollte** zu einer führenden Wirtschaftsmacht in Europa **werden**.*
*Sportstudent **will** sich endlich vom Single-Leben **verabschieden**.*
*Niemand **konnte** sich **vorstellen**, dass die Mauer noch einmal fallen könnte.*
***Möchtest** du dich auch endlich mal wieder so richtig **verlieben**?*

b) Trennbare Verben

*Wilhelm II. **setzte** Bismarck 1890 **ab**.*
*Im Januar 1919 **fanden** Wahlen **statt**.*
*Die Situation **spitzte** sich durch die Weltwirtschaftskrise 1929 **zu**.*
*Weshalb **trieb** sie ihn mit einem Mal **weg**?*
*Meine Eltern **denken** über jede Investition haargenau **nach**.*
*Rolf **macht** einmal im Monat das Fenster **auf** und **wirft** fast 2000 Mark **hinaus**.*
*Unbeschreibliche Szenen **spielten** sich nach der Grenzöffnung am Kontrollpunkt Invalidenstraße **ab**.*

c) Perfekt und Plusquamperfekt

*Ich **habe** sie **verloren**.*
*Wir **haben** in Kolin lange auf den Zug **gewartet**.*
*Innerhalb kurzer Zeit **hatte** Hitler das parlamentarisch-demokratische System **beseitigt** und eine Diktatur **errichtet**.*
*Sonntags **haben** wir nach dem Mittagessen immer einen Spaziergang **gemacht**. Wenn wir dann nach Hause kamen, duftete es meistens schon im ganzen Haus. Meine Oma **hatte** frischen Kaffee **gekocht** und ihren köstlichen Apfelstrudel **gebacken**.*
*Als man die ersten Bilder von der Grenzöffnung im Fernsehen sehen konnte, **waren** schon Tausende von Berlinern aus beiden Teilen der Stadt zu den Grenzübergängen **losgezogen**.*

d) Futur I

*Ein Tief bestimmt das Wetter in Deutschland. Die nächsten Tage **werden** wenig Änderung **bringen**.*
*Sie **werden** ein Haus **bauen**. Aber es **wird** viele Probleme **geben**.*

e) Passiv

*Das Deutsche Reich **wurde** am 18. Januar 1871 **gegründet**.*
*Parteien und Gewerkschaften **wurden verboten**.*
*Die deutsche Teilung **wurde** mit dem Mauerbau … **zementiert**.*
*Bei der Aromatherapie **werden** fast 300 ätherische Öle **verwendet**. Aromatherapie **wird** von den Kassen in der Regel nicht **bezahlt**.*

f) Konjunktiv II (würd-, könnt-, sollt-)

*Was **würden** Sie gerne in Leipzig **machen**?*
*Ich **würde** gern die Schuhfachmesse **besuchen**.*
*Wir **könnten** doch auch zur Modemesse **gehen**.*
*Abends **sollten** wir unbedingt in Auerbachs Keller **essen gehen**.*

Sätze können inhaltlich miteinander verbunden werden. Dies geschieht meistens durch Konjunktionen.
→ § 22

a) Hauptsätze

Verbindung durch Konjunktionen   → § 22

Sätze, wie sie in § 1 bis § 3 beschrieben werden, nennt man Hauptsätze. Hauptsätze kann man mit den Konjunktionen *und* (= Addition), *aber* (= Gegensatz), *oder* (= Alternative) und *denn* (= Grund) verbinden. Die Konjunktion steht vor dem zweiten Satz. Zwischen den Sätzen kann ein Punkt (.) stehen, sie werden aber meistens durch ein Komma (,), manchmal auch durch ein Semikolon (;) oder einen Gedankenstrich (–) getrennt. Vor *und* und *oder* muss kein Satzzeichen stehen.

Frage einen Südafrikaner, wonach er Sehnsucht hat, **und** *er wird Biltong sagen.*
Sie wollen eine Waschmaschine kaufen, **aber** *eine neue Maschine ist Ihnen zu teuer.*
Fotokopieren Sie jetzt, sortieren Sie, spülen Sie Geschirr **oder** *legen Sie Wäsche zusammen.*
Ohne meinen grünen Tee schmeckt mir gar nichts, **denn** *Essen ohne grünen Tee ist wie ein Messer ohne Gabel.*

Verbindung durch Adverbien   → § 20 e

Auch mit Hilfe eines Adverbs können Hauptsätze miteinander verbunden werden. Das Adverb steht nicht wie die Konjunktion zwischen den Sätzen, sondern gehört zum zweiten Satz. Die Adverbien *deshalb, also, trotzdem* und *stattdessen* können vor oder hinter dem Verb stehen. *Nämlich* kann nur hinter dem Verb stehen. Zwischen diesen Sätzen kann ein Punkt, ein Semikolon, ein Komma oder ein Gedankenstrich stehen.

Man muss ihn im Kühlschrank aufbewahren. **Deshalb** *kann ich keine großen Vorräte anlegen.*
Auslandskorrespondenten bleiben in der Regel nur einige Jahre an einem Ort. **Also** *lernen sie im Laufe ihres Berufslebens viele Länder kennen.*
Zugegeben, das Aroma aus Hefe und anderen pflanzlichen Stoffen ist so penetrant, dass allen Nichtengländern sofort übel wird. **Trotzdem** *schmeckt es mir!*
Bonbontüten können nicht recycelt werden – sie werden **stattdessen** *verbrannt.*
Wir mussten unbedingt auch in den Stall, da gab es **nämlich** *kleine Katzen.*

b) Nebensätze

Ein Satz kann einem anderen Satz untergeordnet werden. Man nennt solche Sätze Nebensätze. Nebensätze beginnen meistens mit einer Konjunktion. Das Verb steht nicht an zweiter Stelle, sondern am Ende. Der Nebensatz kann an verschiedenen Positionen stehen. Oft steht er in Position 1 des Hauptsatzes, oder er wird an den Hauptsatz angehängt.

1 Nebensätze mit *weil, da* (Gründe) und *obwohl* (Gegengründe)

Alle meine Freunde finden das schrecklich, **weil** *sie behaupten, dass Gjetost wie hart gewordene Kondensmilch schmeckt.*
Meine Groß- und Urgroßeltern haben es noch selbst getrocknet und gesalzen und auf die Jagd mitgenommen, **weil** *es sich lange hält.*
Obwohl *es hier „echt chinesischen grünen Tee" gibt, kaufe ich ihn nicht.*
Obwohl *Marmite eigentlich ein Markenname ist, gibt es für die Substanz keinen anderen geläufigen Begriff mehr.*

2 Nebensätze mit *dass*

▶ Die Konjunktion *dass* leitet Nebensätze ein nach Verben wie *glauben, wissen, meinen, annehmen* und nach Ankündigungen wie *Es fing damit an, Es kommt darauf an, Die Sache ist die …*

Am auffallendsten ist, **dass** *die Flugreisen damals noch etwas – ich will mal so sagen – behäbiger gewesen sind.*
Schon lange weiß man, **dass** *bestimmte Düfte positiv auf Körper und Seele wirken.*
Es kommt nicht darauf an, **dass** *Sie etwas besonders Kluges sagen, sondern* **dass** *Sie sich überhaupt äußern.*
Schade, **dass** *das Wetter so schlecht ist.*
Ich finde, **dass** *das ganz toll fürs Arbeitsklima ist.*

3 Temporalsätze mit *während, wenn, als, bevor, nachdem, seit* und *bis*

- Zwei Handlungen geschehen **gleichzeitig**: *während, wenn* und *als*

  *Während ich ins Taxi **stieg**, gab es an der Rezeption einen peinlichen Auftritt.*

▶ *Während* kann auch einen Gegensatz ausdrücken.

▶ *Während* kann auch eine Präposition sein.   → § 19 b

Wenn oder *als*?	
***Wenn** man klein **ist**, ist die Welt riesig groß.* *Na ja, wer weiß, wie's ist, **wenn** ich irgendwann mal so alt **bin**.*	*wenn* bei Gegenwart und Zukunft
*Der Duft von Apfelstrudel erinnert mich an die Zeit, **als** ich noch ganz klein **war**.* *Schon **als** ich das erste Mal in die Klasse **kam**, habe ich mich in sie verliebt.*	*als* bei Vergangenheit: Zustand oder einmaliges Ereignis
***Wenn** wir nach Hause **kamen**, duftete es meistens schon im ganzen Haus.* *Immer **wenn** sie mich **ansprach**, wurde ich rot und konnte kein Wort mehr sagen.*	*wenn* bei Vergangenheit: wiederholtes Ereignis

- Zwei Handlungen geschehen **nicht gleichzeitig**: *bevor, nachdem* und *als*

  *Sie **machte** eine Ausbildung als Lehrerin,*   **bevor**   *sie an der Berliner Kunstschule **studierte**.*
  Hauptsatz = vorher   ← *bevor* →   Nebensatz = nachher

  ***Bevor** du jetzt in Panik ausbrichst,*   *rufst du lieber erst mal eine Notruf-Hotline an!*
  bevor → Nebensatz = nachher   ← Hauptsatz = vorher

  *Unbeschreibliche Szenen **spielten sich** an der Grenze **ab**,*   **nachdem**   *man sie **geöffnet hatte**.*
  Hauptsatz = nachher   ← *nachdem* →   Nebensatz = vorher

  ***Als** ich die Hoffnung auf eine schöne Wohnung schon fast **aufgegeben hatte**,*   *rief mich ein Makler **an**.*
  als → Nebensatz = vorher   Hauptsatz = nachher

- **Anfang und Ende einer Handlung**: *seit* und *bis*

  ***Seit** er arbeitslos **ist**,*   ***hängt** er nur noch lustlos zu Hause **herum**.*
  ***Seit** ich nett mit ihm rede,*   *macht er alles, was ich will.*
  seit → Nebensatz = Anfang der Handlung, Hauptsatz = Handlung

  *Ich **bin** am Kontrollpunkt **geblieben**,*   **bis**   *es Morgen **wurde**,*
  Der hat mir mein Alter nicht geglaubt,   **bis**   *ich ihm ein Foto von mir geschickt habe.*
  Hauptsatz = Handlung   ← *bis* →   Nebensatz = Ende der Handlung

▶ *Seit* und *bis (zu)* können auch Präpositionen sein.   → § 19 b

4 Bedingungssätze mit *wenn*

Bedingungen drückt man mit „wenn"-Sätzen aus. Die Bedingungen können real oder irreal sein. Der „wenn"-Satz kann vor oder nach dem Hauptsatz stehen. Manchmal wird vor dem konjugierten Verb des Hauptsatzes noch *dann* eingefügt.

Wenn der Vollmond kurz nach dem 21. März ist, <u>dann</u> liegt Ostern noch im März.

Wenn es sich um eine **reale Bedingung** handelt, benutzt man im Haupt- und Nebensatz eine Tempusform der Gegenwart oder Vergangenheit im **Indikativ**.

Wenn ein Mann an diesem Tag zum Beispiel eine Krawatte trägt, darf jede Frau sie abschneiden.
*Eigentlich ist das ein schöner Brauch, **wenn** man nicht selbst davon betroffen ist.*
*Man war vor Unheil geschützt, **wenn** man im Kreise der Angehörigen blieb.*

Wenn es sich um eine **irreale Bedingung** handelt, benutzt man im Haupt- und Nebensatz den **Konjunktiv II**.

*Heute würde ich nicht mehr zu Hause feiern, **wenn** ich die Wahl hätte.*
*Die Heiligen Drei Könige aus dem Morgenland hätten den Weg zum Christuskind wohl nicht gefunden, **wenn** der Stern von Bethlehem nicht gewesen wäre.*

Die Konjunktion *wenn* im Nebensatz kann weggelassen werden, das konjugierte Verb steht dann auf Position 1.

Wären die Zeiten anders gewesen, hätten wir sicher auch nicht so jung geheiratet.
Ich würde ihn heute wieder heiraten, würde er mir einen Heiratsantrag machen.

Die Konjunktion *wenn* kann auch temporal verwendet werden.   → § 5 b)3

5 Indirekte Fragesätze

Indirekte Fragesätze sind keine selbstständigen Fragen, sondern sind in einen anderen Satz integriert. Sie beginnen mit einem Fragewort (W-Frage) oder mit *ob* (Ja/Nein-Frage). Ihr konjugiertes Verb steht am Ende.

*Wissen Sie noch, **wann** Sie Ihren ersten Fernseher* bekamen *?*

*Ich habe große Zweifel, **ob** da was Wesentliches bei* rauskommt *.*

Zum Vergleich: Wortstellung bei der direkten Frage

Wann bekamen *Sie Ihren ersten Fernseher?*

Kommt *da was Wesentliches bei* raus *?*

Indirekte Fragesätze können innerhalb eines Aussagesatzes, eines anderen Fragesatzes oder eines Imperativsatzes stehen.

*Niemand weiß, **was** man damit alles machen kann.*
*Viele wissen gar nicht, **wie** schlimm das war.*

*Können Sie mir sagen, **wann** Sie ankommen?*
*Wissen Sie schon, **wie lange** Sie bleiben möchten?*

Indirekte Fragen klingen höflicher als direkte Fragen.

*Erkundige dich, **wann** er ankommt.*
*Frag sie, **wie lange** sie bleiben möchten.*

▶ Indirekte Fragesätze ohne Hauptsatz („Echofragen") in der gesprochenen Sprache: → § 27

Was machst du am Wochenende?   ***Was ich am Wochenende mache?*** *Ich weiß noch nicht, …*

6 Relativsätze

Mit Relativsätzen kann man Personen oder Sachen genauer beschreiben. Sie beziehen sich auf einen Satzteil im Hauptsatz (= Bezugswort) und stehen meistens direkt hinter diesem Satzteil. Relativsätze beginnen mit einem Relativpronomen oder – wenn das Verb des Relativsatzes eine Präposition bei sich hat – mit dieser Präposition vor dem Relativpronomen.

Hauptsatz	Bezugswort	Relativsatz	(Hauptsatz-Ende)
Irgendwo gibt es	**den einen Menschen,**	*der* wirklich zu mir **passt.**	
Sie geben für	**einen Freund,**	*dem Sie bei der Parntersuche **helfen wollen,***	*eine Kontaktanzeige auf.*
Sie schreiben	**Freunden,**	*über die Sie sich geärgert haben,*	*keine Postkarte aus dem Urlaub.*

Die **Form des Relativpronomens** kommt   → § 26 b)3
→ vom Bezugswort: Genus *(feminin, maskulin, neutrum)* und Numerus *(Singular, Plural)*;
→ vom Verb oder von der Präposition im Relativsatz: Kasus *(Nominativ, Akkusativ, Dativ)*.

der *Mensch (maskulin Singular) – Er (NOM) passt zu mir. → der Mensch, **der** zu mir passt*
der *Freund (maskulin Singular) – Sie wollen ihm (DAT) helfen. → der Freund, **dem** Sie helfen wollen*
Freunde *(Plural) – Sie haben sich über sie (AKK) geärgert. → Freunde, über **die** Sie sich geärgert haben*

Die Relativpronomen sind identisch mit dem bestimmten Artikel. Ausnahme: Dativ Plural.

	Nominativ	Akkusativ	Dativ
feminin	*die*	*die*	*der*
maskulin	*der*	*den*	*dem*
neutrum	*das*	*das*	*dem*
Plural	*die*	*die*	**denen**

Relativpronomen *wo* für die Beschreibung von Orten:

*Ich komme nach Leipzig, an **einen Ort**, **wo** man die ganze Welt im Kleinen sehen kann.*
*Martin verließ das Büro, um **aufs Land** hinauszufahren, **wo** er Freunde besuchen wollte.*

Relativpronomen *was* nach allgemeinen Bezugswörtern wie *alles, nichts, etwas, das:*

*Nicht **alles**, **was** wie ein Geschäft beginnt, muss auch wie ein Geschäft enden.*
*In welcher Anzeige finden Sie **das**, **was** Sie suchen?*

7 Finalsätze

Mit Finalsätzen drückt man Ziele und Absichten aus.

Ist das **Subjekt** im Hauptsatz und im Nebensatz **gleich**, bildet man den Finalsatz mit *um ... zu + Infinitiv.*
*Wir kehrten ein, **um** etwas **zu** trinken.*
*Da waren wir erst mal mucksmäuschenstill, **um** alles von draußen hören **zu** können.*

Gibt es im Hauptsatz und im Nebensatz unterschiedliche Subjekte, beginnt der Finalsatz mit *damit.*

*Ihr künftiges Urlaubsziel ist nun eine Almhütte im Allgäu, **damit** Willi genug freien Auslauf hat.*
*Einsperren sollte ich den Hahn, **damit** man das Krähen nicht mehr hört.*

8 Konsekutivsätze mit *so (...) dass*

Mit Konsekutivsätzen drückt man eine Folge oder ein Ergebnis aus. Wenn im Hauptsatz nichts besonders betont wird, beginnt der Nebensatz mit *so dass.* Wenn aber im Hauptsatz ein Wort mit *so* betont wird, beginnt der Nebensatz nur mit *dass.* Konsekutivsätze können nur rechts vom Hauptsatz stehen.

*Sein Besitzer ist eher klein und schmal, **so dass** die beiden ein lustiges Paar sind.*
*Keiner von uns beiden wollte sich auf irgendwas einlassen, **so dass** es einfach nicht weiter ging.*
*Hunde gibt es da, die **so** <u>arm</u> dran sind, **dass** sie sich aus Müllcontainern ernähren.*
*Die Liebe zur Natur steckt **so** <u>tief</u> in mir, **dass** ich mir ein Leben ohne Tiere gar nicht vorstellen kann.*

c) Infinitiv-Sätze mit *zu*

Infinitiv-Sätze sind besondere Nebensätze. Sie haben kein eigenes Subjekt, sondern beziehen sich auf das Subjekt des Hauptsatzes. Gibt es zwei unterschiedliche Subjekte ist kein Infinitiv-Satz mit *zu* möglich!

Das Verb steht immer im Infinitiv. Vor dem Infinitiv steht *zu.* Normalerweise steht *zu* direkt vor dem Infinitiv, nur bei trennbaren Verben tritt es zwischen die beiden trennbaren Verbteile.

putzen → zu putzen
aufräumen → aufzuräumen

Kommen Modalverben oder Hilfsverben vor, so stehen diese als Infinitiv mit *zu* ganz am Ende des Satzes.

Modalverb: *... putzen zu müssen*
Hilfsverb: *... geputzt zu haben*

1 reiner „Infinitiv" mit *zu*

Nach vielen Verben und Ausdrücken mit Adjektiven oder Nomen steht der „Infinitiv mit *zu*" (*überlegen, denken an, hoffen, (keine) Zeit/Lust haben, es ist normal, es ist schön ...*).

Der „Infinitiv mit *zu*" kann Ergänzungen und Angaben bei sich haben. Das Verb/die Verben stehen immer am Ende.

*Ich habe keine Zeit, <u>meine Eltern regelmäßig</u> **zu besuchen.***
*Ich habe keine Lust, <u>viel Geld für ein Auto</u> **auszugeben.***
*Es ist mir fast ein bisschen peinlich, <u>so lange zu Hause</u> gelebt **zu haben.***
*Birke glaubt, <u>alles ganz anders als wir</u> machen **zu müssen.***
*Es fällt uns manchmal schwer, <u>Rolf</u> **zu verstehen.***
*Ebenso liegt es in Ihrer Hand, <u>ein Spiel</u> **zu verweigern**, falls Ihnen die Mitspieler nicht gefallen.*
*Fragen regen Ihren Gesprächspartner an, <u>über sich</u> **zu sprechen.***
*Nach dem Abitur habe ich eine Zeit lang überlegt, <u>Architektur</u> **zu studieren**, ...*
*Man hat Zeit <u>sich ein bisschen näher</u> kennen **zu lernen.***

2 Infinitiv mit *um ... zu*   → § 5 b)7

Infinitiv-Sätze mit *um ... zu* drücken ein Ziel oder eine Absicht aus (Finalsätze).

*Deshalb haben sie ... einen Termin ausgemacht, **um** sich selbst vor Ort alles **anzusehen**.*
*Er beschloss, sich als Hundeführer ausbilden zu lassen und mit einem Hund auf Streife zu gehen, **um** sich sicherer fühlen **zu können**.*

3 Infinitiv mit *(an)statt ... zu*

In Infinitiv-Sätzen mit *(an)statt* drückt man einen Gegensatz aus. Sie nennen eine Alternative, die gleichzeitig verneint wird.

*Meistens nehme ich zum Einkaufen Stofftaschen mit, **anstatt** im Supermarkt dann Plastiktüten **zu kaufen**.*
*Ich bringe die alten Batterien immer ins Geschäft zurück und die abgelaufenen Medikamente in die Apotheke, **statt** das Zeug einfach in den Müll **zu werfen**.*

Mit *(an)statt* betont man die verneinte Alternative, mit *stattdessen* die reale Alternative.

*Bonbontüten verbrennt man, **statt** sie **zu recyceln**. (= Man recycelt sie nicht.)*
*Bonbontüten können nicht recycelt werden – sie werden **stattdessen** verbrannt.*

▶ In der gesprochenen Sprache verwendet man manchmal auch einen Nebensatz mit *(an)statt dass*.

*Meistens nehme ich zum Einkaufen Stofftaschen mit, **anstatt dass** ich im Supermarkt dann Plastiktüten kaufe.*

Wenn es unterschiedliche Subjekte in Hauptsatz und Nebensatz gibt, dann muss man *(an)statt dass* nehmen:
*Die Lebensmittel werden in Stofftaschen gepackt, **anstatt dass** ich im Supermarkt dann Plastiktüten kaufe.*

▶ Auch die Präposition *statt* drückt eine verneinte Alternative aus.   → § 19 d

4 Infinitiv mit *ohne ... zu*

In Infinitiv-Sätzen mit *ohne ... zu* drückt man eine Handlung aus, die parallel zur Handlung im Hauptsatz verläuft und verneint wird.

*Viele Leute plappern so was einfach nach, **ohne** darüber **nachzudenken**.*

---

§6 **Die Satzteile**

---

a) Ergänzungen

Das Verb bestimmt die notwendigen Ergänzungen.

Eine schicke, große Wohnung und ein tolles Auto – *brauche* *ich* *alles nicht.*
Akkusativ-Ergänzung   Subjekt (Nominativ-Ergänzung)

*Ich **war** ein Jahr* *in New York* *, und da ist* *mir* *klar geworden: Ich kann gut ohne Statussymbole leben.*
                    Situativergänzung   Dativ-Ergänzung

Wozu soll ich viel Geld *für Möbel* *ausgeben? Meine **sind*** *billig und praktisch* *, mehr nicht.*
                         Präpositionalergänzung   Qualitativergänzung

*Für meine Eltern **ist*** *die Wohnung* *ein wichtiger Teil des Lebens* *. Alles* *ist* *superclean und ordentlich* *.*
                    Subjekt   Einordnungsergänzung   Subjekt   Qualitativergänzung

*Deshalb **mögen** Sie* *meine Wohnung* *auch nicht. Inzwischen **kommen** sie fast nie mehr* *in meine Wohnung* *.*
                    Akkusativ-Ergänzung   Direktivergänzung

b) freie Angaben

Es gibt verschiedene Arten von freien Angaben. Sie geben vor allem Informationen zu Zeit (= temporale Angaben: Wann? Seit wann? Wie lange? ...), zu Gründen (= kausal: Warum? Weshalb? Wieso? ...) und Gegengründen (= konzessiv), zu Art und Weise (= modal: Wie?) und zu Ort (= lokal: Wo?).
Sie stehen meistens im Mittelfeld, also nach dem konjugierten Verb bzw. zwischen dem konjugierten Verb und

dem nicht konjugierten Verb(teil). Sie können in Aussagesätzen aber auch auf Position 1 stehen.

1. Position	2. Position	Mittelfeld
Wir	*machen*	***morgen*** *einen Ausflug zum Mond.*
Morgen	*machen*	*wir einen Ausflug zum Mond.*

Im Mittelfeld können verschiedene Angaben stehen. Ihre Reihenfolge ist nicht obligatorisch festgelegt. Es gibt aber die Faust-Regel: „Tekamolo". Wenn mehrere Angaben in einem Satz vorkommen, stehen zuerst die **te**mporalen, dann die **ka**usalen bzw. die konzessiven Angaben, dann die **mo**dalen und ganz zum Schluss die **lo**kalen. Normalerweise kommen in einem Satz nicht mehr als zwei oder drei Angaben vor.

*Siri hat sich **am Ende** (= temporal) **trotz ihres Talents** (= konzessiv) und **gegen den Wunsch ihrer Mutter** ganz von der Musik abgewandt.*

*Siri wird sich **erst jetzt** (= temporal) und **schreibend** (= modal) ihrer Besonderheit bewusst.*

*Der Lehrer war **am Abend** (= temporal) **völlig genervt** (= modal) **in seinem Zimmer** (= lokal) verschwunden.*

§7 Verben und ihre Ergänzungen → § 6 a

Im Satz stehen Verben immer mit einem Subjekt (= Nominativ-Ergänzung) zusammen. Die meisten Verben haben aber noch andere Ergänzungen (vgl. Wortliste).

a)–f) Die wichtigsten Ergänzungen

werden + EIN (Einordnungsergänzung)	*Als ich 16 war, wollte ich **Schauspielerin** werden.*
nehmen + AKK (Akkusativergänzung)	***Welche Wohnung** würden Sie nehmen?*
fehlen + DAT (Dativergänzung)	*Warum bist du so weit weg? Du fehlst **mir**.*
fahren + DIR (Direktivergänzung)	*Sie fuhr oft **nach Paris**, um dort künstlerisch zu arbeiten.*
leben + SIT (Situativergänzung)	*Ich lebe gern **in der Stadt**, weil ich oft ausgehe.*
aussehen + QUAL (Qualitativergänzung)	*Na, du siehst ja so richtig **glücklich und zufrieden** aus.*

g) Verben mit Präpositionalergänzung

abhängen + von DAT	*Soviel ich weiß, habe ich keinen Geburtstag. Aber meine Zukunft in Deutschland hängt **von diesem Datum** ab.*
achten + auf AKK	*Sie sollten auf jeden Fall **auf eine vitaminreiche Ernährung** achten.*
(Geld) ausgeben + für AKK	*Wozu soll ich viel Geld **für Möbel** ausgeben?*
beginnen + mit DAT	*Beginnen Sie **mit der Hotelreservierung**.*
berichten + DAT + von DAT	*Sie hat die Polizei angerufen, um **ihr von den mysteriösen Vorfällen** zu berichten.*
bitten + um AKK	*Ich habe ihn **um seine Hilfe** gebeten.*
denken + an AKK	***An das Alter** denkt sie überhaupt nicht.*
entscheiden + über AKK	*Vielleicht entscheidet er nicht allein **über diese Sache**.*
fragen + nach DAT	*Auf dem Rückweg in mein Zimmer fragte ich einen Portier **nach der Uhrzeit**.*
halten + AKK + für AKK	*Hin und wieder halten die Leute **den Franz für ein Mädchen**.*
(nichts, viel, wenig) halten + von DAT	*Ich halte **nichts von Astrologie**.*
helfen + DAT + bei DAT	*Das Leipzig Tourist Center hilft **Touristen bei der Suche nach einer Unterkunft**.*
leiden + an DAT	*Seit drei Jahren leide ich **an Schwindel**.*
liegen + an DAT	*Ihr Problem könnnte **daran** liegen, dass Sie ihre Zeit nicht richtig einteilen.*
nachdenken + über AKK	*Meine Eltern denken **über jede Investition** haargenau nach.*
nachfragen + bei DAT	*Fragen Sie **bei ihrer Chefin** nach.*
protestieren + gegen AKK	*Seit ich einmal **gegen seine Ausländerwitze** protestiert habe, ist es noch schlimmer geworden.*
reden + mit DAT + über AKK	*Eine Freundin, **mit der** ich **über alles** reden kann, habe ich eigentlich nicht.*
riechen + nach DAT	*Würden Sie einem Freund, der immer **nach Schweiß** riecht, einen Deoroller schenken?*

sagen + zu DAT	*Wenn Sie etwas **zu diesem Thema** sagen möchten, ...*
schicken + an AKK	*Schicken Sie diesen Brief **an Herrn Müller.***
träumen + von DAT	*Humorvolle älter Dame (73, Witwe) träumt **von einem seriösen, niveauvollen Partner.***
(etwas, nichts, viel) verstehen + von DAT	*Wer **viel von Phonetik** versteht, versteht **viel vom Alphabet.***
verzichten + auf AKK	*Ich kann nicht **auf meinen Urlaub** verzichten.*
warten + auf AKK	*Glauben Sie mir, wenn Sie noch lange **darauf** warten, dass man Ihnen diesen Job von allein anbietet, bekommt ihn irgendjemand anders.*
sich ärgern + über AKK	*Ärgere dich nicht **über deine Figur**, vergiss die Komplexe!*
sich aufregen + über AKK	*Er regt sich immer **über seine Kollegen** auf.*
sich auskennen + mit DAT	*Geh zu einem Arzt, der sich auch **mit alternativen Heilmethoden** auskennt.*
sich bedanken + bei DAT + für AKK	*Hast du dich schon **bei Tante Klara für die Blumen** bedankt?*
sich beschweren + über AKK	*Ich habe mich **über sein Benehmen** beschwert.*
sich entscheiden + für AKK	*Ich habe mich **für diese Stelle** entschieden, weil ...*
sich entschuldigen + bei DAT + für AKK	*Ich habe keine Lust, mich **bei ihr für jeden kleinen Fehler** zu entschuldigen.*
sich erinnern + an AKK	*An schlechten Tagen erinnert man sich vor allem **an negative Dinge.***
sich freuen + auf AKK	*Ich freue mich **auf deine Post.***
sich gewöhnen + an AKK	*Ich kann mich nicht **an seine Unpünktlichkeit** gewöhnen.*
sich interessieren + für AKK	*Welche Frauen interessieren sich **für Kino, Wandern und Tanzen?***
sich kümmern + um AKK	*Kümmert sich dein Partner gerne **um den Haushalt?***
sich treffen + mit DAT	*Am nächsten Abend traf ich mich **mit dem Makler.***
sich verlassen + auf AKK	***Auf Herbert** konnten wir uns immer verlassen.*
sich verstehen + mit DAT	*Ich verstehe mich gut **mit meinen Eltern.***
sich Gedanken machen + über AKK	*Machen Sie sich bitte schon mal **über diese Sache** Gedanken.*
sich Zeit nehmen + für AKK	*Nehmen Sie sich viel Zeit **für diese Arbeit.***

Auch einige Nomen und Adjektive haben eine Präpositionalergänzung.

Angst + vor DAT	*Ich habe Angst **vor meinem Chef.***
Freude + an DAT	*Ich habe Freude **an meinem Beruf.***
ein Hinweis + auf AKK	*Lehnen Sie die Arbeit mit einem Hinweis **auf das Zeitproblem** ab.*
Lust + zu DAT	*Haben Sie **zu dieser Aufgabe** Lust?*
Mut + zu DAT	*Ich habe nicht den Mut **zu diesem Gespräch.***
Probleme + mit DAT	*Hast du Probleme **mit deinen Kollegen?***
Spaß + an DAT	*Er hat keinen Spaß **an seiner Arbeit.***
Streit + mit DAT	*Sie hat Streit **mit einer Kollegin.***
überzeugt + von DAT	*Ich bin **von deiner Idee** überzeugt.*
zufrieden + mit DAT	*Wenn Ihr Chef bisher **mit Ihnen** zufrieden war, reagiert er sicherlich positiv auf Ihre Argumente.*

h) Nomen-Verb-Verbindungen

Es gibt eine ganze Reihe von festen Verbindungen von Nomen und Verb, z. B.
eine Frage stellen, eine Lösung finden, in Rechnung stellen, zur Ruhe kommen, zu Ende bringen, Platz nehmen.
Das Nomen trägt die Bedeutung des Ausdrucks und ist deshalb betont. Oft (aber nicht immer) gibt es zu diesen Verbindungen ein einfaches Verb mit ähnlicher Bedeutung:
fragen, lösen, berechnen, sich beruhigen, beenden, aber: nicht ~~platzen~~, sondern *sich setzen.*
Oft gibt es zwei Varianten von Nomen-Verb-Verbindungen. Sie haben dann entweder eine aktive oder eine passive Bedeutung, z. B. *zur Verfügung stellen* (aktiv) und *zur Verfügung stehen* (passiv).

zum Einsatz kommen	*Wenn alternative Heilmittel **zum Einsatz kommen**, ...*
in Mode kommen	*In den letzten Jahren sind verschiedene alternative Therapieformen **in Mode gekommen.***
zur Ruhe kommen	*Nachts bin ich oft überhaupt nicht mehr **zur Ruhe gekommen.***
Erfolg bringen	*Andere haben ... festgestellt, dass diese Therapien bei ihnen keinen **Erfolg bringen.***

Besserung bringen	*Mein Arzt gab mir verschiedene Medikamente, aber die **brachten** keine **Besserung**.*
zu Ende bringen	*Auf jeden Fall sollte man eine herkömmliche Behandlung auch wirklich **zu Ende bringen**, bevor ...*
Platz nehmen	***Nehmen Sie Platz!***
Abschied nehmen	*Irgendwann **nimmt** er dann eben **Abschied** von der so genannten Schulmedizin.*
die Hoffnung (nicht) aufgeben	*Sie haben vielleicht **die Hoffnung** schon **aufgegeben**.*
sich einer Therapie unterziehen	*Andere haben **sich** zuvor „normalen" **Therapien unterzogen**.*
eine Lösung finden	*Aber nicht jeder **findet** wie Christoph P. **die Lösung** seines Problems bei einem alternativen Arzt.*
eine Frage stellen	*Ich habe ihm nie viele **Fragen gestellt**.*
an Bedeutung gewinnen	*Selbsthilfegruppen, Privatinitiativen, Seniorenbüros und gemeinnützige Vereine **gewinnen** deshalb **an Bedeutung**.*
sich Gedanken machen (über)	*Anfang der 90er Jahre setzten sich deshalb in Berlin engagierte Frauen zusammen und **machten sich** darüber **Gedanken**, wie sie helfen könnten.*
Ratschläge geben	*Sie wollten nicht nur diskutieren und gute **Ratschläge geben** ...*
Einfluss nehmen (auf)	*... sie wollten etwas Praktisches tun und auf die Entwicklung **Einfluss nehmen**.*
eine Entscheidung treffen	*Und so **trafen** sie 1993 die **Entscheidung**, die erste deutsche „Tafel" in Berlin zu gründen.*
zur Verfügung stellen	*Der Lebensmittelgroßhandel, der Großmarkt und die Bäckerei um die Ecke **stellen** die Lebensmittel **zur Verfügung**, die am Ende des Tages übrig bleiben.*
in Anspruch nehmen	*Obdachlose, Arbeitslose und Sozialhilfeempfänger **nehmen** diese Hilfe dankend **in Anspruch**.*
einen Antrag stellen	*So können sie etwas besser leben, ohne bei Behörden **einen Antrag stellen** zu müssen.*
zur Verfügen stehen	*Diesen Vereinen **steht** keine große Verwaltung **zur Verfügung**.*
(k)eine Rolle spielen	*Hierarchie und Bürokratie **spielen** deshalb bei ihnen **keine Rolle**.*
Bescheid wissen	*Möchten Sie noch genauer über „Die Tafeln" **Bescheid wissen**?*
Auskunft geben	*„Die Tafeln" geben auch im Internet unter http://www.tafel.de **Auskunft** über ihre Arbeit.*

i) Reflexive Verben → § 16 e + § 26 b)2

Bei reflexiven Verben zeigt das Reflexivpronomen zurück auf das Subjekt. Meistens steht das Reflexivpronomen im Akkusativ. Wenn das Verb eine andere Akkusativ-Ergänzung hat, steht das Reflexivpronomen im Dativ.

*Möchtest **du dich** auch endlich mal wieder so richtig **verlieben**?*
*Sportstudent (23, 181, gut aussehend) will **sich** endlich vom Single-Leben **verabschieden**.*
*Welche **Frauen interessieren sich** für Kino, Wandern und Tanzen?*
***Ich freue mich** auf deine Post.*

*Hast **du dir** eigentlich schon das Buch von Ute Ehrhardt **gekauft**?*
*Ja, das hab' ich schon. Ach, eigentlich **wünsche ich mir** nichts Besonderes.*
*Na ja, egal, **ich denk' mir** was Schönes **aus**.*

Die Wortarten

§8 Die Konjugation

Im Satz ist das Verb meistens konjugiert. Das Subjekt bestimmt die Verb-Endung.

▶ Verben aus dem Englischen werden im Deutschen wie regelmäßige Verben konjugiert (*mailen: er mailt, er mailte, er hat gemailt; zappen: sie zappt, sie zappte, sie hat gezappt; surfen: er surft, er surfte, er hat gesurft*).

a) Präsens

Das Präsens benutzt man normalerweise, um über Dinge in der Gegenwart zu sprechen.

*Amnesty International **bietet** vielfältige Handlungsmöglichkeiten für jeden **an**.*
*Für diese Aufgabe **suchen** wir Männer und Frauen, die sich ehrenamtlich in der Kirche engagieren **wollen**.*

Mit dem Präsens lassen sich auch allgemein gültige Aussagen (→ etwas ist immer so) ausdrücken.

*Ein Vegetarier **isst** keine Lebensmittel, die das Töten von Tieren voraussetzen.*
*Steine **bergen** in sich die Energie von Jahrhunderten und Jahrtausenden und **können** körperliche, aber auch seelische Blockaden **lösen**.*

Auch um über die Zukunft zu sprechen, benutzt man das Präsens, und zwar mit entsprechenden Zeitangaben (Adverbien/adverbialen Ausdrücken, z. B. *in zwei Stunden, heute Abend, morgen, im nächsten Jahr*) oder mit einem Kontext, der auf die Zukunft weist.   → § 20 b

***In der Zeit vom 9.8. bis zum 16.8. bieten** wir eine Traum- und Wanderwoche **an**. Sie **bekommen** leicht anwendbare Tipps und **lernen**, wie man sich besser an Träume **erinnern**, sie **verstehen** und ihre kreative Seite **umsetzen kann**.*

Man kann das Präsens aber auch zum Erzählen von Vergangenem benutzen. Die Erzählung wird dadurch lebendiger und spannender.

*Neulich **schalte** ich meinen Computer **ein**, aber es **passiert** nichts: Der Bildschirm **bleibt** schwarz und **stellt** mir die Frage: „Podaj haslo?" Ich **versuche** zu antworten. …*

b) Imperativ   → § 3

Den Imperativ (Bitten, Aufforderungen, Ratschläge) benutzt man in der 2. Person Singular (*du*) und Plural (*ihr*) und in der Höflichkeitsform (*Sie*).

	du-Form		**ihr-Form**		**Sie-Form**	
machen	du machst	→ Mach!	ihr macht	→ Macht!	Sie machen	→ Machen Sie!
arbeiten	du arbeitest	→ Arbeite!	ihr arbeitet	→ Arbeitet!	Sie arbeiten	→ Arbeiten Sie!
finden	du findest	→ Finde!	ihr findet	→ Findet!	Sie finden	→ Finden Sie!
lesen	du liest	→ Lies!	ihr lest	→ Lest!	Sie lesen	→ Lesen Sie!
geben	du gibst	→ Gib!	ihr gebt	→ Gebt!	Sie geben	→ Geben Sie!
nehmen	du nimmst	→ Nimm!	ihr nehmt	→ Nehmt!	Sie nehmen	→ Nehmen Sie!
tragen	du trägst	→ Trag!	ihr tragt	→ Tragt!	Sie tragen	→ Tragen Sie!
sein	du bist	→ **Sei!**	ihr seid	→ **Seid!**	Sie sind	→ **Seien** Sie!

Steigen Sie bloß nicht auf die Waage.
***Machen Sie** sich's auf der Couch gemütlich, **schalten Sie** die Glotze ein, **hören Sie** doch mal schöne, ruhige Musik oder lesen Sie.*
***Seien Sie** wirklich interessiert.*

*Hey Mann, **reiß** dich zusammen!*
__Meldet__ euch ganz schnell unter Chiffre 7712.

c) Trennbare Verben (Wortakzent auf der trennbaren Vorsilbe)

*Fußreflexzonenmassage **regt** die Durchblutung **an**, Schmerzen **lassen nach**.*
*Rolf **macht** einmal im Monat das Fenster **auf** und **wirft** fast 2000 Mark **hinaus**.*
*An guten Tagen **sieht** Vergangenes viel positiver **aus**.*
*Heute ist Partytime, wir **laden** alle **ein**.*
*Fehlt im Toto dir ein Gewinn, **geh** nur zu Tante Hedwig **hin**.*
*Es wird Zeit, wir **nehmen** dich jetzt **mit**.*
*Der Mythos vom idealen Partner **lebt** auch heute noch **weiter**.*
*Eine seltsame Kraft **hielt** mich **zurück**.*

trennbare Vorsilben:

ab-, aus-, hin-/her-, nach-, weg-/fort-, an-, bei-, los-, um-, zu-, auf-, ein-, mit-, vor-, zurück-

d) Nicht-trennbare Verben (Wortakzent auf dem Verbstamm)

*Rolfs Wohnung **gefällt** uns nicht. Trotzdem **besuchen** wir ihn manchmal.*
*Wenn ich meine Oma **besuche**, **erzählt** sie mir immer, wie liebevoll Opa sie **behandelt** hat.*
*Faust **verkauft** dem Teufel Mephisto seine Seele und **bekommt** dafür besondere Fähigkeiten.*
*Welches Mädchen möchte sich auch **verlieben** und mit mir das Leben und die Liebe **entdecken**?*
*Ein dicker Herr an der Rezeption hatte gerade einen Wutanfall und **zerriss** Rechnungsformulare.*

nicht trennbare Vorsilben:

be-, ge-, zer-, ent-, miss-, er-, ver-

e) Perfekt *(haben oder sein + Partizip Perfekt)*
Mit Präteritum und Perfekt berichtet man über Vergangenes. Das Perfekt wird meistens in der Konversation, in mündlichen Berichten und persönlichen Briefen benutzt.

*Birke **hat** ihren Weg noch nicht **gefunden**, auch wenn sie gerade ihren ersten Laden **aufgemacht hat**.*
*Inzwischen **ist** Ute ruhiger und vernünftiger **geworden**, sie **hat** sich wohl genug **ausgetobt**.*
*Bevor Paula an der Berliner Kunstschule **studiert hat**, **hat** sie eine Ausbildung als Lehrerin **gemacht**.*
*Ich **habe** meinem Hausarzt immer **vertraut** und ihm nie viele Fragen **gestellt**.*
*Viele Menschen **haben** sich jahrelang normalen Therapien **unterzogen** – ohne Erfolg. Oft **haben** sie die Hoffnung **aufgegeben**, wieder gesund zu werden.*
*Wir **haben** einige Experten, die sich mit dem Thema Ufos lange **beschäftigt haben**, ins Studio **eingeladen**.*
*__Habe__ ich die Frage richtig **verstanden**?*

Partizip Perfekt: Formen

	regelmäßige Verben		unregelmäßige Verben	
		-t		-en
	machen	**ge**macht	finden	**ge**funden
	stellen	**ge**stellt	werden	(ist) **ge**worden
Bei den trennbaren Verben steht **ge**- nach der Vorsilbe.	aufmachen	auf**ge**macht	einladen	ein**ge**laden
	austoben	aus**ge**tobt	aufgeben	auf**ge**geben
Die nicht-trennbaren Verben haben kein **ge**-.	vertrauen	**vertraut**	verstehen	**verstanden**
	beschäftigen	**beschäftigt**	unterziehen	**unter**zogen
Die Verben auf **-ieren** haben kein **ge**-.	studieren	stud**iert**		

▶ Meistens Präteritum statt Perfekt:
- *haben, sein, werden*   Formen   → § 9 a
- die Modalverben *müssen, können, wollen, dürfen, sollen*   Formen   → § 10
- einige häufig gebrauchte Verben: *geben, wissen, brauchen …*

f) Präteritum

Mit Präteritum und Perfekt berichtet man über Vergangenes. Das Präteritum wirkt etwas unpersönlicher und sachlicher als das Perfekt. Es wird vor allem in Zeitungsberichten, Lebensläufen, Erzähltexten und Märchen benutzt.

*Auf Wunsch ihrer Familie **musste** Paula Modersohn-Becker einen „richtigen Brotberuf" erlernen. Deshalb **machte** die 1876 geborene Dresdnerin zuerst in Bremen eine Ausbildung als Lehrerin, bevor sie an der Berliner Kunstschule **studierte**. 1901 **heiratete** Paula Becker den Maler Otto Modersohn. Paula Modersohn-Becker **verbrachte** viel Zeit im Ausland und **fuhr** oft nach Paris, um dort künstlerisch zu arbeiten.*

Präteritum: Formen

Regelmäßige Verben: Verbstamm + Präteritum-Signal **-t-** + Endung
Unregelmäßige Verben: Präteritum-Stamm + Endung (keine Endung bei *ich* und *sie, er, es*!)
Mischverben: Präteritum-Stamm + Präteritum-Signal **-t-** + Endung (wie regelmäßige Verben)
(z. B. *verbringen – verbrachte, denken – dachte, kennen – kannte, nennen – nannte, wissen – wusste*)

	regelmäßig	Mischverben	unregelmäßig (Beispiele)			
	machen	verbringen	beginnen	geben	fahren	bleiben
ich	*mach **te***	*verbrach **te***	*begann*	*gab*	*fuhr*	*blieb*
du	*mach **test***	*verbrach **test***	*begannst*	*gabst*	*fuhrst*	*bliebst*
sie/er/es	*mach **te***	*verbrach **te***	*begann*	*gab*	*fuhr*	*blieb*
wir	*mach **ten***	*verbrach **ten***	*begannen*	*gaben*	*fuhren*	*blieben*
ihr	*mach **tet***	*verbrach **tet***	*begannt*	*gabt*	*fuhrt*	*bliebt*
sie/Sie	*mach **ten***	*verbrach **ten***	*begannen*	*gaben*	*fuhren*	*blieben*

▶ Bei Verben mit Verbstamm auf *d, t, fn, gn* wird vor dem Präteritum-Signal -t- ein **e** eingefügt:
*sie heirat **e** te, er red **e** te, wir öffn **e** ten, sie begegn **e** ten.*

▶ Die *du*- und die *ihr*-Form werden selten im Präteritum verwendet. Hier nimmt man lieber das Perfekt:
Seid** ihr denn gestern ins Kino **gegangen? (unüblich: *Gingt ihr denn gestern ins Kino?*)

g) Plusquamperfekt

Über Vergangenes berichtet man mit Präteritum und Perfekt (= Erzähl-Zeit). Wenn man etwas berichten will, was schon vorher passiert ist, benutzt man das Plusquamperfekt (= Rückschau).

*Es war damals (= 1989) einfach unvorstellbar, dass die Mauer von heute auf Morgen nicht mehr existieren sollte. Fast 30 Jahre lang **hatte** sie unser Leben in Berlin **geprägt**. Die Mauer **hatte** nicht nur eine Stadt in zwei Hälften **geteilt**: Sie **hatte** Familien **zerrissen**, Ehepaare **getrennt** und Kontakte zu alten Freunden **abgeschnitten** – sie ging mitten durch das Herz der Berliner.*
*Als man die ersten Bilder von der Grenzöffnung im Fernsehen sehen konnte, **waren** schon Tausende von Berlinern zu den Grenzübergängen **losgezogen**. Unbeschreibliche Szenen spielten sich am Kontrollpunkt Invalidenstraße ab: Es war eine Stimmung wie auf einem Volksfest. Hier zeigte sich: Niemand **hatte** sich wirklich mit der Mauer **abgefunden**.*

Plusquamperfekt in Nebensätzen mit *bevor, nachdem* und *als*   **→ § 5 b)3**

Plusquamperfekt: Formen
Das Plusquamperfekt bildet man mit *hatt-* oder *war-* + Partizip Perfekt   Formen   **→ § 8 e**
haben-Verben, z. B. *teilen*   *sein*-Verben, z. B. *losziehen*
        ich hatte ... geteilt   *er war ... losgezogen*

h) Passiv

Das Passiv kommt überall dort vor, wo Handlungen/Prozesse („werden"-Passiv) oder Zustände/Resultate („sein"-Passiv) beschrieben werden. Die handelnden Personen sind nicht wichtig, nicht bekannt oder nicht vorhanden.

***Gesucht wird** vor allem und immer wieder: Mobilität.*
*Parkplätze und Wege **sind** schon mit Autos **überfüllt**.*
*Die Akupunktur kommt aus China und **wird** dort seit mehr als dreitausend Jahren **angewendet**.*
*Bei jeder zweiten Behandlung von Schmerzen des Bewegungsapparats **wird** Akupunktur **eingesetzt**.*

*Dazu **werden** Nadeln in bestimmte Punkte entlang der Meridiane **gestochen**,*
*Bei der Aromatherapie **werden** ätherische Öle aus Blüten, Blättern, Schalen und Hölzern **verwendet**. Diese Öle **werden***
***inhaliert** oder **eingerieben** und können viele körperliche Beschwerden lindern.*

1 „werden"-Passiv

Das „werden"-Passiv bildet man mit dem Verb *werden* und dem Partizip Perfekt.

*Oft **wird** eine Versetzung ins Ausland **abgelehnt**, weil der Partner oder die Partnerin keinen Job findet.*
*In diesem Zug **werden** auch Autos **transportiert**.*

Das **Präteritum** bildet man mit dem Präteritum von *werden* (*wurde-*) + Partizip Perfekt.

*Nach zwei Jahren Wochenendehe aber **wurde** er stattdessen nach Singapur **versetzt**.*
*Es war eine stille, mondlose Nacht. Plötzlich **wurde** mein Fenster von einem Luftzug **aufgestoßen**.*
*Alle Objekte, die mir **angeboten wurden**, waren entweder zu teuer oder zu weit draußen.*

Das **Perfekt** bildet man mit dem Präsens von *sein* + Partizip Perfekt + *worden*.

*Sie **ist** dann von der Firma für zwei Jahre nach Spanien **geschickt worden**.*
*Der Tod des öffentlich-rechtlichen Rundfunks, der von einigen **vorausgesagt worden ist**, ist nicht eingetreten.*

Das **Plusquamperfekt** mit dem Präteritum von *sein* (*war-*) + Partizip Perfekt + *worden*.

*Bis 1984 **waren** Fernsehprogramme nur vom öffentlich-rechtlichen Rundfunk **angeboten worden**.*

Das **Futur I** bildet man mit dem Präsens von *werden* + Partizip Perfekt + *werden*.

*Bald **wird** abends vielleicht nicht mehr automatisch der Fernseher **eingeschaltet werden**, sondern der Computer.*

	Präsens	Präteritum	Perfekt	Plusquamperfekt	Futur I
ich	werde gebracht	wurde gebracht	bin gebracht worden	war gebracht worden	werde gebracht werden
du	wirst gebracht	wurdest gebracht	bist gebracht worden	warst gebracht worden	wirst gebracht werden
sie, er, es	wird gebracht	wurde gebracht	ist gebracht worden	war gebracht worden	wird gebracht werden
wir	werden gebracht	wurden gebracht	sind gebracht worden	waren gebracht worden	werden gebracht werden
ihr	werdet gebracht	wurdet gebracht	seid gebracht worden	wart gebracht worden	werdet gebracht werden
sie/Sie	werden gebracht	wurden gebracht	sind gebracht worden	waren gebracht worden	werden gebracht werden

Wenn es nicht wichtig ist, wer das macht, sondern nur, was passiert, kann ein Passiv-Satz auch ohne Subjekt stehen oder mit *es* eingeleitet werden. Die Position 1 im Satz muss aber immer besetzt sein.

*Es **wird** nicht **ausgewählt** oder **überlegt**, bevor auf den Einschaltknopf **gedrückt wird**.*
*Und dann **wird** einfach unkonzentriert durch die Programme **gezappt**.*

▶ In der Umgangssprache verwendet man oft *man* statt Passiv:

*Die Akupunktur **wendet man** in China seit mehr als dreitausend Jahren **an**.*
*Bei der Aromatherapie **verwendet man** ätherische Öle aus Blüten, Blättern, Schalen und Hölzern.*

2 „sein"-Passiv

Das „sein"-Passiv bildet man mit dem Verb *sein* und dem Partizip Perfekt. Das Partizip Perfekt hat die gleiche Funktion wie ein Adjektiv.   → § 17 e

*Das Jammern über den steigenden Verkehr **ist** so **verbreitet** wie absurd.*
*Im Heft **sind** sie dann alphabetisch in drei Rubriken **geordnet**.*
*Abends nach der Arbeit **sind** sie oft **gestresst**.*
*Die Diskussion um die Fernsehzukunft in Deutschland **ist** noch nicht **beendet**.*

3 Passiv mit Modalverben   → § 4 a + § 10

Bildet man das Passiv mit einem Modalverb, so steht das Modalverb auf Position 2 und das Verb *werden/sein* nach dem Partizip Perfekt am Ende des Satzes.

Mit Hilfe des Codes	**kann**	das Leihrad auch unterwegs	**abgeschlossen werden.**
Allerdings	**muss**	*es dann*	**angeschlossen sein.**
Bald	**will**	*Hogl in 15 Städten*	**vertreten sein.**

4 Passiv im Nebensatz   → § 5 b

Stellung der Verben: Partizip Perfekt + *werden/sein* (+ Modalverb)

*Mobilität ist ein Wert, der bisher ziemlich unkritisch als positiv und wünschenswert **gesehen wird**.*
*Ich glaube, dass das Schloss dann **geöffnet ist**.*

*Ich habe gehört, dass das Fahrrad überall wieder **zurückgelassen werden kann**.*
*Ich glaube, dass es dann allerdings **abgeschlossen sein muss**.*

i) Futur I

Über die Zukunft spricht man im Deutschen normalerweise mit Präsens und entsprechender Zeitangabe (*in fünf Minuten, heute Abend, um … Uhr, morgen, in einer Woche, nächstes Jahr, im Jahr 2050 …*).

*Ein Sturmtief bei Schottland **bestimmt morgen** das Wetter in Deutschland.*
***Nächstes Jahr wollen** wir neben meinen Eltern **bauen**.*

Futur I verwendet man vor allem bei offiziellen Anlässen und in schriftlichen Texten für Prognosen, Vermutungen, Pläne und Versprechen.

*Ich denke, es **wird** den Menschen zu mehr Freizeit **verhelfen**, ….*
*Im Jahr 2025 **werden** mehr als 8 Milliarden Menschen auf der Erde **leben**.*
*Die FDP **wird** den Einzug in den Bundestag vermutlich nicht **schaffen**.*
*Wenn Sie uns wählen, dann **wird** es in Deutschland bald keine Arbeitslosen mehr **geben**.*
*Sie **werden** beruflich einen Riesenschritt nach vorn **machen**. Wer noch Single ist, der **wird** heute vielleicht seine große Liebe **treffen**.*
*Es ist nicht vorstellbar, dass es in 20 Jahren denkende Roboter **geben wird**, aber wir **werden** mit elektronischen Geräten in einer primitiven Sprache **sprechen können**.*

Futur I: Formen

Das Futur I **Aktiv** bildet man mit *werden* (Position 2) + Infinitiv (am Satzende).   → § 9 a

*Sie **werden** beruflich einen Riesenschritt nach vorn **machen**.*

Das Futur I **Passiv** bildet man mit *werden* (Position 2) + Partizip Perfekt + *werden/sein* (am Satzende).   → § 8 h

*Die Technik **wird** in Zukunft noch viel weiter **entwickelt sein**.*

Futur I mit Modalverben   → § 4 a + § 10

Stellung der Verben: *werden* auf Position 2, Verb (Infinitiv) + Modalverb (Infinitiv) am Satzende.

*Die Menschen **werden** nicht mehr **arbeiten müssen**.*
*Mit Spezialbrillen **werden** Sie am Strand **sitzen** und an einer Besprechung im Büro **teilnehmen können**.*

Futur I im Nebensatz   → § 5 b

Stellung der Verben: Verb (Infinitiv) + werden

*Ich bin sicher, dass die Werke von Carla Veltronio ihren Platz in der Kunstgeschichte **finden werden**.*
*Und ich hoffe, dass diese Ausstellung die Künstlerin einem größeren Publikum näher **bringen wird**.*

j) **Konjunktiv II**

1 Für Wünsche, Träume und Fantasien verwendet man oft den Konjunktiv II:

*Vielleicht **würden** auch Menschen auf anderen Planeten Kolonien **gründen**, weil die Erde zu dicht bevölkert ist.*
*Autos, Schiffe, Flugzeuge und sogar Fahrräder **würden** dann von einem Computer **gesteuert werden**.*
*Zum Beispiel **hätte** man seinen Computer nicht mehr im Arbeitszimmer stehen, sondern im Gehirn eingepflanzt.*

*Was **würden** Sie in Leipzig **tun**?*
    *Ich **würde** in Auerbachs Keller **gehen**.*
        *Ich **würde** ins Neue Gewandhaus **gehen**. Ich höre nämlich gern Musik.*
        *Ich **würde** etwas ganz anderes **machen** ...*
*Welche Wohnung **würdest** du **nehmen**?*
    *Ich **würde** dieWohnung in Uni-Nähe **nehmen**, weil in Studentenvierteln immer was los ist.*
      *Ich **würde** gerne auf einem Bauernhof **wohnen**, weil ich gern Tiere um mich habe.*

Der Konjunktiv II zeigt, dass etwas nicht die Wirklichkeit ist.

Konjunktiv II: Träume, Fantasien, Wünsche (irreal)	Wirklichkeit (real)	
Ich **wäre** gern Millionär. Ich **würde** gern mit einer Rakete zum Mond **fliegen**. Wenn ich Zeit **hätte**, **würde** ich mich einfach in den Garten **legen**.	*Gegenwart*	Ich *bin* leider kein Millionär. Ich *kann* leider nicht zum Mond fliegen. Ich *habe* keine Zeit, ich kann mich nicht in den Garten legen.
Ach, hätte ich doch als Kind **gelernt**, Saxofon zu spielen! Das klingt gerade so, als ob das nur mein Fehler **gewesen wäre**.	*Vergangenheit*	Ich *habe* als Kind leider nicht *gelernt*, Saxofon zu spielen. Das *war* nicht nur mein Fehler.

Für Träume, Fantasien und irreale Wünsche benutzt man oft Sätze mit *wenn*.

***Wenn** ich wenigstens Klavier spielen **könnte**.*
*Ach, **wenn** doch nur endlich Frieden und Freiheit überall auf der Welt **wäre**!*

Irreale Wünsche kann man in „Wunsch-Sätzen" ohne *wenn* äußern. Das Verb steht auf Position 1.

***Könnte** ich wenigstens Klavier **spielen**!*
***Wäre** doch endlich Frieden und Freiheit überall auf der Welt.*

Für irreale Vergleiche benutzt man *als ob* und Konjunktiv II.

*Und ich würde wunderschön singen, **als ob** ich nie etwas **getrunken hätte**.*
*Du tust ja gerade so, **als ob** ich nie Spaghetti **machen würde**.*
*Du trainierst so, **als ob** du an der Olympiade **teilnehmen wolltest**.*

2 Auch für höfliche Vorschläge und Bitten kann man den Konjunktiv II verwenden:

*Wir **könnten** doch zur Modemesse **gehen**.*
    *Ich **würde** lieber die Auto Mobil International **besuchen**.*
      *Und abends **sollten** wir unbedingt in Auerbachs Keller **essen gehen**.*

3 Vermutungen lassen sich ebenfalls mit dem Konjunktiv II ausdrücken, z. B mit *wäre ... möglich, könnte ... sein/..., würde ... laufen.*

*Man **könnte** alle seine Gedanken einfach nur **denken**, und der Computer im Gehirn **würde** alles **umrechnen**.*

Konjunktiv II: Formen

<u>Gegenwart</u>
Regelmäßige Verben:
Die Formen von Konjunktiv II und Präteritum sind gleich, z.B. *er machte*. Deshalb benutzt man fast immer die Ersatzform *würde* + Infinitiv, z. B. *er machte → er würde machen.*

*Ich glaube, er **würde** erst einmal eine Schiffsreise rund um die Welt **machen**.*
*Ich **würde** gern einmal mit Boris Becker Tennis **spielen**.*

Unregelmäßige Verben: → § 9 a

Die Formen von Konjunktiv II und Präteritum sind ähnlich. Aber: Es gibt im Konjunktiv II oft Umlaute und immer die Endung -e bei der 1. und 3. Person Singular, z. B. *ich kam* → *ich käme*, *sie/er/es ging* → *sie/er/es ginge*. Die „Originalformen" des Konjunktivs II verwendet man **immer** bei *haben* und *sein*, bei den Modalverben und **oft** bei einigen anderen unregelmäßigen Verben.

Konjunktiv II	Präteritum	Konjunktiv II	Präteritum
ich, sie, er, es		*ich, sie, er, es*	
wäre	war	bräuchte	brauchte
hätte	hatte	fände	fand
würde	wurde	gäbe	gab
dürfte	durfte	ginge	ging
könnte	konnte	käme	kam
müsste	musste	ließe	ließ
sollte	sollte	stände	stand
wollte	wollte	wüsste	wusste

*Toll **wäre** es natürlich, wenn wir dann endlich Kontakt zu Außerirdischen **hätten**.*
*Wenn jeder Mensch bei sich selbst anfangen würde, dann **gäbe** es eine Chance.*
*Dazu **müssten** die Menschen erst mal von Grund auf umdenken.*
*Keine Ahnung, wie man diese Probleme lösen **könnte**.*
*Ich **fände** es toll, wenn alle Menschen endlich Freunde werden **könnten**, ich viele Kumpels **hätte** und mit denen jeden Abend einen draufmachen **könnte**.*

Bei den meisten unregelmäßigen Verben benutzt man aber – wie auch bei den regelmäßigen Verben – die Ersatzform *würde* + Infinitiv.

Vergangenheit
Den Konjunktiv II der Vergangenheit bildet man mit dem Konjunktiv II von *haben* oder *sein* und dem Partizip II.

*Ach, **hätte** ich doch als Kind **gelernt**, Saxofon zu spielen.*
*Das Pfeifen der Bomben **wäre** lauter **gewesen** als die Klänge schwarzer und weißer Tasten.*
*... und beinahe **wäre** ich in meinen früheren Beruf **zurückgegangen**.*
*Sie **hätten** keinen Schaden **genommen**.*
*Was **wäre** ohne sie aus mir **geworden**?*

§9 Unregelmäßige Verben

a) Die Verben *haben, sein* und *werden*: Präsens – Präteritum – Konjunktiv II

	haben			sein			werden		
ich	*habe*	*hatte*	*hätte*	*bin*	*war*	*wäre*	*werde*	*wurde*	*würde*
du	*hast*	*hattest*	*hättest*	*bist*	*warst*	*wär(e)st*	*wirst*	*wurdest*	*würdest*
sie/er/es/man	*hat*	*hatte*	*hätte*	*ist*	*war*	*wäre*	*wird*	*wurde*	*würde*
wir	*haben*	*hatten*	*hätten*	*sind*	*waren*	*wären*	*werden*	*wurden*	*würden*
ihr	*habt*	*hattet*	*hättet*	*seid*	*wart*	*wär(e)t*	*werdet*	*wurdet*	*würdet*
sie/Sie	*haben*	*hatten*	*hätten*	*sind*	*waren*	*wären*	*werden*	*wurden*	*würden*

Die Perfektformen dieser Verben – er **hat gehabt**, sie **ist gewesen**, es **ist geworden** – benutzt man nur selten.

b) Verben mit Vokalwechsel in der 2. und 3. Person Singular

sprechen → *du sprichst – sie/er/es spricht*   *verlassen* → *du verlässt – sie/er/es verlässt*

c) Bei Verben auf *-eln* fällt in der 1. Person Singular das *e* weg.

bügeln → *ich bügle*   *klingeln* → *ich klingle*   *lächeln* → *ich lächle*

Perfekt und Präteritum von unregelmäßigen Verben   **→ § 8 e + f**

Die Modalverben   → § 4 a

In Sätzen mit Modalverben gibt es das Modalverb und meistens ein Verb im Infinitiv. Mit Hilfe der Modalverben kann man die Bedeutung eines Satzes verändern oder ausdrücken, wie jemand zu einer Handlung steht. Vergleichen Sie:

Man denkt nie an die ganze Straße auf einmal.
*Man **darf** nie an die ganze Straße auf einmal denken.*

- **Möglichkeit:** *können*

  *Das **kann** man niemals schaffen.*
  *Vielleicht **können** wir uns dann ja auch mal treffen.*

- **Erlaubnis:** *dürfen*

  ***Darf** ich morgen kommen?*
  *Wir würden uns freuen, Sie bald wieder als unsere Fahrgäste begrüßen zu **dürfen**.*

- **Verbot:** *nicht dürfen*

  *So **darf** man es **nicht** machen.*
  *Die Roboter meinen, auf einem Anrufbeantworter **dürfe** man **nicht** wie ein Mensch sprechen.*

- **Notwendigkeit:** *müssen, sollen*

  *Man **muss** nur an den nächsten Schritt denken.*
  *Witze auf einem Anrufbeantworter **müssen** Spitze sein.*
  *Und so **soll** es sein.*

- **Wunsch:** *wollen* (starker Wunsch), *möchten* (höflicher Wunsch)

  *Sie **möchten** auf einer Party gern neue Leute kennen lernen.*
  *Man **möchte** es unbedingt schaffen.*
  *Die Stimmungskanonen **wollen** uns zum Lachen bringen.*
  *Sie fragen sich leider nie, wer so etwas überhaupt **will**.*

Formen
Die Modalverben unterscheiden sich von anderen Verben, dadurch dass sie in der 1. und 3. Person Singular (*ich* und *sie/er/es*) keine Endung haben.
Die Modalverben *müssen*, *können* und *dürfen* haben im Präsens einen Vokalwechsel zwischen Singular und Plural: *muss-/müss-, kann-/könn-, darf-/dürf-*.
Präteritum und Konjunktiv II unterscheiden sich nur durch den Umlaut beim Konjunktiv II. Bei den Modalverben *sollen* und *wollen* sind Präteritum und Konjunktiv II identisch.

Präsens, Präteritum und Konjunktiv II

	müssen			können			dürfen		
ich	*muss*	*musste*	*müsste*	*kann*	*konnte*	*könnte*	*darf*	*durfte*	*dürfte*
du	*musst*	*musstest*	*müsstest*	*kannst*	*konntest*	*könntest*	*darfst*	*durftest*	*dürftest*
sie/er/es	*kann*	*musste*	*müsste*	*kann*	*konnte*	*könnte*	*darf*	*durfte*	*dürfte*
wir	*müssen*	*mussten*	*müssten*	*können*	*konnten*	*könnten*	*dürfen*	*durften*	*dürften*
ihr	*müsst*	*musstet*	*müsstet*	*könnt*	*konntet*	*könntet*	*dürft*	*durftet*	*dürftet*
sie/Sie	*müssen*	*mussten*	*müssten*	*können*	*konnten*	*könnten*	*dürfen*	*durften*	*dürften*

	wollen		sollen		möchten*	
ich	*will*	*wollte*	*soll*	*sollte*	*möchte*	*wollte*
du	*willst*	*wolltest*	*sollst*	*solltest*	*möchtest*	*wolltest*
sie/er/es	*will*	*wollte*	*soll*	*sollte*	*möchte*	*wollte*
wir	*wollen*	*wollten*	*sollen*	*sollten*	*möchten*	*wolten*
ihr	*wollt*	*wolltet*	*sollt*	*solltet*	*möchtet*	*wolltet*
sie/Sie	*wollen*	*wollten*	*sollen*	*sollten*	*möchten*	*wollten*

* *Möchten* existiert nur im Präsens. Ersatzform fürs Präteritum ist das Präteritum von *wollen*. (Seiner Form nach ist „*möchten*" der Konjunktiv II von *mögen*.)

Mit dem Konjunktiv II von *sollen* kann man Ratschläge und Aufforderungen ausdrücken.   → § 8 j

*Du **solltest** auch versuchen, Dinge langsamer zu machen.*
*Ihr **solltet** besser aufpassen!*
*Sie **sollten** gemeinsam besprechen, was Sie ändern können.*
*Schüler und Studenten **sollten** kurz vor Prüfungen um diese Zeit noch einmal ihre Notizen durchsetzen.*
*Man **sollte** immer pünktlich sein.*

brauchen

Auch das Verb *brauchen* kann mit modaler Funktion benutzt werden. Es steht dann aber nicht mit Infinitiv wie die Modalverben, sondern mit *zu* + Infinitiv. Es wird meistens negativ benutzt: *nicht/kein ... brauchen (zu)* und drückt dann aus, dass etwas nicht notwendig ist.

	brauchen		
ich	brauche	brauchte	bräuchte
du	brauchst	brauchtest	bräuchtest
sie/er/es	braucht	brauchte	bräuchte
wir	brauchen	brauchten	bräuchten
ihr	braucht	brauchtet	bräuchtet
sie/Sie	brauchen	brauchten	bräuchten

*Sie **brauchen nicht** lange nach einem Zweitjob **zu** suchen.*
*Jetzt **braucht** er sich um die Finanzierung seiner Weltreise **keine** Sorgen mehr **zu** machen.)*

In Verbindung mit *nur* kann es auch positiv benutzt werden (Notwendigkeit): *nur... brauchen (zu)*.

*Sie **braucht nur** ihren Ausweis **vorzuzeigen**.*
*Du **brauchst** doch **nur** Müsli **hinzustellen**.*

▶ *Brauchen* kann auch als „normales" Verb benutzt werden. Es hat dann eine Akkusativ-Ergänzung und bedeutet „haben wollen/haben müssen".
*Sie **brauchen** den Zusatzverdienst zum Lebensunterhalt.*
*Silke Behrens fehlte einfach was, sie **brauchte** einen Ausgleich.*
*Du, liebe kleine Enkeltochter, bist gestresst, wenn deine Mutter deine Unterstützung **braucht**.*
*Jürgen Kocher hat einfach bei seiner Tankstelle gefragt, ob die nicht eine Aushilfe **brauchen**.*

Die Nomengruppe

§11 **Artikel und Nomen**

Ehe, Rundgang, Horoskop … sind Nomen. Nicht nur die **N**amen von **P**ersonen und **O**rten, sondern alle **N**omen beginnen mit einem großen **B**uchstaben.
Bei einem Nomen steht fast immer ein Artikel oder ein Artikelwort.
Nomen haben ein **Genus**: *feminin, maskulin* oder *neutrum.*

▶ Von einigen Nomen gibt es keine Singularform (zum Beispiel: *die Leute, die Eltern, die Geschwister*) oder keine Pluralform (zum Beispiel: *der Charme, die Einsamkeit, das Heimweh*).

▶ Im Deutschen werden oft englische Nomen als Fachbegriffe oder Modeausdrücke benutzt. Nomen aus dem Englischen haben im Deutschen unterschiedliche Artikel, z. B. *die Homepage, der Cursor, das Layout.*

Verben als Nomen   → § 19 b

Die meisten Verben können als Nomen benutzt werden. Sie werden dann genauso wie die normalen Nomen großgeschrieben. Sie sind immer *neutrum* und werden oft mit dem bestimmten Artikel verwendet und haben keinen Plural.

*Das **Lesen** war und ist für mich lebensrettend.*
*Wer keine Lust am **Lesen** hat, soll es halt lassen.*
*Beim **Bügeln** sehe ich oft fern.*

12 **Pluralformen von Nomen**

Es gibt fünf verschiedene Pluralendungen.

-n/-en   *die Ehe – die Ehen; die Wohnung – die Wohnungen*
-e/⸚e   *das Problem – die Probleme; der Wunsch – die Wünsche*
-s   *der Test – die Tests*
-er/⸚er *das Kind – die Kinder; das Haus – die Häuser*
-/⸚   *der Partner – die Partner; der Bruder – die Brüder*

▶ Fremdwörter haben manchmal andere Pluralformen: *der Mythos – die Mythen, das Studium – die Studien, das Material – die Materialien,* …
Nomen aus dem Englischen haben meistens die gleiche Endung wie im Englischen -s (*die Layouts*) oder gar keine Pluralendung (*die Provider*).

13 **Die Deklination von Artikel und Nomen**

Sie haben den bestimmten, den unbestimmten und den Negativartikel (*die/der/das – eine/ein – keine/kein*), den bestimmten und den unbestimmten Frageartikel (*welch-, was für ein-*) und die Deklination für Nominativ, Akkusativ und Dativ kennen gelernt.

*Die Wohnung hat einfach **keinen Stil**.*
*Ich habe **kein Kind, kein Tier, keine Gitarre** und **kein Klavier**.*
*1970 bekam ich **den Auftrag, die Bilder** für **ein Kinderbuch** zu malen.*
*Sie geben für **einen Freund, dem** Sie bei **der Partnersuche** helfen wollen, **eine Kontaktanzeige** auf.*
*Aromatherapie wird von **den Kassen** in **der Regel** nicht bezahlt.*

▶ Der Genitiv
Der Genitiv macht Aussagen genauer. Er gehört meistens zu einem Nomen und wird häufig in der Schriftsprache verwendet (z. B. in Wörterbuch-Erklärungen).

Die Genitiv-Signale sind feminin und Plural: -r; maskulin und neutrum: -s.

Feminin	
Der	Auf Wunsch **der Familie** musste Paula einen richtigen „Brotberuf" erlernen.
	Als Mitglied **der Polizei** sollte man Teamgeist haben.
einer, meiner …	Ein Auftrag ist die Bestellung **einer Ware** oder **einer Arbeit**.
	Ein weiterer Höhepunkt **ihrer Karriere**: …
Maskulin	
Des	Ich mag nicht, dass wir uns nur wegen **des Geburtstags** treffen.
	Der Beruf **des Reiseleiters** ist kein anerkannter Ausbildungsberuf.
eines, meines …	Dabei spielt die Persönlichkeit **eines Menschen** eine große Rolle.
	Sogar wenn wir die größte Packung **eines** (viel zu) teuren **Duftes** kauften, …
Neutrum	
Des	Du bist trotz **des Chemiestudiums** in deinem tiefsten Inneren ein Künstler.
	Aber ein Wandel **des Berufsbildes** ist erkennbar.
eines, meines …	Eine Grenze ist der Eingang und Ausgang **eines Landes**.
	Die 36-Jährige hat zu Beginn **ihres Berufslebens** in einer Parfümerie … gelernt.
Plural	
Der	Über ein Drittel **der Menschen** in Deutschland lebt heute allein.
	Polizisten sollen für die Sicherheit **der Bürger** sorgen.
Meiner …	

Maskuline und neutrale Nomen bekommen im Genitiv Singular fast immer die Endung -(e)s.
Aber es gibt Ausnahmen, z.B. *des Menschen* (= n-Deklination, siehe unten).

Ersatzform für den Genitiv
Steht das Nomen ohne Artikel, dann wird die Ersatzform *von* + DATIV benutzt:

*In Leitungspositionen planen und koordinieren sie die Einsätze **von Schutzpolizei** und **Kripo**.*
*Die Suche nach Fehlern, die Reparatur **von Schäden** und der Austausch **von Teilen** – das sind die Aufgaben des Kfz-Mechanikers.*
*Das gilt sowohl für die Erledigung **von Aufgaben** als auch für die Organisation des Arbeitsplatzes.*
*Anders ist die Entwicklung **von Leistung** nicht möglich.*

Genitiv bei Namen
Genitiv bei Namen drückt oft Zugehörigkeit aus: *Rolfs Wohnung = die Wohnung von Rolf, Gabrieles Talent = das Talent von Gabriele.* Er steht vor seinem Bezugswort.
Hat man den Vornamen und den Nachnamen, kommt das -s nur an den Nachnamen: *Gabriele Ostners Talent.*
Nachgestellte Namen werden mit *von* verbunden: *das Talent **von** Gabriele.*

Der Genitiv wird bei folgenden Ausdrücken häufig benutzt:
im Laufe (der Zeit/des Tages/der Woche …)
am Anfang/in der Mitte/am Ende (des Jahres/seiner Ausbildung …)
ein Teil/zehn Prozent/ein Drittel/die Hälfte (der Deutschen/des Geldes …)
die schönste Zeit (des Jahres/meines Lebens …)
der dickste Mann (der Welt/Europas …)

Präpositionen mit Genitiv: *wegen, trotz, während, innerhalb, außerhalb, unterhalb.*   → § 19

*Das Privatleben mit Partner und Freunden kommt **wegen** der vielen Reisen häufig zu kurz.*
*…, dass die Jugendlichen ihre Aufgaben erledigen, und zwar **trotz** Schwierigkeiten und ohne dauernde Überwachung und Kontrolle.*
*Schon **während** der Lehrzeit sind seine Fähigkeiten und Kenntnisse im Freundeskreis oft sehr gefragt.*
*Polizisten haben als Beamte **innerhalb** des Staatsdienstes einen sicheren Arbeitsplatz.*
***Außerhalb** des Staatsdienstes können Polizisten als Detektive arbeiten.*
***Unterhalb** des Blechs, bei Motor, Vergaser und Auspuff beginnt seine Welt.*

Die n-Deklination

Einige maskuline Nomen folgen der so genannten n-Deklination. Außer im Nominativ Singular sind die Kasus-Endungen immer -n bzw. -en.

	Nominativ	Akkusativ	Dativ	Genitiv
Singular	der/ein Mensch	den/einen Menschen	dem/einem Menschen	des/eines Menschen
	der/ein Nachbar	den/einen Nachbarn	dem/einem Nachbarn	des/eines Nachbarn
Plural	die/– Menschen	die/– Menschen	den/– Menschen	der/– Menschen
	die/– Nachbarn	die/– Nachbarn	den/– Nachbarn	der/– Nachbarn

Nomen der n-Deklination bezeichnen oft Personen – vor allem Berufe (*der Pädagoge, Polizist ...*) und Nationalitäten (*der Deutsche, Pole, Türke ...*) – und Tiere (*der Elefant, Löwe ...*).
Man muss sie extra lernen. Es gibt aber einige Endungen, die anzeigen, dass ein Nomen wahrscheinlich zur n-Deklination gehört: *-ist, -ent/-ant, -e.*

*Wir besuchen den 30-jährigen **Pädagogen** in seiner kleinen Wohnung.*
*Er besucht regelmäßig den **Nachbarn** und benutzt dessen Spülmaschine.*
*Eine unserer Teilnehmerinnen hilft älteren **Menschen** beim Friedhofsbesuch.*
*Es gibt viele **Dirigenten**, die ehrenamtlich arbeiten.*
*Damals wurde sie von **Fürsten** und **Adligen** gemacht.*

Zur n-Deklination gehören
Personen:
*der Mensch, Nachbar, Bauer, Fürst, Stud**ent**, Dirig**ent**, Assist**ent**, Journal**ist**, Poliz**ist** ...*
der Junge, Adlige, Beamte, Angestellte, Experte, Pädagoge ...
der Deutsche, Pole, Franzose, Chinese, Türke ...
Tiere:
*Elef**ant**, Löwe, Affe, Hase ...*

Einige Nomen der n-Deklination haben im Genitiv Singular die Endung *-ns*, z. B. *der Friede – des Friedens, der Gedanke – des Gedankens, der Glaube – des Glaubens, der Name – des Namens, der Wille – des Willens.*

14 Die Possessiv-Artikel

Possessiv-Artikel (*mein-, dein-, ihr-, sein-, unser-, euer/eur-, ihr-, Ihr-*) stehen vor einem Nomen und ersetzen andere Artikel. Man dekliniert die Possessiv-Artikel genauso wie die negativen Artikel (*kein-*).

*Ich habe keine Zeit, **meine** Eltern regelmäßig zu besuchen.*
*Kümmert sich **dein** Partner gerne um den Haushalt?*
*Typisch für den Krebs ist **seine** Liebe zur Kunst.*
***Unsere** Stimmung hat Einfluss auf **unsere** Erinnerung.*
*JUNGS!!! Das ist **eure** (letzte?) Chance!*
*Wie bekommen Straßen in **Ihrem** Land **ihre** Namen?*

15 Die Artikelwörter

Artikelwörter ersetzen andere Artikel. Die Artikelwörter *dieser, mancher, jener, jeder, alle* (Plural), *einige* (Plural), *mehrere* (Plural) dekliniert man wie den bestimmten Artikel *der*. Die Artikelwörter *kein* und *irgendein* dekliniert man wie den unbestimmten Artikel *ein*.

***Diese** Nacht war nicht zum Schlafen da.*
*„Schon weg!" – Es fällt mir immer schwerer, **diesen** Spruch zu glauben.*
*An irgendeinem **dieser** Tage entscheiden sich die „Übriggebliebenen" dann für **jenes** letzte Mittel.*
***Jeder** Gast will etwas von mir. Und ich tue, was ich kann.*
***Jedem** Körperteil, **jedem** Organ wird eine Reflexzone zugeordnet.*

Alle Tabletten haben nichts geholfen.
*Die halbe Familie kroch auf dem Flur und in **allen** Zimmern herum.*
*So erfüllte ich mir in den nächsten Tagen **manchen** Wunsch.*
***Manche** Leute schüttelten den Kopf über so viel Fantasie.*
*Wir hätten gerne noch **einige** nähere Informationen.*
*Seit **einiger** Zeit nehme ich Geburtstagseinladungen überhaupt nicht mehr an.*
*Was können Sie mir vermitteln? – Da habe ich **mehrere** Angebote.*

*…, weil wir nach einem Gerät gefragt haben, das **keinen** aktuellen Internet-Browser hat.*
*Ständig kriege ich nur **irgendeine** unfreundliche Antwort.*
***Irgendeinen** Verehrer hat sie ja schließlich immer.*

▶ Irgend- bedeutet, dass etwas unbestimmt, nicht konkret ist. Es kann vor dem unbestimmten Artikel stehen: *irgendein*.
Die Pluralform dazu ist: *irgendwelche*.
Es kann aber auch vor Indefinitpronomen (*irgendjemand, irgendetwas*) und vor Fragepronomen (*irgendwie, irgendwann* etc.) stehen. → § 16 d

§16 Die Pronomen

Pronomen ersetzen bekannte Namen oder Nomen und helfen, Wiederholungen zu vermeiden.

a) Die **Personalpronomen** ersetzen Namen und Personen.

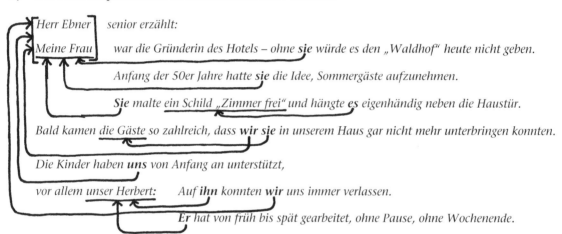

Herr Ebner senior erzählt:
*Meine Frau war die Gründerin des Hotels – ohne **sie** würde es den „Waldhof" heute nicht geben.*
*Anfang der 50er Jahre hatte **sie** die Idee, Sommergäste aufzunehmen.*
***Sie** malte ein Schild „Zimmer frei" und hängte **es** eigenhändig neben die Haustür.*
*Bald kamen die Gäste so zahlreich, dass **wir sie** in unserem Haus gar nicht mehr unterbringen konnten.*
*Die Kinder haben **uns** von Anfang an unterstützt,*
*vor allem unser Herbert: Auf **ihn** konnten **wir** uns immer verlassen.*
***Er** hat von früh bis spät gearbeitet, ohne Pause, ohne Wochenende.*

	Singular					Plural			Höflichkeitsform
Nominativ	*ich*	*du*	*sie*	*er*	*es*	*wir*	*ihr*	*sie*	*Sie*
Akkusativ	*mich*	*dich*	*sie*	*ihn*	*es*	*uns*	*euch*	*sie*	*Sie*
Dativ	*mir*	*dir*	*ihr*	*ihm*	*ihm*	*uns*	*euch*	*ihnen*	*Ihnen*

b) Die **bestimmten, unbestimmten und negativen Pronomen** ersetzen Artikel und Nomen. Man dekliniert sie genauso wie die Artikel. → § 13

*Ist **die Wohnung** noch frei? – Nein, tut mir Leid. **Die** ist schon weg.*
*Hast du dir eigentlich schon **das Buch** von Ute Ehrhardt gekauft? – Ja, **das** hab' ich schon.*

*Ich war bei **vielen Ärzten**, aber **keiner** konnte mir helfen.*
*Wir machen **ein Fest**, wie's lange **keins** mehr gab.*

▶ Neutrum (NOM + AKK): ein Fest → Pronomen: *eins* oder *keins*
Maskulinum (NOM): kein Arzt → Pronomen: *keiner*

c) Frage- und Artikelwörter als Pronomen

*Wer sich nicht an **Fehler** erinnert, weiß nicht, dass es **welche** waren.*
*Wer auf **Kontaktanzeigen** antwortet oder selber **welche** schreibt, muss zugeben: Liebe ist ein Geschäft.*
*Kaufst du dir **ein neues Kleid** für Evas Hochzeit? – Ja, aber ich weiß nicht **welches**.*

*Bei der Akupunktur werden **Nadeln** in bestimmte Punkte gestochen, **manche** mehrere Zentimeter tief.*
***Manche** meinen, rechts und links kann man nicht verwechseln.*
*Eine Ausstellung ist eine Sammlung von Gemälden oder Fotos, die sich **jeder** ansehen kann.*
*Letztlich entscheidet aber **jeder** selbst, was er aus seiner Erinnerung macht.*
*Heute ist Partytime, wir laden **alle** ein.*
*Wir werden Wege und Lösungen finden, für **alle** Arbeit zu schaffen.*

▶ Das Pronomen *welche* ist der Plural für das unbestimmte Pronomen *ein-*. Vergleichen Sie.
*Wer auf **eine Kontaktanzeige** antwortet oder selber **eine** schreibt, …*
*Wer auf **Kontaktanzeigen** antwortet oder selber **welche** schreibt, …*

d) **Indefinitpronomen** wie *etwas (was, irgendwas), alles, nichts, man, jemand, niemand* stehen für unbekannte oder nicht genau bekannte Personen oder Sachen.

*Wir haben versucht, **etwas** fürs Alter zurückzulegen.*
*Es ist ein schönes Gefühl, so nah beisammen zu sein, falls mal **irgendwas** ist.*
*Ich würde die 6-Zimmer-Wohnung in Uni-Nähe nehmen, weil in Studentenvierteln immer **was** los ist.*
*Mir ist vielleicht **was Verrücktes** passiert!*

*Dann ist **alles** ganz anders gekommen.*
*Wer **nichts** weiß, der muss **alles** glauben.*
*Ich halte **nichts** von Astrologie.*

Das Indefinitpronomen *man* hat im Akkusativ und Dativ die Formen *einen* und *einem*.
Die Indefinitpronomen *jemand* und *niemand* können im Akkusativ und Dativ mit oder ohne Kasusendungen stehen: *jemand(en), jemand(em), niemand(en), niemand(em)*.

***Man** findet für ungeliebte Arbeiten leicht **jemanden**, der das erledigt.*
***Man** verdient Geld mit Tätigkeiten, die **einem** Spaß machen.*
*Die Treppe knarrte leise, wenn **jemand** nach oben ging.*
*Die Rentner sind froh, sich bei **jemandem** unterhaken zu können.*
***Niemand** hatte sich wirklich mit der Mauer abgefunden.*

Irgend- vor Indefinitpronomen: *irgendjemand, irgendetwas* und vor Fragepronomen: *irgendwie, irgendwann* etc.

***Irgendjemand** hat mir mal erzählt, dass sie private Probleme hat.*
*Na, das kommt mir auch **irgendwie** bekannt vor.*

e) **Reflexivpronomen** zeigen zurück auf das Subjekt des Satzes. Sie haben im Akkusativ und Dativ die gleichen Formen wie die Personalpronomen. Ausnahme: Das Reflexivpronomen für die 3. Person Singular und Plural heißt *sich*. → § 7 i + 16 a

*Ich verstehe **mich** gut mit meinen Eltern.*
*Ich denke **mir** ein schönes Geschenk für dich aus.*
*Schön, dass du **dich** meldest! Hast du meine Einladung bekommen?*
*Willst du **dir** ein Flugticket in die Türkei kaufen?*
*Weißt du schon das Neuste? Roman will **sich** von Birke trennen.*
*An schlechten Tagen erinnert man **sich** vor allem an negative Dinge.*
*Wir haben immer gespart. Deshalb konnten wir **uns** auch damals eine Eigentumswohnung kaufen.*
*Habt ihr Lust, **euch** mal mit uns zu treffen?*
*Welche Frauen interessieren **sich** für Kino, Wandern und Tanzen?*
*Woran können Sie **sich** besonders gut erinnern?*

▶ Relativpronomen → § 5 b)6

f) Pronominaladverbien

Die Pronominaladverbien stehen für etwas (Sache oder Aussage), was schon gesagt wurde. So kann man Wiederholungen vermeiden. Sie ersetzen eine Präpositionalergänzung.

Sätze mit Pronominaladverb	Verb + Präposition
Wir mussten nach dem Tod der Mutter wieder Fuß fassen, und unser Vater hat uns **dabei** sehr geholfen.	*helfen **bei***
Faust verkauft dem Teufel Mephisto seine Seele und bekommt **dafür** besondere Fähigkeiten.	*bekommen **für***
Fehlt im Toto dir ein Gewinn, geh nur zu Tante Hedwig hin. Sie sagt dir ganz sicher, wann man **damit** rechnen kann.	*rechnen **mit***
Nehmen Sie sich vor, sich zu einem ganz bestimmten Thema zu Wort zu melden. Wenn Sie etwas **dazu** sagen möchten oder sogar länger **darüber** sprechen wollen, notieren Sie sich am besten vorher Stichpunkte.	*sagen **zu*** *sprechen **über***
In den Pausen haben die immer derbe Witze erzählt. Am Anfang fand ich das ja noch ganz witzig, aber irgendwann konnte ich nicht mehr **darüber** lachen. Die meisten Sprüche waren ausländerfeindlich. Seit ich einmal **dagegen** protestiert habe, ist es noch schlimmer geworden.	*lachen **über*** *protestieren **gegen***

Die Pronominaladverbien werden gebildet aus *da* + Präposition, z. B. *damit*. Beginnt die Präposition mit einem Vokal, dann wird noch ein *-r-* eingefügt, z. B. darauf.

▶ Viele Verben haben eine feste Präposition. → § 7 g

▶ Die Fragepronomen bildet man mit *wo(r)* + Präposition: *womit, worüber* → § 2 a

Pronominaladverbien können auch einen nachfolgenden Satz oder Text ankündigen.

Eigentlich war ein glücklicher Zufall der Grund **dafür**, dass ich mit dem Schreiben von Kinder- und Jugendliteratur begann.	*Grund sein **für***
Wir Kinder erinnern uns noch genau **daran**: Im Juli/August wurden die Schlafzimmer für die „Gäste" geräumt.	*sich erinnern **an***
Glauben Sie mir, wenn Sie noch lange **darauf** warten, dass man Ihnen diesen Job von allein anbietet, bekommt ihn irgendjemand anders.	*warten **auf***
Und dann ärgern Sie sich nachher **darüber**, dass Sie nicht gleich gehandelt haben.	*sich ärgern **über***
Aber wenn ich sie mal freundlich **darum** bitte, das Radio leiser zu stellen, tut sie so, als ob sie nichts hört.	*bitten **um***

▶ Für Personen stehen Personalpronomen: → § 16 a
*Dann werden Sie auch gleich merken, dass Ihre Kollegen oder Vorgesetzten beim Sprechen öfter mal Blickkontakt **mit Ihnen** aufnehmen.*

a)–b) Nach Adjektiven fragt man mit den Fragewörtern „Wie ...?" oder „Was für ein ...?" Adjektive sind
a) Qualitativergänzungen (dann dekliniert man sie nicht) oder b) zusätzliche Informationen vor Nomen (dann werden sie dekliniert).

*Wenn du **ehrlich**, **häuslich**, **naturverbunden**, **tolerant**, aber nicht **langweilig** bist und genug hast vom Alleinsein, dann schick ein Foto.*
***Humorvolle ältere** Dame träumt von einem **seriösen**, **niveauvollen** Partner.*

	feminin	maskulin	neutrum	Plural
Nominativ	die klassische Eleganz	der individuelle Stil	das warme Rot	die schwarzen Jeans
	eine klassische Eleganz	ein individueller Stil	ein warmes Rot	keine schwarzen Jeans
	klassische Eleganz	individueller Stil	warmes Rot	schwarze Jeans
Akkusativ	die klassische Eleganz	den individuellen Stil	das warme Rot	die schwarzen Jeans
	eine klassische Eleganz	einen individuellen Stil	ein warmes Rot	keine schwarzen Jeans
	klassische Eleganz	individuellen Stil	warmes Rot	schwarze Jeans
Dativ z.B. nach: aus, mit, von, zu …	der klassischen Eleganz	dem individuellen Stil	dem warmen Rot	den schwarzen Jeans
	einer klassischen Eleganz	einem individuellen Stil	einem warmen Rot	meinen schwarzen Jeans
	klassischer Eleganz	individuellem Stil	warmem Rot	schwarzen Jeans
Genitiv	der netten Kollegin	des teuren Duftes	des harmonischen Betriebsklimas	der teuren Boutiquen
	einer netten Kollegin	eines teuren Duftes	ihres harmonischen Betriebsklimas	ihrer teuren Boutiquen
	himmlischer Ruhe*	störenden Kundenverkehrs*	teuren Parfums*	teurer Boutiquen

*Das Adjektiv ohne Artikel im Genitiv wird nur selten benutzt!

c) Komparation

Wenn man Personen oder Dinge miteinander vergleichen will oder Entwicklungen und Veränderungen beschreibt, dann kann man den **Komparativ** oder den **Superlativ** von Adjektiven benutzen.

Den Komparativ bildet man meistens durch das Anhängen der Endung *-er*. Für den Superlativ gibt es zwei Formen:
• *am* + Adjektiv + *-(e)sten* als Qualitativergänzung und
• bestimmter Artikel + Adjektiv + *-(e)ste* vor Nomen.

schnell	schneller	am schnellsten	die/der/das schnellste
schön	schöner	am schönsten	die/der/das schönste
toll	toller	am tollsten	die/der/das tollste

Die Vokale *a*, *o* und *u* werden bei kurzen Adjektiven im Komparativ und im Superlativ oft zu *ä*, *ö* und *ü*.

arm	ärmer	am ärmsten	die/der/das ärmste
alt	älter	am ältesten	die/der/das älteste
groß	größer	am größten	die/der/das größte
rot	röter	am rötesten	die/der/das röteste
dumm	dümmer	am dümmsten	die/der/das dümmste
klug	klüger	am klügsten	die/der/das klügste

Einige Adjektive haben unregelmäßige Formen.

gern	lieber	am liebsten	die/der/das liebste
gut	besser	am besten	die/der/das beste
viel	mehr	am meisten	die/der/das meiste
dunkel	dunkler	am dunkelsten	die/der/das dunkelste
teuer	teurer	am teuersten	die/der/das teuerste
hoch	höher	am höchsten	die/der/das höchste

Wenn Komparativ und Superlativ vor einem Nomen stehen, werden sie genauso dekliniert wie die Grundform des Adjektivs.

Komparativ (+ als)

*Wäre es da nicht **praktischer**, beides gleich in einer Tube zusammenzubringen?*
*… das hilft dem Unternehmen in **schlechteren** Zeiten.*
*Am Ende wurden gar **mehr** Tassen <u>als</u> Kaffee verkauft.*
*Kinder haben klare Vorstellungen, sie lassen sich auch viel **weniger** beeinflussen, <u>als</u> man glaubt.*
*Je tiefer die Gefühle sind, um so **intensiver** und **dauerhafter** ist die Erinnerung.*
*Je **weißer** die Schäfchen am Himmel gehen, desto **länger** bleibt das Wetter schön.*
*Du weißt ja sowieso meistens **besser** <u>als</u> ich, was mir gefällt.*

Superlativ

*Inzwischen gehören Techno-Freaks zu **den treuesten** Fans: …*
*Die Nikolaikirche ist **die älteste** Kirche der Stadt. Ihre Orgel ist eine **der größten** in Deutschland.*
***Der größte** Musiker der Stadt und einer **der bekanntesten** deutschen Komponisten überhaupt lebte im 18. Jahrhundert: Johann Sebastian Bach.*
*Sie essen Ravioli **am liebsten** kalt aus der Dose.*
*Welche Anzeige finden Sie **am interessantesten, am witzigsten, am langweiligsten**?*

Stellt man keine oder nur kleine Unterschiede fest, so drückt man das mit *genauso* + Adjektiv (*wie*) aus.

*Das neue Eis ist **genauso lecker** wie das alte.*

▶ Die Ausdrücke *genauso* bzw. *genau so* können auch in Kontexten ohne Adjektiv verwendet werden.

*Seit September ist nun „Apfelstrudel Eiskrem" auf dem Markt und soll **genauso** ein Winter-Hit werden wie Amaretto-Mandel.*
*Die Karten werden **genau so** verteilt, dass jeder Spieler acht hat.*

d) Adjektive als Nomen   → § 11

Viele Adjektive kann man auch als Nomen benutzen. Sie stehen dann oft nach *alles* oder *das* (Endung -e) oder nach *etwas* oder *nichts* (Endung -es). Diese Adjektiv-Nomen schreibt man groß, sie können dekliniert werden.

***Alles Gute** kommt von oben.*
*Was ist **das Besondere** an der Uhr des Uhrturms?*
***Etwas Warmes** braucht der Mensch.*
*Es gibt **nichts Gutes** außer: Man tut es.*

e) Partizipien als Adjektive

Das Partizip Präsens und das Partizip Perfekt kann man wie ein Adjektiv benutzen. Sie stehen dann links vom Nomen, z.B. *ein **faszinierendes** Buch, die **ausgearbeiteten** Berichte*, und tragen die gleichen Endungen wie ein Adjektiv.

Das Partizip Präsens bildet man aus *Infinitiv + d*. Es hat immer Aktiv-Bedeutung, z. B. *der **passende** Partner = der Partner, der (zu jemandem) **passt**.*

*Die Kunst zu lesen, ein **faszinierendes** Buch zu verschlingen, …*	= *ein Buch, das **fasziniert***
*Dann kann es eine **glühende** Liebesgeschichte werden – …*	= *eine Liebesgeschichte, die **glüht***
*…, es ist wie ein nie **endender** Dialog mit sich selbst.*	= *ein Dialog, der nie **endet***

Das Partizip Perfekt hat als Adjektiv meistens Passiv-Bedeutung, z. B. *der **ausgearbeitete** Bericht = der Bericht, der **ausgearbeitet wurde.***
Bei manchen Verben drückt es ein Resultat oder einen Zustand aus.

*das **eingegangene** Material*	*= das Material, das **eingegangen ist***
*... würde er morgens gegen 10 eine packende, genau **recherchierte** und glänzend **formulierte** Reportage vereinbaren.*	*= eine Reportage, die gut **recherchiert ist** und glänzend **formuliert ist***

Oft gehören zu den Partizipien noch weitere Wörter. Durch so eine Konstruktion kann man Nebensätze vermeiden und etwas kurz und bündig ausdrücken:

*Wie bei einem **aus vielen verschiedenen Einzelteilen** <u>zusammengesetzten</u> Puzzle wird ...*	*= Wie bei einem Puzzle, **das aus vielen verschiedenen Teilen** <u>zusammengesetzt ist</u>, wird ...*

Wenn das Partizip sehr viele Ergänzungen bei sich hat, steht es manchmal zusammen mit seinen Ergänzungen – durch Kommas abgetrennt – rechts vom Nomen. Es steht dann vor seinen Ergänzungen und hat keine Adjektivendung.

*Die **aus 13 Redakteurinnen und Redakteuren bestehende** Nachrichtenredaktion hat die Aufgabe, ...*	*Die Nachrichtenredaktion, **bestehend aus 13 Redakteurinnen und Redakteuren**, hat die Aufgabe, ...*

▶ Einige Partizipien sind echte Adjektive geworden und haben einen eigenen Eintrag im Wörterbuch. Sie stehen oft als Qualitativergänzung bei Verben wie *sein* oder *finden*, z. B. *aufregend (sein), interessiert (sein an DAT).*

18 Die Zahlwörter

a)-b) **Zahlen und Zahl-Adjektive** stehen vor Nomen. Zahlen dekliniert man nicht, Zahl-Adjektive werden dekliniert.

*Mit **neun** Jahren gab sie ihr **erstes** Konzert im Leipziger Gewandhaus. Von **1832** an ging sie mit ihrem Vater auf Konzertreisen. Gegen den Willen ihres Vaters heiratete sie **1840** den Komponisten Robert Schumann. Als Ehefrau und Mutter von **sieben** Kindern blieb ihr nur noch wenig Zeit für ihre künstlerische Arbeit. **14** Jahre ihres Lebens verbrachte sie in Frankfurt am Main. Dort arbeitete sie als **erste** Klavierlehrerin bis wenige Jahre vor ihrem Tod (**1896**) am neugegründeten Hochschen Konservatorium. Clara Schumann war die **erste** Frau, die an dieser Hochschule Klavierunterricht gab. Sie gilt als die bedeutendste Pianistin des **19.** Jahrhunderts.*
*Bei uns kam die Chirotherapie nach dem **Zweiten** Weltkrieg in Mode.*
*Wie komme ich zum Schauspielhaus? – Bis zur Kreuzung, dann rechts und die **zweite** wieder rechts.*
*Jeder **dritte** Deutsche ist nach Schätzungen von Medizinmeteorologen wetterfühlig.*

c) **Zahladverbien** zum Ausdruck der Häufigkeit

*Geputzt wird **einmal** im Monat.*
*Ich sehe meine Eltern ungefähr **zweimal** die Woche.*
***Dreimal** umziehen ist wie **einmal** abbrennen.*

§19 **Die Präpositionen**

Präpositionen verbinden Wörter oder Wortgruppen und beschreiben die Relation zwischen ihnen. Sie stehen immer bei einem Nomen oder Pronomen – meistens davor, in einigen wenigen Fällen danach – und bestimmen den Kasus dieses Wortes.

- immer mit **Akkusativ**: *für, um, durch, ohne, gegen, bis*

- immer mit **Dativ**: *von, zu, seit, nach, aus, mit, bei, entgegen, gegenüber*

- mit **Akkusativ** oder **Dativ**: *auf, in, über, unter, vor, hinter, an, neben, zwischen, entlang*

- immer mit **Genitiv**: *innerhalb, außerhalb, unterhalb, während*

- mit **Genitiv** oder **Dativ**: *trotz, wegen*

a) **Präpositionen für Ort oder Richtung: Wo? Woher? Wohin?**

- mit **Akkusativ** (*bis, durch, entlang, um … (herum), gegen*)
*Täglich werden ca. 25 Millionen Kurznachrichten **durch** den Äther gejagt.*
*Gehen Sie hier die Herrengasse **entlang**, …*
*Sie gehen **um** das Rathaus **herum**, …*

- mit **Dativ** (*ab, aus, bei, nach, von, gegenüber von, zu, bis zu, an … vorbei*)
*Die Möbel sind **aus** dem Möbelhaus.*
*Textnachrichten sind **bei** den Jugendlichen der Renner und gelten als cool.*
*Ich bin jetzt **bei** Kathrin, … dann bin ich **beim** Mexikaner.*
*Zwischen 1975 und 1984 reiste ich **nach** Mexiko, Guatemala und …*
***Von** der Dachwohnung musste man einen traumhaften Blick … haben.*
*Gehen Sie am Kongresshaus vorbei und **bis zum** Andre-Hofer-Platz.*
*Gehen Sie **bis zur** großen Kreuzung dort hinten.*

- mit **Akkusativ** oder **Dativ**: Wechselpräpositionen (*an, auf, in, hinter, neben, über, unter, vor, zwischen*)
Bei diesen Präpositionen kommt es darauf an,
a) ob etwas am Ort ist und bleibt. – Frage: Wo? → Dativ (*Ich bin im Bett*) oder
b) ob etwas den Ort verändert. – Frage: Wohin? → Akkusativ (*Ich gehe ins Bett*).

Wo?
*Birkes Eltern wohnen **im** 100-Quadratmeter-Eigenheim direkt **am** Deich.*
*Überhaupt, fällt Ihnen auch manchmal auf, wie umständlich die Menschen sich **am** Telefon ausdrücken?*
*Ich kaufe meine Möbel ganz spontan: **Auf** einem Flohmarkt **in** Paris oder **in** einem Shop **auf** Bali.*
*Das Schauspielhaus ist **auf** der linken Seite, … **neben** dem Burgtor.*

Wohin?
*Drei Minuten kann man **auf** mein Band sprechen, und sie spricht drei Minuten.*
*Und wenn nicht alles **in** eine SMS passt, wird eben eine zweite hinterher geschickt.*
*Oder es wurden einem unzumutbare Dinge **ins** Ohr gesagt.*
*… hat man einen traumhaften Blick **über** die Alster.*
*Horst ist mal wieder betrunken nach Hause gekommen und **gegen** die Tür gerannt, …*
*Dann gehen Sie rechts **in** die Sporgasse, und dann die zweite wieder rechts. Dann **über** die Straße und immer geradeaus.*

- mit **Genitiv** (*innerhalb, außerhalb, unterhalb*)

*Konzentrationsfähigkeit zu entwickeln ist **innerhalb** des Betriebs schwer möglich.*
*Rolfs Eltern haben eine Eigentumswohnung **außerhalb** der Stadt.*
***Unterhalb** des Blechs, bei Motor und Vergaser beginnt seine Welt.*

b) Präpositionen zur Zeitangabe

Mit Hilfe von Präpositionen können verschiedene Zeitverhältnisse ausgedrückt werden, z. B. Gleichzeitigkeit (*während* + GEN, *bei* + DAT), Anfang (*seit* + DAT), Ende/Dauer (*bis* + DAT, *bis zu* + DAT), Reihenfolge (*vor* + DAT, *nach* + DAT)

*Haben Sie **während** der Messe noch ein Zimmer frei?*
*Ich habe **seit** meiner Jugend sehr starken Heuschnupfen.*
***Bis zu** ihrer Heirat konzentrierte sich Clara völlig auf ihre künstlerische Arbeit.*
***Vor** seinem Umzug nach Föhr hatte er schon als Lehrer dort gearbeitet.*
*Christine Nöstlinger arbeitete **nach** ihrer Ausbildung zur Grafikerin zunächst als Illustratorin.*

▶ *Während, seit* und *bis (zu)* können auch Konjunktionen sein.   → § 5 b)3 + § 22

Die Präposition *bei* wird nur in der Form „*beim* + Verb als Nomen" zur Zeitangabe benutzt. So wird ausgedrückt, dass zwei Handlungen gleichzeitig geschehen.   → § 11

***Beim** Bügeln sehe ich oft fern.*

c) Präpositionen für „Grund" *(wegen, aus, vor)* und „Gegengrund" *(trotz)*

*Das ist wichtig **wegen** der vielen Kinder, die man in Kenia hat.*
*Sie können einfach nicht spontan sein **wegen** ihrer vielen Regeln und Gesetze.*
*Schade, dass es selbst dort **trotz** der großen Auswahl unser Brot nicht gibt, gesüßtes Weißbrot.*
*Eigentlich brauchen Hunde ja **trotz** der Kälte auch in Deutschland keine Kleidung.*

In schriftlich formulierten Texten benutzt man nach *wegen* und *trotz* den Genitiv.

*Ich mag nicht, dass wir uns nur **wegen des** Geburtstags treffen.*
*Ich habe schon immer gewusst, dass du **trotz des** Chemiestudiums in deinem tiefsten Inneren ein Künstler bist.*

In der Umgangssprache formuliert man lieber im Dativ.

*Ich mag nicht, dass wir uns nur **wegen meinem** Geburtstag treffen.*
*Ich habe schon immer gewusst, dass du **trotz deinem** Chemiestudium in deinen tiefsten Inneren ein Künstler bist.*

Die Präpositionen *aus* und *vor* stehen, wenn sie nicht in Ortsbezeichnung stehen, meistens ohne Artikel.

*Außerdem gibt es so viele Sorten und Geschmacksrichtungen, dass ich schon **aus** Unsicherheit keinen kaufe.*
*Schließlich bin ich **aus** Spaß an der Bewegung im Sportverein.*
*Viele Ost-Berliner weinten hemmungslos **vor** Freude und fuhren **aus** Neugier mitten in der Nacht mal eben schnell zum Ku'damm.*

d) Präpositionen: andere Informationen

*Die Eltern **von** Birke wohnen **mit** ihrem Hund im 100-Quadratmeter-Eigenheim*
***mit** großem Garten.*
*Sind Sie **mit** einer Nachfrage **bei** Ihrem jetzigen Vermieter einverstanden?*
***Ohne** dich, liebe Gaby, würde die Geschichte des Waldhofs anders aussehen.*
*Was **für** den einen Partner gilt, das sollte auch **für** den anderen gelten.*

Die Präposition *statt* benennt eine verneinte Alternative. Sie steht mit dem Genitiv.
*Und ich habe in meiner Küche **statt** zehn stinkender Abfalleimer endlich wieder nur einen.*

In der gesprochenen Sprache wird auch der Dativ benutzt.
***Statt** diesen ganzen umweltfeindlichen Putzmitteln nehme ich nur alternative, die biologisch abbaubar sind.*

▶ Auch die Konjunktion *(an)statt* drückt eine verneinte Alternative aus.   → § 5 c)3

Adverbien und adverbiale Ausdrücke geben zusätzliche Informationen, z. B. zu Ort oder Zeit. Sie ergänzen den Satz oder einzelne Satzteile. Adverbien dekliniert man nicht.   → § 6

a) **Orts- und Richtungsangaben**

Mit Orts- und Richtungsangaben kann man beschreiben, wo etwas ist/passiert oder woher/wohin jemand oder etwas kommt/geht.

Ort: *oben, unten, hinten, vorn, rechts, links, da, dort, hier, daneben, überall, in der Nähe, in der letzten Reihe …*
*Eine Textbotschaft ist **da**. Diesmal von Julia, einer Freundin, die ganz **hinten in der letzten Reihe** sitzt.*
***Überall** piepsen diese blöden Maschinen.*

Richtung: *dahin, überallhin, hierher …*
*Knapp und knackig lassen sich diskrete Signale **überallhin** verschicken.*
*Ich hab ihm gesagt, dass ich das nicht länger mitmache und er soll **dahin** gehen, wo der Pfeffer wächst.*

b) **Zeitangaben**

Zeitverhältnisse können nicht nur durch Tempusformen, sondern auch durch Adverbien/adverbiale Ausdrücke ausgedrückt werden. Mit Zeitangaben kann man beschreiben, (seit/bis) wann oder wie lange (schon/noch) oder in welcher Reihenfolge etwas geschieht.

Vergangenheit:
im vergangenen Jahr, früher, gestern, letztes Jahr, neulich, damals, vorgestern, vor drei Wochen

Gegenwart:
gerade, jetzt, im Moment

Zukunft:
bald, im nächsten Jahr, übermorgen, in drei Monaten, morgen, nächstes Jahr

Reihenfolge:
zuerst, dann, danach, davor, zum Schluss, schließlich

Dauer/Anfang und Ende:
ein paar Monate, sieben Jahre, seit Jahren, bis dahin, bis nächste Woche, seitdem, seit drei Tagen

*Deshalb konnten wir uns auch **damals** eine Eigentumswohnung kaufen.*
*Ich habe einen Freund, den ich mal **vor Jahren** im Urlaub auf einer Bergtour kennen gelernt habe.*
***Einmal** sind wir sogar zusammen nach Deutschland geflogen.*
*Roman hat mir **neulich** erzählt, dass er sich bis über beide Ohren verliebt hat.*
*Ich will **in Zukunft** mehr auf die Einzelheiten hören.*
*Wie will er denn **später** mit einer Rente seinen jetzigen Lebensstandard finanzieren?*

*Ich kann mir nicht mehr vorstellen, da **mal** gewohnt zu haben.*
*Irgendwo gibt es den einen Menschen, der wirklich zu mir passt, **irgendwann** treffen sich unsere Blicke und es macht „klick".*

***Seitdem** hat sie aufgehört, mir Sachen für die Wohnung zu schenken.*
***Bis heute** haben die beiden Frankfurter von dem Hausbesitzer und „Partner" keine Antwort bekommen.*
***Früher** war ich so verrückt sauber zu machen, bevor sie zu Besuch gekommen sind, aber **inzwischen** kommen sie fast nie mehr in meine Wohnung.*
*Sich erinnern bedeutet immer, die Vergangenheit anzuschauen und sie **gleichzeitig** zu bewerten.*

Zeitangaben sind nicht immer Adverbien:

Vier Tage zusammen da oben in den Bergen – das verbindet zwei Menschen.
Wir haben dort ein paar Wochen Urlaub gemacht.
Deutsch und ich, wir kennen uns seit zehn Jahren.

früher	*damals*		*gestern*	*heute*	*jetzt*	*gleich*	*morgen*	
einst	**vor Jahren**	**einmal**	**neulich**				**in Zukunft**	**später**

◄──────────────────── *mal* ──────── *irgendwann* ────────────────────►

zuerst   *dann*   *seitdem*   **bis heute**   **inzwischen**   **gleichzeitig**

Wie lange?   **vier Tage**   **ein paar Wochen**   **lang**

Wie lange schon?   **seit zehn Jahren**

c)   Häufigkeitsangaben

Mit Häufigkeitsangaben kann man beschreiben, wie oft etwas geschieht. Dabei kann man zwischen ungenauen und genauen Angaben unterscheiden.

ungenaue Angaben:
*Die Nachsilbe hat **fast nie** den Wortakzent.*
***Hin und wieder** passiert es dem Franz auch, dass ihn jemand für ein Mädchen hält.*
*Die Ärzte haben ihr **immer wieder** Beruhigungsmittel und Schlaftabletten verschrieben, aber sie will keine Tabletten mehr nehmen.*
*in Mode kommen – **immer öfter** auftauchen*
*Bei Wörtern mit Vorsilben ist der Wortakzent **fast immer** auf der Vorsilbe.*

nie	*selten*		*manchmal*		*oft*	*meistens*	*immer*
fast nie	**hin und wieder**		**immer wieder**	**immer öfter**		**fast immer**	

genaue Angaben:
***Zweimal** fuhr ich mit einer Luxuslimousine aus, **dreimal** bestellte ich mir Bauchtänzerinnen.*

*Putzfrau **einmal** in der Woche.*   *Keine Putzfrau, putzt **einmal** die Woche.*
                                           *Ich sehe meine Eltern ungefähr **zweimal** die Woche.*

*Geputzt wird **einmal** im Monat.*
*Frauen sind **drei- bis viermal so oft** betroffen **wie** Männer.*
*Bei **einer** Massage **pro** Woche dauert es ungefähr sechs Monate, bis sich ein Erfolg einstellt.*
*Eine Haushaltshilfe kommt **alle** zwei Tage.*

d)   modale Angaben

Mit modalen Adverbien/adverbialen Ausdrücken kann man beschreiben, wie etwas passiert, z. B.
schnell/langsam, gründlich/schlampig, genau/ungenau, glücklicherweise/leider/zum Glück etc.

*Und er tat seine Arbeit **gern** und **sehr gründlich**.*
*Wenn er so die Straßen kehrte, tat er es **langsam**, aber **stetig**.*
*Dazwischen blieb er manchmal ein Weilchen stehen und blickte **nachdenklich** vor sich hin.*
*Und da sie **auf ihre besondere Art** zuhörte, löste sich seine Zunge.*
*Ich muss vorher anrufen und mich **ordentlich** mit ihr verabreden.*
*Deutsche versuchen, gemeinsam zu essen und dabei **in Ruhe** miteinander zu reden.*

Mit modalen Adverbien/adverbialen Ausdrücken können Vermutungen (*wahrscheinlich, vielleicht, eventuell …*)
und Hoffnungen/Wünsche/Träume (*hoffentlich*) ausgedrückt werden.

*Da dies aber sowieso nicht passiert, bleibt **wahrscheinlich** alles beim Alten.*
*Unsere Sieben-Tage-Woche ist **wahrscheinlich** auf Aberglauben zurückzuführen.*
*Die FDP wird den Einzug in den Bundestag **vermutlich** nicht schaffen.*

***Hoffentlich** gibt es bis dahin noch viel Natur.*

e) verbindende Angaben

Wörter wie *deshalb* verbinden zwei Sätze inhaltlich miteinander. Man nennt diese Wörter daher auch Konjunktionaladverbien. Das Konjunktionaladverb steht im zweiten Satz – auf Position 1 oder nach dem Verb. Ausnahme: Der Ausdruck *nämlich* kann nur nach dem Verb stehen!

Gründe/Folgen (*nämlich, deshalb, folglich, also*)

Durch *nämlich, deshalb, folglich* und *also* wird eine Grund-Folge-Relation ausgedrückt.

Folge	← Grund
Ich war anfangs schon überrascht,	*die Deutschen haben **nämlich** in Georgien einen schlechten Ruf als Gastgeber.*
Ich liebe es, bei Ikea ins Restaurant zu gehen,	*da gibt es **nämlich** all die schwedischen Gerichte zu essen.*

Grund	→ Folge
Gleichzeitig essen die Deutschen aber viel zu viel Schokolade, Zucker und Eis,	***deshalb** haben ja auch fast alle schlechte Zähne, Karies und so.*
Acki liebt frisches Fleisch,	***deshalb** holt mein Großer regelmäßig Abfälle beim Metzger.*
Ein schwarzes Bündel war drin, halbtot und ganz klein. Mitleid überfiel ihn,	*er nahm es **folglich** mit.*
Acki muss morgens schon um halb sieben Gassi gehen,	*mein Jüngster steht **also** jeden Morgen pünktlich auf.*

Gegengründe (*trotzdem*)

Werden zwei Hauptsätze durch *trotzdem* miteinander verbunden, so benennt der erste Hauptsatz einen Gegengrund.

Gegengrund	
In Chile gibt es auch sehr viele Vereine,	***trotzdem** funktioniert das Vereinsleben da anders.*
Auch die Nordschweden essen Gjetost.	***Trotzdem** verspotten uns unsere Nachbarn, …*

f) andere Angaben

*Die Speisen und Getränke schmecken **übrigens** auch heute noch teuflisch gut!*
*Einer der bekanntesten deutschen Komponisten **überhaupt** lebte im 18. Jahrhundert: Johann Sebastian Bach.*
*„Die beiden Frauen sehen sich sehr ähnlich." – „Das finde ich **überhaupt nicht**. Armin und Rolf sehen sich viel ähnlicher."*

***Außerdem** war mein Vater viel auf See.*
***Natürlich** kann man hier auch eine Reise beginnen und den Luxus eines modernen Bahnhofs genießen.*
***Allerdings** sollte niemand erwarten, dass es ihm sofort besser geht.*

*Aber die jungen Leute wollen ja **unbedingt** in der Stadt wohnen, koste es, was es wolle.*
*Wie ist das Wetter in Mitteleuropa **normalerweise**?*

§21 Die Modalpartikeln

Modalpartikeln verändern einen ganzen Satz oder einen einzelnen Satzteil. Sie setzen subjektive Akzente.

*Das wäre **doch** klasse, oder?*	Man erwartet eine positive Antwort
*Doch das bleibt **wohl** nur ein Traum.*	Vermutung
Die Wohnung ist günstig.	„neutrale" Aussage
*Die Wohnung ist **aber** günstig.*	Überraschung, Verwunderung
*Ist die Wohnung **denn** auch günstig?*	interessierte, aber auch vorsichtige Frage

Modalpartikeln können ein <u>Adverb</u> oder ein <u>Adjektiv</u> modifizieren, indem sie es verstärken oder abschwächen.

*Die Chinesen leben **wahnsinnig** <u>schnell</u>.*
*In Wirklichkeit aber leben sie **sehr** <u>langsam</u>.*
*Die kommen dann **ganz** <u>spontan</u> vorbei.*
*Aber es waren Gedanken, die sich **so** <u>schwer</u> erklären ließen.*

*Das finde ich **sehr** <u>schön</u>.*
*Die Deutschen sind immer **so** <u>kompliziert</u>.*
*Man denkt, die ist **so schrecklich** <u>lang</u>.*
*Das war eine **sehr** <u>notwendige</u> Arbeit.*

Weitere Beispiele:

*Rolf trifft seine Eltern **höchstens** einmal im Monat, weil er wenig Zeit hat.*

*Außerdem war mein Vater viel auf See – so war **wenigstens** ich bei meiner Mutter.*
*Trotzdem besuchen wir sie manchmal. Sie ist ja **schließlich** unsere Tochter.*
*Wir hatten **eigentlich** gehofft, ihn überreden zu können, dort einzuziehen –*
aber er wollte nicht.
*Die Speisen und Getränke schmecken übrigens auch heute **noch** teuflisch gut!*
*Den üblichen Fragen zur Person folgen dann unter anderem folgende **ebenfalls**
bemerkenswerte Fragen:*
*Unserer Mutter ist es **jedenfalls** gelungen, dass wir Sommergäste nie
störend fanden.*
***Besonders** spannend ist es hier ja wirklich nicht.*

mehr sicher nicht; vielleicht auch
weniger oft
„Das war besser als gar nichts."
„trotz allem, was uns nicht gefällt"
Das war die Absicht, aber es kam
anders.
Das hat sich nicht verändert.
auch

„Ich kann oder will jetzt nicht genau
erzählen, wie sie das gemacht hat."
mehr als normal

Konjunktionen verbinden Sätze oder Satzteile. Diese werden durch die Konjunktion in eine bestimmte Relation zueinander gesetzt. So gibt beispielsweise ein Nebensatz mit der Konjunktion *weil* einen Grund für etwas an, was im Hauptsatz steht.

Jedes Mal, wenn sie kommen, müssen wir Eisbein mit Sauerkraut essen, …
Warum?
      *… **weil** sie das für typisch deutsch halten.*

Konjunktionen können innerhalb eines Satzes einzelne Wörter und Wortgruppen miteinander verbinden. Sie können auch zwei eigenständige Hauptsätze miteinander verbinden oder einen Nebensatz mit einem Hauptsatz.   → § 5

Es gibt auch „Doppelkonjunktionen", bei denen die Sätze/Satzteile durch das Zusammenspiel von zwei Konjunktionen verbunden werden (*entweder – oder, zwar – aber, sowohl – als auch*).

- **Addition/Zusatz** (*und, nicht nur – sondern auch/sogar*)
*Sie wissen **nicht nur** das Datum, **sondern sogar** die genaue Uhrzeit ihrer Geburt.*

- **Alternative** (*oder, entweder – oder*)
*Im Norden sagt man Karneval **oder** Fasching dazu, im Süden Fastnacht.*
*Alle Objekte, die mir angeboten wurden, waren **entweder** zu teuer, zu weit draußen **oder** irgendwie scheußlich.*

- **Kontrast** (*aber, zwar – aber*)
*Die erste Woche soll die schlimmste sein, hab ich gehört, **aber** danach geht's stetig bergauf.*
*Wir haben **zwar** ein bisschen Geld verloren, **aber** wir hatten viel Spaß.*

- **Gründe** (*da, denn, weil*)
*Und über die Tischdekoration in Deutschland machen sich die Taiwanesen oft lustig, **da** man hier so viel Wert auf schön gedeckte Tische und einheitliches Geschirr legt.*
***Da** ich von meinen Kollegen wusste, dass der grüne Tee hier nicht schmeckt, habe ich mir ganz viel grünen Tee mitgebracht.*
*Ohne meinen grünen Tee schmeckt mir gar nichts, **denn** Essen ohne grünen Tee ist wie ein Messer ohne Gabel.*
*Aber vielleicht muss man hier auch so viel Süßes essen, **weil** es immer so kalt ist.*

- **Gegengründe** (*obwohl*)
*Das dunkle Brot dagegen mögen sie überhaupt nicht, **obwohl** es typisch ist.*
*Ich habe mich in dieser Hinsicht auch ein bisschen angepasst, **obwohl** ich auch oft Glück habe, …*

- **Ziele und Absichten** (*damit, um zu*)
*Einsperren sollte ich den Hahn, **damit** man das Krähen nicht mehr hört.*
*Wir kehrten ein, **um** etwas **zu** trinken.*
*Ich denke, dass viele Menschen sich Haustiere anschafften, **um** sich nicht so alleine **zu** fühlen.*

- **Folgen** (*so … dass, so dass*)
*Hunde gibt es da, die **so** arm dran sind, **dass** sie sich aus Müllcontainern ernähren.*
*… schaut sie mit seinen goldfarbenen Augen **so** treuherzig an, **dass** sie es nicht übers Herz bringen, ihn liegen zu lassen.*
*Sein Besitzer ist eher klein und schmal, **so dass** die beiden ein lustiges Paar sind.*

- **verneinte Alternative** (*(an)statt zu*)
*Zahlreiche Firmen und Versandhäuser haben ganz auf Verpackungen verzichtet, **(an)statt** die Verpackungen größer, aufwendiger und schöner **zu** machen.*

- **verneinte Parallel-Handlung** (*ohne zu*)
*Ich lebe seit 1960 in Deutschland, **ohne** schlechte Erfahrungen gemacht **zu** haben.*

- **Zeitverhältnisse** (*als = gleichzeitig, einmal in der Vergangenheit, wenn = gleichzeitig, in der Zukunft oder mehrmals in der Vergangenheit, während = gleichzeitig, bevor = Abfolge, nachdem = Abfolge, seit = Anfang, bis = Ende*)
*Zuerst hatte ich total Angst, aber **als** ich gesehen habe, dass Ralf auch gesprungen ist und hinterher wie in Trance war, hab ich mich auch getraut.*
*Mit meiner Freundin gab's damals immer Probleme, **wenn** ich wieder das ganze Wochenende beim Klettern war.*
*Essen und trinken Sie nicht, **während** Sie am Computer arbeiten.*
*Na, dann genießt das Leben noch mal richtig, **bevor** ihr Eltern werdet.*
*Ich muss sagen, das Verhältnis zu meinen Eltern hat sich sehr verbessert, **seit** ich selbst eine Tochter habe.*
*Es hat lange gedauert, **bis** ich eingesehen hab', dass er manches eben anders macht, aber deswegen nicht falsch.*

Die Wortbildung

23 | **Komposita**

Nomen + Nomen	Adjektiv + Nomen	Adverb/Partikel + Nomen	Verb + Nomen
das Hotel + der Manager → **der Hotelmanager**	tief + die Garage → **die Tiefgarage**	selbst + die Auskunft → **die Selbstauskunft**	wohnen + das Zimmer → **das Wohnzimmer**
die Stellen (Pl) + das Angebot → **das Stellenangebot**		nicht + der Raucher → **der Nichtraucher**	parken + die Möglichkeit → **die Parkmöglichkeit**
der Fußball + die Mannschaft → **die Fußballmannschaft**			wohnen + die Gemeinschaft → **die Wohngemeinschaft**
der Zweck + die Gemeinschaft → **die Zweckgemeinschaft**			

Nomen + Adjektiv	Adjektiv + Adjektiv	Nomen + Verb
die Umwelt + freundlich → **umweltfreundlich**	sozial + demokratisch → **sozialdemokratisch**	das Maß + schneidern → **maßgeschneidert**
		die Natur + verbinden → **naturverbunden**

Komposita mit Fugen-s: Nomen + s + Nomen

die Geburt + s + der Tag → der Geburt**s**tag	die Wohnung + s + die Einrichtung → die Wohnung**s**einrichtung	das Gespräch + s + der Partner → der Gespräch**s**partner
die Bereitschaft + s + der Dienst → der Bereitschaft**s**dienst	die Gemeinschaft + s + der Raum → der Gemeinschaft**s**raum	

Komposita aus drei oder mehr Einzelwörtern

mehr + der Wert + die Steuer	→ **die** Mehrwert**steuer**	(Adverb + Nomen + Nomen)
die Welt + die Bevölkerung + die Prognose	→ die Weltbevölkerungsprognose	(Nomen + Nomen + s + Nomen)
die Nuss + der Baum + der Schrank + die Wand	→ die Nussbaumschrankwand	(4 Nomen)

Das Grundwort steht am Ende und bestimmt den Artikel. Das Bestimmungswort am Anfang hat den Wortakzent.

Keine Komposita: – wenn „falsche" Doppelvokale oder Diphthonge entstehen:

  ~~der Kameraassistent~~ → der Kamera-Assistent
  ~~das Goetheinstitut~~ → das Goethe-Institut

  – mit Abkürzungen:
  ~~der ISDNanschluss~~ → der ISDN-Anschluss

Mit Vor- und Nachsilben kann man neue Wörter bilden.

a) **Die Wortbildung mit Nachsilben**

-isch, -lich, -ig für Adjektive

energisch, telefonisch, italienisch …
beruflich, herzlich, stündlich, persönlich …
geduldig, ruhig, traurig, vernünftig …

-los, -frei, -arm, -voll, -reich für Adjektive
Die Zusätze *-los* und *-frei* bedeuten beide „ohne". Sie können aber nicht beliebig ausgetauscht werden. So heißt es z. B. *fantasielos*, aber *rezeptfrei*:

arbeitslos, herzlos, sprachlos …
alkoholfrei, niederschlagsfrei …

Der Zusatz *-arm* bedeutet „mit wenig".
fantasiearm, kontaktarm

Der Zusatz *-voll* bedeutet „mit viel", der Zusatz; *-reich* bedeutet „mit viel/groß":
wertvoll, liebevoll, sinnvoll …
erfolgreich, umfangreich …

Manchmal gibt es kleine Veränderungen beim Nomen: Ein **e** am Ende fällt weg: *Sprache – sprachlos, Hilfe – hilfreich*; man nimmt die Pluralform: *Grenze – grenzenlos, Gebühr – gebührenfrei*; man ergänzt ein **s**: *Rücksicht – rücksichtslos, Tradition – traditionsreich*.

-in für weibliche Berufe und Nationalitäten

der Makler – die Maklerin, der Vermieter – die Vermieterin, der Optiker – die Optikerin

-heit, -ung, -keit, -tät, -ion, -ie, -ei für Nomen
Nomen mit diesen Endungen sind immer feminin. Der Plural wird mit *-(e)n* gebildet. (Aber: Nicht alle Nomen haben einen Plural, z. B. ~~die Offenheiten, die Ehrlichkeiten~~.)

die Offenheit, die Zufriedenheit, die Persönlichkeit, die Ehrlichkeit, die Aktivität, die Sensibilität, die Kaution, die Infektion, die Biografie, die Fotografie, die Bäckerei, die Wäscherei, die Konditorei, die Freundschaft, die Mannschaft, die Wissenschaft …

Nomen mit der Endung *-schaft* bezeichnen ein Verhältnis, in dem Menschen zueinander stehen, z. B. *Bekanntschaft*, oder eine Gruppe, z. B. *Gemeinschaft*.

b) **Die Wortbildung mit Vorsilben**

un- als Negation

*ordentlich – **un**ordentlich*   (= *nicht ordentlich*)
*anständig – **un**anständig*   (= *nicht anständig*)

Ge-, Be-, Ver-, Er- für Nomen (mit Verbstamm)

*der **Ge**danke, das **Ge**spräch, das **Ge**sicht, die **Be**sichtigung, die **Be**sprechung, der **Be**such, das **Ver**sprechen, das **Ver**halten, die **Ver**suchung, der **Er**zähler*

Textgrammatische Strukturen

Die Negation

Man kann Sätze oder Satzteile negieren. Wichtige Negationswörter sind *nicht, kein* und *nein*. Eine positive Frage beantwortet man mit *ja* oder *nein*, eine negative Frage mit *doch* oder *nein*.

Ich finde Rolfs Wohnung sehr schön. Sie ist hell und groß.   **Nein**, *das ist mir alles zu kühl und zu nüchtern.*

In seiner Wohnung gibt es überhaupt nichts Gemütliches.   *Mir gefällt das auch* **nicht**. *Ich finde die*
         Wohnung von Ute am schönsten, weil …

Es muss ja gar **kein** *Schloss sein, es muss auch* **nicht** *sehr groß sein* ,
eine Villa wär' **nicht** *schlecht, doch mir sind auch zwei Zimmer recht.*

Lebst du weiter getrennt von deinem Mann? → **Ja**, *inzwischen sind wir auch geschieden.*
         Nein, *wir sind wieder zusammen.*
Bist du nicht geschieden? → **Doch**, *seit zwei Jahren.*
         Nein, *wir haben es noch einmal versucht.*

Weitere Negationswörter: *nichts, nie, niemand,*

„Wer **nichts** *weiß, der muss alles glauben." (Marie von Ebner-Eschenbach)*
Wolltest du mir nicht noch was erzählen?   *Ich weiß nicht mehr – das war sicher* **nichts** *Wichtiges.*

Wir fanden die Sommergäste **nie** *störend, im Gegenteil: Wir haben uns immer auf sie gefreut.*

Es war eine Stimmung wie auf einem Volksfest, eine Stadt lag sich in den Armen. Hier zeigte sich:
Niemand *hatte sich wirklich mit der Mauer abgefunden.*

Referenzwörter

Mit Referenzwörtern kann man Namen und Nomen kurz und bequem ersetzen.

a)   **Personalpronomen** stehen für Namen und Personen .

Rolf hatten wir hier ganz in der Nähe auch eine Wohnung gekauft: 40 Quadratmeter mit separater Küche. Wir hatten eigentlich gehofft, **ihn** *überreden zu können, dort einzuziehen – aber* **er** *wollte nicht.*

Mit 15 oder 16 hatte Ute eine ganz wilde Phase. **Sie** *war wie ein Rennpferd. Es war unmöglich,* **sie** *zu stoppen.*

Ihr Bruder leidet an Hexenschuss. Die Ärzte geben **ihm** *Spritzen, dann geht es eine Zeit lang besser. Und dann passiert es wieder:* **Er** *kann sich nicht mehr bewegen.*

Ihre Nachbarin hat regelmäßig Migräne. **Sie** *war schon bei vielen Ärzten, aber niemand konnte* **ihr** *helfen.*

b)   **Bestimmte Pronomen** und **unbestimmte Pronomen** stehen für Nomen .

    1   **Demonstrativpronomen** stehen für ein Nomen .

So viele Leute,	*Meinst du etwa* **die** *da?*
auf die ich mich schon freute	**Die** *ist ja ganz schön bieder.*
Verwandte, Bekannte,	*Ich glaub,* **die** *war noch nie da*
'ne alte Tante , die niemand kannte …	*und kommt wohl auch nie wieder.*

2 Reflexivpronomen zeigen zurück auf das `Subjekt` des Satzes.   → § 7 i + 16 e

`Ich` freue **mich** auf deine Post.

Möchtest `du` **dich** auch endlich mal wieder so richtig verlieben?

An schlechten Tagen erinnert `man` **sich** vor allem an negative Dinge.

Wenn `wir` **uns** treffen, brauchen wir doch keinen Grund.

Meldet **euch** ganz schnell unter Chiffre 7712.

Wie haben **sich** `Ihre Eltern` kennen gelernt?

Sehen `Sie` **sich** die Prospekte an und sortieren Sie die Informationen.

Hast `du` **dir** eigentlich schon das Buch von Ute Ehrhardt gekauft?

Ja, das hab' ich schon. Ach, eigentlich wünsche `ich` **mir** nichts Besonderes.

3 Relativpronomen beziehen sich auf einen `Satzteil` im Hauptsatz.   → § 5 b)6

Sie sagen `einem Freund`, **den** Sie schon sehr lange kennen, dass Sie seine Verlobte nicht mögen.

Sie bedanken sich herzlich für `ein Geschenk`, **das** Ihnen überhaupt nicht gefällt.

Sie zeigen einem Freund `ein Foto` von früher, auf **dem** seine Frau einen anderen küsst.

▶ Wenn es im Hauptsatz nur ein `allgemeines Bezugswort` gibt, wie *alles, nichts, etwas* oder *das*, dann beginnt der Relativsatz oft mit *was*:

Beim Zuhören ist `alles`, **was** man hört, gleich wichtig.

Wenn man `etwas` beschreiben will, **was** schon vorher passiert ist, dann benutzt man das Plusquamperfekt.

Du bekommst meistens `das`, **was** du selber bist.

▶ Relativsätze zu `Ortsbezeichnungen` oder Länder- und Städtenamen beginnen oft mit *wo*:

„Ich komme nach Leipzig, an einen `Ort`, **wo** man die ganze Welt im Kleinen sehen kann." (Lessing)

Können Sie sich an eine `Stelle in Tangram` erinnern, **wo** Sie so gelernt haben?

Da hinten rechts, gleich `neben dem Aufzug`, **wo** das Schild „Frühstücksraum" steht.

c) D-Wörter stehen für `Satzteile` und `Sätze`.

Trotzdem fühle ich mich `in der Wohnung meiner Eltern` wohl. Weil sie **da** wohnen.

Und `im hohen Alter noch mal umziehen` zu müssen – **das** ist doch bitter.

Wir mussten nach dem Tod der Mutter wieder `Fuß fassen`, und unser Vater hat uns **dabei** sehr geholfen.

Faust verkauft dem Teufel Mephisto `seine Seele` und bekommt **dafür** besondere Fähigkeiten.

„Eigentlich war ein glücklicher Zufall der Grund **dafür**, `dass ich mit dem Schreiben von Kinder- und Jugendliteratur begann`.

Fehlt `im Toto` dir `ein Gewinn`, geh nur zu Tante Hedwig hin. Sie sagt dir ganz sicher, wann man **damit** rechnen kann.

Wir Kinder erinnern uns noch genau **daran**: `Im Juli / August wurden die Schlafzimmer für die „Gäste" geräumt`.

… `ein Zimmer` braucht es nur zu haben, **dazu** ein Bad und ein WC.

„1970 bekam ich den Auftrag, die Bilder für `ein Kinderbuch` zu malen." Was Christine Nöstlinger damals nicht wusste: Sie musste auch den Text **dazu** selber schreiben.

Pronominaladverbien   → § 16 f

Kurze Sätze

In Dialogen gibt es oft kurze Sätze, auch allein stehende Nebensätze.

Wo würden Sie gern wohnen?	***Am liebsten auf dem Land. Und Sie?***
Wie hoch sind die Nebenkosten?	***350 Mark pro Monat.***
Wie hoch ist die Kaution?	***Zwei Monatsmieten.***
Ab wann ist die Wohnung denn frei?	***Ab sofort.***
Wann bist du in die Schule gekommen?	***Mit sechs, das war 1965.***
Woran können Sie sich besonders gut erinnern?	***An meinen ersten Schultag.***
Warum möchtest du lieber auf dem Land leben?	***Weil ich die Natur liebe.***
Wozu besuchst du einen Tanzkurs?	***Um neue Leute kennen zu lernen.***

Mit einer **Echofrage** kann man feststellen, ob man eine Frage richtig verstanden hat, oder Zeit gewinnen, um über die Antwort nachzudenken.   → § 2 + § 5 b)5

Kannst du mir beim Umzug helfen?	***Ob ich dir beim Umzug helfen kann?*** *Das kommt darauf an.*
Was möchten Sie trinken?	***Was ich trinken möchte?*** *Ein Bier … nein, lieber einen Rotwein, bitte.*
Wann machst du Urlaub?	***Wann ich Urlaub mache?*** *… Wahrscheinlich erst nächstes Jahr."*

Starke und unregelmäßige Verben

backen	du bäckst, sie/er/es bäckt		frieren	fror, hat gefroren
	buk, hat gebacken		geben	du gibst, sie/er/es gibt
beginnen	begann, hat begonnen			gab, hat gegeben
beitreten	du trittst bei, sie/er/es tritt bei		gedeihen	gedieh, ist gediehen
	trat bei, ist beigetreten		gedenken	gedachte, hat gedacht
bekommen	bekam, hat bekommen		gehen	ging, ist gegangen
belügen	belog, hat belogen		gelingen	gelang, ist gelungen
bergen	du birgst, sie/er/es birgt		gelten	du giltst, sie/er/es gilt
	barg, hat geborgen			galt, hat gegolten
beschwören	beschwor, hat beschworen		genießen	du genießt
besteigen	bestieg, hat bestiegen			genoss, hat genossen
betrügen	betrog, hat betrogen		geschehen	sie/er/es geschieht
bewerben	du bewirbst, sie/er/es bewirbt			geschah, ist geschehen
	bewarb, hat beworben		gewinnen	gewann, hat gewonnen
beweisen	du beweist, sie/er/es beweist		gleichen	glich, hat geglichen
	bewies, hat bewiesen		greifen	griff, hat gegriffen
biegen	bog, hat/ist gebogen		haben	du hast, sie/er/es hat, ihr habt
bieten	du bietest, sie/er/es bietet			hatte, hat gehabt
	bot, hat geboten		halten	du hältst, sie/er/es hält
binden	du bindest, sie/er/es bindet			hielt, hat gehalten
	band, hat gebunden		hängen	hing, hat gehangen
bitten	du bittest, sie/er/es bittet		hängen lassen	du lässt hängen, sie/er/es lässt hängen
	bat, hat gebeten			ließ hängen, hat hängen lassen
bleiben	blieb, ist geblieben		heben	hob, hat gehoben
braten	du brätst, sie/er/es brät		heißen	hieß, hat geheißen
	briet, hat gebraten		helfen	du hilfst, sie/er/es hilft
brechen	du brichst, sie/er/es bricht			half, hat geholfen
	brach, ist/hat gebrochen		in Kraft treten	sie/er/es tritt in Kraft
brennen	brannte, hat gebrannt			trat in Kraft, ist in Kraft getreten
bringen	brachte, hat gebracht		kennen	kannte, hat gekannt
denken	dachte, hat gedacht		klingen	klang, hat geklungen
dürfen	ich darf, du darfst, sie/er/es darf		kommen	kam, ist gekommen
	durfte, hat gedurft		kriechen	kroch, ist gekrochen
empfangen	du empfängst, sie/er/es empfängt		laden	du lädst, sie/er/es lädt
	empfing, hat empfangen			lud, hat geladen
empfehlen	du empfiehlst, sie/er/es empfiehlt		lassen	du lässt, sie/er/es lässt
	empfahl, hat empfohlen			ließ, hat gelassen
empfinden	du empfindest, sie/er/es empfindet		laufen	du läufst, sie/er/es läuft
	empfand, hat empfunden			lief, ist gelaufen
entscheiden	du entscheidest, sie/er/es entscheidet		leiden	du leidest, sie/er/es leidet
	entschied, hat entschieden			litt, hat gelitten
erlassen	du erlässt, sie/er/es erlässt		leihen	lieh, hat geliehen
	erließ, hat erlassen		lesen	du liest, sie/er/es liest
erschrecken	du erschrickst, sie/er/es erschrickt			las, hat gelesen
	erschrak, hat/ist erschrocken		liegen	lag, hat gelegen
erziehen	erzog, hat erzogen		lügen	log, hat gelogen
essen	du isst, sie/er/es isst		mögen	ich mag, du magst, sie/er/es mag
	aß, hat gegessen			mochte, hat gemocht
fahren	du fährst, sie/er/es fährt		nachweisen	du weist nach
	fuhr, ist gefahren			wies nach, hat nachgewiesen
fallen	du fällst, sie/er/es fällt		nehmen	du nimmst, sie/er/es nimmt
	fiel, ist gefallen			nahm, hat genommen
fangen	du fängst, sie/er/es fängt		nennen	nannte, hat genannt
	fing, hat gefangen		pfeifen	pfiff, hat gepfiffen
finden	du erfindest, sie/er/es erfindet		quellen	du quillst, sie/er/es quillt
	erfand, hat erfunden			quoll, ist gequollen
fliegen	flog, ist geflogen		raten	du rätst, sie/er/es rät
fliehen	floh, ist geflohen			riet, hat geraten
fließen	floss, ist geflossen		reiben	rieb, hat gerieben

reißen	du reißt
	riss, hat/ist gerissen
reiten	du reitest, sie/er/es reitet
	ritt, ist geritten
riechen	roch, hat gerochen
rufen	rief, hat gerufen
saufen	du säufst, sie/er/es säuft
	soff, hat gesoffen
scheiden	(geschieden sein)
scheinen	schien, (Perfekt nicht gebräuchlich)
schieben	schob, hat geschoben
schießen	du schießt
	schoss, hat geschossen
schlafen	du schläfst, sie/er/es schläft
	schlief, hat geschlafen
schlagen	du schlägst, sie/er/es schlägt
	schlug, hat geschlagen
schließen	du schließt
	schloss, hat geschlossen
schmeißen	du schmeißt
	schmiss, hat geschmissen
schmelzen	du schmilzt, sie/er/es schmilzt
	schmolz, ist geschmolzen
schneiden	du schneidest, sie/er/es schneidet
	schnitt, hat geschnitten
schreiben	schrieb, hat geschrieben
schreien	schrie, hat geschrien
schreiten	du schreitest, sie/er/es schreitet
	schritt, ist geschritten
schwellen	du schwillst, sie/er/es schwillt
	schwoll, ist geschwollen
schwimmen	schwamm, hat/ist geschwommen
sehen	du siehst, sie/er/es sieht
	sah, hat gesehen
sein	ich bin, du bist, sie/er/es ist,
	wir sind, ihr seid, sie sind
	war, ist gewesen
singen	sang, hat gesungen
sinken	sank, ist gesunken
sitzen	du sitzt
	saß, hat gesessen
spinnen	spann, hat gesponnen
sprechen	du sprichst, sie/er/es spricht
	sprach, hat gesprochen
springen	sprang, ist gesprungen
stechen	du stichst, sie/er/es sticht
	stach, hat gestochen
stehen	stand, hat gestanden
steigen	stieg, ist gestiegen
sterben	du stirbst, sie/er/es stirbt
	starb, ist gestorben
stinken	stank, hat gestunken
stoßen	du stößt, sie/er/es stößt
	stieß, hat gestoßen
streichen	strich, hat gestrichen
streiten	du streitest, sie/er/es streitet
	stritt, hat gestritten
tragen	du trägst, sie/er/es trägt
	trug, hat getragen

treffen	du triffst, sie/er/es trifft
	traf, hat getroffen
treiben	trieb, hat getrieben
treten	du trittst, sie/er/es tritt
	trat, ist/hat getreten
trinken	trank, hat getrunken
tun	ich tue, du tust, sie/er/es tut,
	wir tun, ihr tut, sie tun
	tat, hat getan
graben	du gräbst, sie/er/es gräbt
	grub, hat gegraben
überfallen	du überfällst, sie/er/es überfällt
	überfiel, hat überfallen
übernehmen	du übernimmst, sie/er/es übernimmt
	übernahm, hat übernommen
übersehen	du übersiehst, sie/er/es übersieht
	übersah, hat übersehen
überwinden	du überwindest, sie/er/es überwindet
	überwand, hat überwunden
verbergen	du verbirgst, sie/er/es verbirgt
	verbarg, hat verborgen
verbieten	du verbietest, sie/er/es verbietet
	verbot, hat verboten
verderben	du verdirbst, sie/er/es verdirbt
	verdarb, hat verdorben
vergessen	du vergisst, sie/er/es vergisst
	vergaß, hat vergessen
verlieren	verlor, hat verloren
vermeiden	du vermeidest, sie/er/es vermeidet
	vermied, hat vermieden
vermessen	du vermisst, sie/er/es vermisst
	vermaß, hat vermessen
verschlafen	du verschläfst, sie/er/es verschläft
	verschlief, hat verschlafen
verschlingen	verschlang, hat verschlungen
verschmelzen	du verschmilzt
	verschmolz, ist verschmolzen
verstehen	verstand, hat verstanden
verzeihen	verzieh, hat verziehen
wachsen	du wächst, sie/er/es wächst
	wuchs, ist gewachsen
waschen	du wäschst, sie/er/es wäscht
	wusch, hat gewaschen
weisen	du weist
	wies, hat gewiesen
wenden	du wendest, sie/er/es wendet
	wandte, hat gewandt
werben	du wirbst, sie/er/es wirbt
	warb, hat geworben
werden	du wirst, sie/er/es wird
	wurde, ist geworden
werfen	du wirfst, sie/er/es wirft
	warf, hat geworfen
wiegen	wog, hat gewogen
wissen	ich weiß, du weißt, sie/er/es weiß
	wusste, hat gewusst
zerrinnen	zerrann, ist zerronnen
ziehen	zog, hat/ist gezogen

Arbeitsbuch

Seite 1 – 73

Lebensstile

A

Überzeugungen

1

Was passt? Markieren Sie.

1	Vegetarier *(m)*	*g*	a) jemand, der sich aktiv für den Umweltschutz einsetzt
2	Punk *(m)*		b) hält in der Kirche die Messe und kümmert sich um die Menschen in seiner Gemeinde
3	Nonne *(f)*		c) jemand, der Reisen durch die ganze Welt macht; Weltenbummler
4	Aussteiger *(m)*		d) eine Frau, die der Religion in besonderer Weise ihr ganzes Leben lang dient, nicht heiraten darf und meistens in einem Kloster lebt
5	Mönch *(m)*		e) jemand, der seinen Beruf aufgibt und ein Leben führt, das nicht den üblichen Konventionen entspricht
6	Globetrotter *(m)*		f) ein Mann, der der Religion sein ganzes Leben lang dient, nicht heiraten darf und meistens in einem Kloster lebt
7	Priester *(m)*		g) jemand, der kein Fleisch isst
8	Umweltschützer *(m)*		h) (meist junger) Mensch mit ungewöhnlicher Frisur und Kleidung, der gegen das gesellschaftliche System protestiert

A1-A2

2

Wählen Sie einen „Typ" aus A 1 und denken Sie sich eine kleine Biografie aus. Machen Sie Notizen und berichten oder schreiben Sie.

Name ◆ Familie ◆ Alter ◆ Wohnort ◆ Beruf ◆ Freizeit ◆ Tagesablauf ◆ Träume ◆ ...

A3-A5

3

Lesen Sie zuerst die zehn Überschriften. Lesen Sie dann die fünf Texte und entscheiden Sie, welcher Text (1–5) am besten zu welcher Überschrift (a–j) passt. Sie dürfen jeden Text und jede Überschrift nur einmal verwenden.

TIPPS
ARBEITSBUCH
Seite 62

a) Demokratie in der Kirche? Ja, bitte!

b) Friedensdemonstration in Berlin

c) Ein Versandhaus mit ökologischem Konzept

d) Ein Leben ganz im Zeichen Gottes

e) Neuer Natur- und Freizeitpark öffnet seine Tore für Besucher

f) Berlin im Mega-Party-Fieber

g) Natur kennt keine Grenzen

h) Die Kirche in der Krise

i) Das Verhältnis von Katholiken und Protestanten in Deutschland

j) Angebote und Einkaufstipps für umweltbewusste Verbraucher

1 *Bewusst anbieten ...*
Gemeinsam mit unseren Lieferanten und Herstellern haben wir das ökologisch Machbare detailliert festgeschrieben. Materialien, die Mensch und Natur unnötig belasten, haben keine Chance, ins Panda-Angebot aufgenommen zu werden.

Bewusst einkaufen ...
Herkunft, Verarbeitung und Entsorgung spielen eine große Rolle für den Einfluss eines Produktes auf die natürlichen Kreisläufe. Panda geht es deshalb darum, diese Eingriffe so umweltverträglich wie möglich zu gestalten. Der neue Katalog ist da. Fordern Sie ihn an!

2 LOVE PARADE, das ist Musik, das sind mehr als eine Million tanzende junge Menschen. LOVE PARADE symbolisiert ein groovendes Lebensgefühl, geprägt von friedlichem und respektvollem Umgang miteinander. Im Umfeld der House- und Technomusik entwickelte sich eine Bewegung, erstmals 1989 in Berlin mit 150 Leuten auf dem Kurfürstendamm entstanden, die mittlerweile weltumspannend ist. Das Original ist und bleibt aber in Berlin, und die enorme Ausstrahlungskraft der LOVE PARADE wird auch diesmal wieder Menschenmassen nach Berlin ziehen, die ein unvergleichliches Ereignis miterleben und mitgestalten wollen.

3 1999 bereiteten sich in den Priesterseminaren der 27 deutschen (Erz-)bistümer 190 Männer auf den priesterlichen Beruf vor. Im vergangenen Jahr lebten 5778 Männer als Mönche in 590 verschiedenen klösterlichen Niederlassungen von 113 geistlichen Gemeinschaften. Hinzu kamen 1188 deutsche Mönche im Ausland. Bei den Frauenordensgemeinschaften waren es 33700 Frauen in 340 klösterlichen Gemeinschaften und Niederlassungen. 74 Frauen bereiteten sich als so genannte Novizinnen auf einen Weg in einer geistlichen Gemeinschaft vor.

4 Das „grüne Band" feiert nächstes Jahr Jubiläum. Über 1380 km zieht es sich auf dem Gebiet der ehemaligen innerdeutschen Grenze quer durch Deutschland. Eine Perlenkette wertvollster Biotope und einzigartiger Rückzugsräume für bedrohte Tier- und Pflanzenarten. Die Natur hat hier die 30-jährige Atempause genutzt: Es entwickelte sich ein Stück Wildnis mitten in Deutschland! Das Naturschutzprojekt Deutsche Einheit ist ein Symbol nicht nur für die überwundene Trennung von Ost und West, sondern auch für die Versöhnung von Mensch und Natur.

5 Alle sechs Jahre werden in Bayern die Vorstände der evangelischen Gemeinden neu gewählt. Für diese Aufgabe suchen wir Männer und Frauen, die sich ehrenamtlich in der Kirche engagieren wollen und Lust haben, Verantwortung zu übernehmen. Sie müssen am Wahltag das 18. Lebensjahr vollendet haben und der Kirchengemeinde seit drei Monaten angehören. An ihrem Leben sollte man erkennen können, woran ein Christ sich orientiert. Darüber gibt es unterschiedliche Vorstellungen. Dass sie differieren, ist kein Problem. Wenn Sie zusammen mit anderen an der Realisierung christlicher Visionen arbeiten wollen, dann sind Sie der richtige Kandidat bzw. die richtige Kandidatin.

A 4 ### Lesen Sie die Regeln und Beispiele und lösen Sie die Aufgaben.

Gegenwart und Zukunft

Es gibt verschiedene Möglichkeiten, Zeitverhältnisse auszudrücken.
A = Über die Gegenwart spricht man im Präsens.
B = Für die Zukunft benutzt man das Präsens mit den entsprechendem Zeitangaben (Adverbien / adverbiale Ausdrücke) oder mit einem Kontext, der auf die Zukunft weist.
C = Nur selten (z.B. in schriftlichen Texten, für Pläne, Prognosen oder bei Versprechen) benutzt man das Futur I. Man bildet das Futur I mit „werden" (Position 2) und dem Infinitiv (am Satzende).

Aufgaben

1 Ordnen Sie zu: A, B oder C.
Für diese Aufgabe suchen wir Männer und Frauen, die sich ehrenamtlich in der Kirche engagieren wollen. [A]
Das „grüne Band" feiert nächstes Jahr Jubiläum. ☐
... und ihre enorme Ausstrahlungskraft wird auch diesmal wieder Menschenmassen nach Berlin ziehen. ☐
Materialien, die Mensch und Natur unnötig belasten, haben keine Chance, ins Panda-Angebot aufgenommen zu werden. ☐

2 Sortieren Sie die Zeitangaben:

im vergangenen Jahr ◆ bald ◆ im nächsten Jahr ◆ heute ◆ übermorgen ◆ früher ◆ gestern ◆ jetzt ◆ in drei Monaten ◆ letztes Jahr ◆ im Moment ◆ neulich ◆ damals ◆ morgen ◆ ~~vorgestern~~ ◆ nächstes Jahr ◆ vor drei Wochen ◆ in dieser Woche

Vergangenheit	Gegenwart	Zukunft
vorgestern		

A 5 Lesen Sie den Text und markieren Sie, welche der Zeitangaben (a, b, oder c) in die Lücken 1–14 passt.

Sorge dich nicht, lese!

Immer häufiger haben Menschen das Bedürfnis, Lebenshilfe in Büchern nachzuschlagen. Buchhändlerin Sabine Lasser aus Unterhaching erzählt:

„Noch _____ (1) waren Lebenshilfe-Ratgeber in meiner Buchhandlung eher selten. _____ (2) wusste doch kein Mensch, was Feng Shui oder Qi-Gong ist. _____ (3) sieht das ganz anders aus. Da lebt man ja sozusagen hinterm Mond, wenn man davon noch nie was gehört hat. Absolute Renner sind _____ (4) Bücher, die sich um den Mond drehen. Eigentlich habe ich gedacht, dass die Mondsucht nach dem Boom der vergangenen Jahre etwas nachlässt. Doch der Trend ist auch _____ (5) ungebrochen. Der Bestseller „Vom richtigen Zeitpunkt" wird mir noch regelrecht aus der Hand gerissen. _____ (6) hab ich das letzte Exemplar verkauft. _____ (7) muss ich schon wieder die nächste Lieferung bestellen. _____ (8) hat mich sogar meine Friseurin gefragt, ob sie ihr ein Exemplar besorgen kann, weil sich die Kunden immer

häufiger nach dem Mondkalender die Haare schneiden lassen wollen.

Am häufigsten fragen die Leute nach Büchern zu Partnerschaft, Liebe und Erziehung. Solche Titel wie beispielsweise „Ab _____ (9) besser drauf" oder „Wie man Freunde gewinnt" klingen natürlich viel versprechend. Mein Bücherumsatz besteht _____ (10) schon zu 30 Prozent aus Ratgebern. „Wie lebe ich richtig?" ist eine Frage, auf die _____ (11) immer mehr Menschen eine Antwort suchen. Ich verstehe gar nicht, warum die nicht erst mal versuchen, auf ihr eigenes Gefühl zu hören. Die Leute lesen lieber alles nach, viel stärker als _____ (12). Ich bin gespannt, wie das _____ (13) aussieht. Eigentlich müsste ja _____ (14) wieder was Neues kommen.

		a)	b)	c)
1		heute	bald	**X** vor zehn Jahren
2		Damals	Jetzt	In drei Jahren
3		Früher	Letztes Jahr	Heute
4		neulich	im Moment	damals
5		in diesem Jahr	bald	im vergangenen Jahr
6		Damals	Gerade	In zwei Monaten
7		Morgen	Letztes Jahr	Früher
8		Bald	Im Moment	Neulich
9		vorgestern	heute	bald
10		letztes Jahr	jetzt	gestern
11		heutzutage	im vergangenen Jahr	vor drei Wochen
12		morgen	jetzt	früher
13		vor zehn Jahren	in zehn Jahren	letztes Jahr
14		gerade	damals	bald

Hören Sie den Text und vergleichen Sie mit Ihren Lösungen.

Was meinen Sie: Warum suchen heute immer mehr Menschen Lebenshilfe in Büchern? Diskutieren oder schreiben Sie.

A6-A7

**Lesen Sie den folgenden Text und entscheiden Sie, welches Wort
aus dem Kasten (a–o) in die Lücken (1–10) passt. Sie können jedes Wort
im Kasten nur einmal verwenden. Nicht alle Wörter passen in den Text.**

□	unbenannt	▣ ▤

🖃 Jetzt senden　🖃 Später senden　🖫 Als Entwurf speichern　📎 Anlagen hinzufügen　✍ Signatur ▾　🖥 Optionen ▾

Von: Helen Krämer ⬍

An: munich@sivananda.org

Cc:

BCc:

Betreff:

▷　**Anlagen:** *keine*

Standardschriftart ▾　Textgrad ▾　**F** *I* U T　≡ ≡ ≡　≔ ⋮≡ ⋮≡ ⋮≡　A ▾ ◇ ▾

Sehr geehrte Damen und Herren,

ich habe Ihre Homepage gelesen und interessiere mich sehr ___1 *h*___ Ihr Angebot.
Meine Freundin hat mir erzählt, wie gut sie sich fühlt, seit sie Yoga macht. ___2___
ich schon länger unter einer inneren Unruhe und Anspannung leide, denke ich, dass mir
Yoga vielleicht helfen könnte. Ich lebe in München in der Nähe Ihrer Yoga-Schule. Die
Anfahrt wäre ___3___ kein Problem für mich. Jetzt habe ich ___4___ aber noch
einige Fragen:

___5___ kostet ein vierwöchiger Kurs für Anfänger? Und wann fangen die Anfänger-
Kurse an? Gibt es bei Ihnen eine Ermäßigung für Studenten? Bieten Sie auch spezielle
Meditationskurse an?

Am liebsten würde ich zuerst eine Probestunde machen, ___6___ sehen, ___7___
Yoga überhaupt etwas für mich ist. Wäre das möglich?

Ich würde mich sehr freuen, ___8___ Sie mir entsprechendes Informationsmaterial
inklusive Preisliste ___9___ die unten stehende Adresse schicken könnten.

Da ich mich auch theoretisch ___10___ mit Yoga beschäftigen würde, wollte ich Sie
auch um einen Literaturtipp bitten.

Ich bedanke mich im Voraus für Ihre Mühe und verbleibe

mit freundlichen Grüßen

Helen Krämer

Helen Krämer, Grüner Weg 18, 87663 München, Tel./Fax. 089/556 98 21

---

a) also	b) an	c) Da	d) dafür	e) damit
f) dazu	g) denn	h) für	i) gern	j) ob
k) seit	l) wenn	m) Wie teuer	n) Wie viel	o) um zu

Freizeit-Trends

Was passt wo? Ergänzen Sie die passenden Sportarten.

| 1 | 2 | 3 | 4 | 5 | 6 | 7 |

1: Schlittschuhlaufen,

Sortieren Sie die Sportarten.

~~Tauchen~~ ◆ Schlittschuhlaufen ◆ Volleyball ◆ Jazztanz ◆ Squash ◆ Drachenfliegen ◆ Golf ◆ Aerobic ◆ Windsurfen ◆ Skifahren ◆ Handball ◆ Segeln ◆ Joggen ◆ Tennis ◆ Canyoning ◆ Snowboardfahren ◆ Fußball ◆ Inline Skating ◆ Wandern ◆ Bungee-Springen ◆ Radfahren ◆ Basketball ◆ Fallschirmspringen ◆ Schwimmen ◆ Bergsteigen ◆ Tischtennis ◆ Badminton

Wassersport	Wintersport	Ballsport	Extremsport	Sport mit Musik	Sport in der Natur
Tauchen	...	...	...	...	...
...					

Ergänzen Sie zehn Sportarten. Was passt wo?

gefährlich

Bungee-Springen

teuer

Tischtennis

nicht teuer

ungefährlich

Treiben Sie selbst Sport? Berichten oder schreiben Sie.

Was meinen Sie: Kann Sport auch ungesund sein? Machen Sie Notizen.

ungesund	für wen?	warum?

Sport ist Mord   Ein gesunder Geist ist in einem gesunden Körper

Lesen Sie den Text und ordnen Sie die Überschriften 1–4 den Abschnitten A–D zu.

1 Sport – leider keine Garantie für Gesundheit

2 Immer mehr Sportbegeisterte in Deutschland

3 Sport treiben? – Ja, aber bewusst!

4 Vom Stubenhocker zum körperbewussten Freizeitsportler

Jeder, wie er kann
Für jeden Typ die richtige Sportart

A Es gab Zeiten, da konnte Gerd Kailuweit sich nichts Schöneres vorstellen, als nach einem langen Arbeitstag im Büro auf direktem Weg nach Hause zu fahren, schön zu kochen und den Feierabend auf dem Sofa vor dem Fernseher zu verbringen. Das ist vorbei. Gerd Kailuweit hat jetzt „das Virus", wie er es nennt, eine fast unstillbare Sehnsucht nach Bewegung. Ein Leben ohne Laufen? „Mein Gott", sagt der 38-Jährige, „das kann ich mir überhaupt nicht mehr vorstellen." Mindestens viermal pro Woche vertauscht der Innenarchitekt seine Slipper mit Sportschuhen – genauso wie die anderen anderthalb Millionen Deutschen, die in ihrer Freizeit regelmäßig joggen. Wie Kailuweit sind die meisten überzeugt, so das Optimale für ihre Gesundheit zu tun. „Das Laufen", ist der Hamburger sicher, „bringt mir größeres Wohlbefinden." Und es erscheint ihm inzwischen wie eine Sucht: „Kopf und Geist brauchen Kilometer."

B In der Folge des Fitness-Trends aus den USA erging es im vergangenen Jahrzehnt immer mehr Deutschen ähnlich wie Gerd Kailuweit. Anfang der Achtziger bezeichnete man ihn noch als „schönste Nebensache der Welt", heute gilt Sport als Ausdruck eines neuen, freizeitorientierten Lebensgefühls, in dessen Mittelpunkt das persönliche Wohlbefinden steht. Der Deutsche Sportbund (DSB) hat mittlerweile mehr als 20 Millionen Mitglieder, mehr als zwölf Millionen Bundesbürger treiben regelmäßig Sport – unter den Führungskräften in der Wirtschaft sind es sogar 55 Prozent. Mehr als drei Millionen Deutsche besuchen darüber hinaus regelmäßig eins der 5500 Fitness-Center in der Republik.

C Doch immer mehr Sportler tragen gefährliche Verletzungen davon oder haben andere Gesundheitsprobleme. Jahrzehntelang propagierten Mediziner und Gesundheitspolitiker Sport als Allheilmittel; regelmäßige sportliche Betätigung erhöhe die körperliche Widerstandskraft und Leistungsfähigkeit sowie die Lebensdauer, so hieß es. Doch der Traum von dauerhafter Jugend entwickelte sich für manchen zum Alptraum und endete im Kollaps. „Sport kann auch gefährlich sein", mahnt Sportmediziner Richard Rost von der Deutschen Sporthochschule in Köln. Wenn Trimm-Fanatiker nicht auf ihre körperliche Verfassung Rücksicht nehmen, überschreiten sie oft ihre Grenzen.

D Stark, schön und gesund sein. Das zählt in unserer Gesellschaft. Was liegt näher, als den Körper nach Belieben zu formen. Kaum jemand fragt seinen Arzt, bevor er mit einer neuen Sportart beginnt. Wer z. B. Knie- und Gelenkprobleme hat, sollte keine schnellen Ballsportarten wie Squash oder Basketball ausüben. Sogar Joggen oder Radfahren können negative Folgen haben: „Wer immer nur joggt, tut nichts für die Muskulatur der Wirbelsäule und wundert sich später vielleicht einmal über seine Rückenschmerzen oder gar Gelenk-Arthrosen", warnt der Karlsruher Fitness-Professor Hans Bloss. Welche Disziplin die richtige ist, lässt sich letztlich nur nach einem kritischen Blick in den Spiegel oder einem Gespräch mit dem Arzt herausfinden. Wofür sich der Bewegungswillige am Ende auch entscheidet, vor allem muss es Spaß machen.

Welche Sportarten sind in Ihrem Heimatland beliebt?
Treiben die Menschen dort viel Sport? Berichten oder schreiben Sie.

B1

B 3

Wie machen Sie am liebsten Urlaub? Warum? Beschreiben Sie.

B 4

2-5

Hören Sie jetzt verschiedene Urlaubsgeschichten.
Welcher Hörtext passt zu welcher Anzeige? Markieren Sie.

Hörtext   1   2   3   4

Anzeige

B 5

Lesen Sie die Regeln und Beispiele und lösen Sie die Aufgaben.

Vergangenheit

Es gibt verschiedene Möglichkeiten, Vergangenheit auszudrücken. Man benutzt verschiedene Tempusformen, Adverbien / adverbiale Ausdrücke und Konjunktionen.

Tagsüber bin ich gesurft, getaucht oder hab' faul in der Sonne gelegen.

Vor zwei Jahren hab' ich mit meinem Freund eine größere Tour gemacht: Thailand, Australien, Tahiti.

*Wir haben Günthers Geburtstag mit thailändischen Soldaten in einer Kneipe gefeiert, haben Wale gesehen und die
unendliche Weite Australiens erlebt.*

*Es gab Zeiten, da konnte Gerd Kailuweit sich nichts Schöneres vorstellen, als nach einem langen Arbeitstag im Büro
auf direktem Weg nach Hause zu fahren.*

*Das war der Polizist eines Miniorts mitten in der Wüste, wo ich meinen Pass, Kreditkarten und Flugticket verloren
hatte – eine Woche bevor unsere Maschine nach Tahiti ging.*

*Anfang der Achtziger bezeichnete man ihn noch als „schönste Nebensache der Welt", heute gilt Sport als Ausdruck
eines neuen, freizeitorientierten Lebensgefühls.*

*In der Folge des Fitness-Trends aus den USA erging es im vergangenen Jahrzehnt immer mehr Deutschen ähnlich
wie Gerd Kailuweit.*

Letzten Sommer waren wir z.B. in Dänemark.

Als wir in Bangkok ankamen, erlebte die Stadt gerade ihren heißesten Sommer seit 50 Jahren.

Immer wenn wir ein Problem hatten, hat uns sofort jemand seine Hilfe angeboten.

Als wir das letzte Mal in Paris waren, habe ich endlich einmal das Rodin-Museum besucht.

Unser nächstes Ziel ist Prag. Das hat mich immer schon fasziniert.

Aufgaben

1 Lesen Sie die Beispielsätze. Womit wird Vergangenheit ausgedrückt? Ergänzen Sie die Tabelle.

	Tempusformen	Adverbien / adverbiale Ausdrücke	Konjunktionen
Vergangenheit	*Perfekt*	*vor zwei Jahren*	

2 Wie bildet man das Perfekt von trennbaren und untrennbaren Verben sowie den Verben auf „-ieren"?

3 „Wenn" oder „als"? Ergänzen Sie:

→ ein Zustand oder ein einmaliges Ereignis in der Vergangenheit: _____

→ ein wiederholtes Ereignis in der Vergangenheit: _____

„Wenn" oder „als"? Ergänzen Sie die Sätze.

Margot Brandt (63) erzählt: Ich habe als junge Frau mit meiner Familie lange in Hongkong und Korea gelebt und liebe den Fernen Osten immer noch. _Als meine Kinder klein waren_ (1) (meine Kinder/klein/sein), habe ich mir immer gesagt: Irgendwann wirst du Indien und Nepal kennen lernen! Das ist jetzt schon ziemlich lange her, aber ich habe meinen Traum wahr gemacht und bin einfach geflogen, ganz allein. _____

_____ (2) (ich/vor zwei Jahren/zum ersten Mal in Nepal/sein), habe ich in Katmandu den 19-jährigen Rajendra getroffen. Er hat dort versucht, als Straßenverkäufer Geld für seine Familie zu verdienen, und adoptierte mich gleich als seine „German Mama". Und so hat er mich dann später immer begleitet, _____

_____ (3) (ich/durch Nepal, Tibet und Indien/reisen). Wir sind in überfüllten Bussen gefahren, in Jeeps und auf Lastwagen, haben in Hindu-Tempeln geopfert, in buddhistischen Klöstern gebetet und in Bretterbuden am Straßenrand gegessen. _____ (4) (ich/Probleme mit der Verständigung/haben), hat Rajendra übersetzt und mit den Leuten verhandelt. _____ _____ (5) (ich/das letzte Mal/da sein), habe ich auch Rajendras Familie kennen gelernt. _____ (6) (ich/von meinen Reisen/nach Hause kommen), waren meine Enkelinnen immer schon ganz gespannt – auf die neuen Geschichten aus Nepal und Indien. Ich glaube, ich werde weiter unterwegs sein, denn die Welt ist voller Wunder.

Hören und vergleichen Sie.
Was für Erfahrungen haben Sie auf Reisen gemacht? Berichten oder schreiben Sie.
Verwenden Sie dabei „wenn" und „als".

Als ich 1996 in Portugal im Urlaub war, ...
Immer wenn wir ...

Wendepunkte

Sie hören nun ein Gespräch. Dazu sollen Sie zehn Aufgaben lösen.
Sie hören diesen Text zweimal. Entscheiden Sie beim Hören, ob die Aussagen
richtig oder falsch sind. Markieren Sie richtig [R] oder falsch [F].

1 Herr Lorenz hat bei einer Aktion des SZ-Magazins ein Jahr bezahlten Urlaub gewonnen. R̶ F

2 Herr Lorenz lebt mit seiner Familie in Kalifornien. R F

3 Familie Lorenz nimmt regelmäßig an Preisausschreiben teil. R F

4 Herr Lorenz hat den Brief vom SZ-Magazin für Werbung gehalten und wollte ihn erst wegschmeißen. R F

5 Herr und Frau Lorenz hatten eine behinderte Tochter. R F

6 Nach dem Tod der Tochter Manuela hatten Herr und Frau Lorenz eine Ehekrise. R F

7 Herr Lorenz wird bald nur noch seine Lieblingsgerichte kochen. R F

8 Herr Lorenz möchte nie wieder arbeiten. R F

9 Herr Lorenz wird hinterher auf keinen Fall denselben Job wiederbekommen. R F

10 Durch Manuela hat Familie Lorenz gelernt, sich auch über kleine Erfolge zu freuen. R F

Lesen Sie die Regeln und Beispiele und lösen Sie die Aufgaben.

Reihenfolge, Häufigkeit/Wiederholung und Dauer

Es gibt verschiedene Möglichkeiten, Zeitverhältnisse auszudrücken, z.B. **A** = die Reihenfolge von Ereignissen, **B** = ihre Häufigkeit/Wiederholung und **C** = ihre Dauer.

Aufgaben

1 Lesen Sie die Beispielsätze. Ordnen Sie jede markierte Textstelle zu: A, B oder C.

*Vielleicht sollte ich wieder **anfangen**, Bratsche zu spielen oder ein Jahr lang Haustüren zu fotografieren.* **A**

***Im ersten Moment** wollte ich den Brief schon wegwerfen, ...* ☐

***Dann** haben Sie ihn aber doch aufgemacht.* ☐

*Meine Frau und ich brauchten **ein paar Tage**, um das Ganze zu kapieren.* ☐

***15 Jahre** war sie für uns der Mittelpunkt in der Familie.* ☐

***Danach** war nichts mehr wie vorher.* ☐

*..., wo wir **seit zehn Jahren** Urlaub machen.* ☐

*Und trotzdem **ging** das Leben **weiter**.* ☐

*Meine Frau und ich schreiben **immer wieder** neue verrückte Projekte auf.* ☐

*Und **jedes Mal, wenn** wir unsere Spaghetti essen, sind wir in Gedanken 800 km weiter südlich.* ☐

*Er fragte **als erstes**, ob ich den Gewinn nicht ablehnen könne, was ich verstehe.* ☐

*Ich betreue **seit Jahren** dieselben Kunden, ...* ☐

*Schlimmstenfalls bekomme ich **nachher** nicht denselben Job wieder.* ☐

*Und jetzt **beginnt** eine neue Lektion?* ☐

*Und **hinterher** unterhalten wir uns über eine Verlängerung, oder?* ☐

2 Sortieren Sie die Wörter.

~~danach~~ ◆ immer wieder ◆ hinterher ◆ anfangen ◆ nachher ◆ beginnen ◆ seit ◆ weitergehen

	Adverbien	Präpositionen	Verben
Reihenfolge	*danach*		
Häufigkeit/Wiederholung			
Dauer			

3 Welche temporalen Präpositionen kennen Sie? Sammeln Sie.

4 Was passt zusammen? Ordnen Sie zu:

vor ◆ bevor ◆ nach ◆ nachdem ◆ seit

... *vor,* _____ meinem Urlaub ...

..., _____ ich Urlaub habe.

..., _____ ich im Urlaub gewesen bin/war.

Welche Wendepunkte kennen Sie aus Ihrem eigenen Leben? Was hat sich verändert? Was war vorher, was war nachher? Machen Sie Notizen.

Baby ◆ Ende der Schulzeit ◆ Heirat ◆ Examen ◆ Krankheit ◆ Ortswechsel ◆ Abschied vom Elternhaus ◆ Liebe ◆ neuer Job ◆ ...

Wendepunkt	vorher	nachher
Ortswechsel (Auslandssemester in Barcelona)	*habe in meiner Heimatstadt studiert, Familie und Freunde in der Nähe*	*neue Sprache und Kultur, interessante Menschen kennen gelernt, bin offener geworden*

C3-C7

C 4 **Sie haben ein Jahr in Deutschland in einer Firma gearbeitet und sind vor kurzem in Ihr Heimatland zurückgekehrt. Vor einigen Tagen haben Sie folgenden Brief von Ihrer Freundin Eva aus Hamburg bekommen, mit der Sie sehr gut befreundet sind.**

Hamburg, den 20. Mai 20..

Liebe(r) ...,

vielen Dank für deinen langen Brief. Es freut mich, dass du dich wieder gut zu Hause eingelebt hast. Es ist viel passiert, seit ich dir das letzte Mal geschrieben habe. Im Moment bin ich ein bisschen durcheinander und brauche unbedingt deinen Rat. Stell dir vor, letzte Woche hat mir mein Chef angeboten, für unsere Firma nach Mexiko zu gehen. Unsere Filiale dort braucht dringend noch kompetente Mitarbeiter in der Marketing-Abteilung. Du weißt ja, Marketing hat mich schon immer interessiert. Das ist natürlich ein tolles Angebot, und ich wollte ja eigentlich schon immer mal ins Ausland gehen. Aber jetzt, da alles plötzlich so konkret ist, habe ich doch irgendwie Angst. So ein fremdes Land und dann die fremde Sprache ... Da müsste ich wirklich bei Null anfangen. Was meinst du denn? Soll ich das machen? Du warst doch selbst schon mal in derselben Situation. Ich würde mich sehr freuen, wenn du mir mal schreiben könntest, was du darüber denkst. Das ist wirklich eine schwere Entscheidung.
Viele Grüße auch an deine Familie
deine Eva

Antworten Sie Ihrer Freundin.
Schreiben Sie in Ihrem Brief etwas zu allen vier Punkten unten. Überlegen Sie sich dabei eine passende Reihenfolge der Punkte. Vergessen Sie nicht Datum und Anrede und schreiben Sie auch eine passende Einleitung und einen passenden Schluss.

– die Vor- und Nachteile eines längeren Auslandaufenthalts

– Evas private Situation (Freund und Familie)

– Ihre eigenen Erfahrungen im Ausland

– was Sie an Evas Stelle tun würden

Ratschläge

Jemanden um einen Rat bitten
Was meinst du / meinen Sie denn?
Wie siehst du / sehen Sie das?
Könntest du / Könnten Sie mir nicht mal einen
  Rat geben?
Kannst du / Können Sie mir vielleicht helfen?

Verständnis ausdrücken
Ja, das kenne ich.
Da kann ich dich/Sie gut verstehen.
In so einer Situation war ich auch schon mal.
Ich kann mir vorstellen, dass ...
Das geht mir auch oft/manchmal so.

Einen Rat geben / etwas vorschlagen
Vielleicht solltest du / sollten Sie ...
Du könntest / Sie könnten z.B. ...
Ich mache dir/Ihnen einen Vorschlag. ...
Ich schlage vor, du/Sie ...
Was hältst du / halten Sie davon, wenn ...

5 **Bringen Sie die Teile des Gedichts in eine sinnvolle Reihenfolge.**

Zwischen
Häuserschluchten

In einem großen Café,
mit hohen Fenstern,
bestellen wir zwei Tassen
Schokolade.

Der Wind, der dich wegtragen wird,
kommt in wenigen Minuten
um die Ecke.

Wir berühren uns behutsam
auf unseren Oberflächen,
was erst kommen wird,
sitzt bereits neben uns.

Unsere Zeit ist um.
Schnelles Zahlen, in die Jacken.

Es ist soweit,
du fährst zurück.

Verkehr fließt draußen
unablässig vorbei.

Die sechs wilden Tage,
in denen wir uns nicht schonten,
beginnen sich bereits zu erinnern.

Dein alter Koffer beginnt sich zu
bewegen.

Lesen Sie „Ihr" Gedicht laut und achten Sie dabei auf Betonung, Satzmelodie und Pausen.
Denken Sie sich eine Geschichte oder einen Dialog zu dem Gedicht aus.

Kurz & bündig

Schreiben Sie.

Was machen Sie gerade?

Ich sitze im Kurs und lerne Deutsch.

Was haben Sie in der letzten Woche gemacht?

Was machen Sie wohl nächstes Jahr um diese Zeit?

Sortieren Sie die Wörter.

~~manchmal~~ ◆ ~~vorher~~ ◆ immer ◆ dann ◆ ~~seit zehn Jahren~~ ◆ nachdem ◆ oft ◆ anfangen ◆ aufhören ◆ immer ◆ am Anfang ◆ nach einer Stunde ◆ dauern ◆ bis gestern ◆ bevor ◆ einen Monat lang ◆ weitergehen ◆ hinterher ◆ ständig ◆ lange ◆ immer wieder ◆ danach ◆ stundenlang ◆ später

Reihenfolge

vorher,

Häufigkeit und Wiederholung

manchmal,

Dauer

seit zehn Jahren,

Wortschatzarbeit

Finden Sie eine Sportart zu jedem Buchstaben.

S
P
O
R
T
A
R
T

Beschreiben Sie Ihre Freizeitaktivitäten: Was haben Sie früher gern gemacht? Wie ist das heute? Wie möchten Sie in Zukunft am liebsten Ihre Freizeit verbringen?

Als Kind war ich im Sportverein und habe regelmäßig Handball gespielt. An den Wochenenden hatten wir oft wichtige Spiele …

Interessante Ausdrücke

Kommunikation & Werbung

A

Moderne Kommunikation

Wie heißen diese Kommunikationsmittel? Ergänzen Sie.

1 Anrufbeantworter *(m)*	4 Fax *(n)*
2 Brief *(m)*	5 Fernseher *(m)*
3 E-Mail *(f)* *I*	6 Handy *(n)*

7 Internet *(n)*	9 Telefon *(n)*
8 Radio *(n)*	10 Zeitung *(f)*

Schreiben oder sprechen Sie.

Wie kommunizieren Sie am liebsten mit … ?

● Leuten/Freunden, die in Ihrer Stadt / Ihrem Dorf wohnen
● Leuten/Freunden, die in einer anderen Stadt wohnen
● Leuten/Freunden, die in einem anderen Land wohnen
● Kollegen, die Sie jeden Tag in der Firma sehen

● Ihrem Mann / Ihrer Frau
● Ihren Kindern
● Ihrer besten Freundin / Ihrem besten Freund

A1-A6

2 Schreiben Sie die Antworten oder machen Sie ein kleines Partnerinterview. Machen Sie dazu Notizen.

1 Haben Sie einen Anrufbeantworter? Warum (nicht)?
2 Was machen Sie, wenn Sie jemanden anrufen und der Anrufbeantworter ist eingeschaltet? (beruflich/privat)
3 Welche Ansage auf den Anrufbeantwortern von Freunden oder Firmen gefallen Ihnen, welche nicht?

**Lesen Sie den Text und lösen Sie dann die fünf Aufgaben (1–5) zum Text.
Entscheiden Sie, welche Lösung (a, b oder c) richtig ist. Achtung: Die Reihenfolge
der einzelnen Aufgaben folgt nicht immer der Reihenfolge des Textes.**

Anrufbeantworter

von Elke Heidenreich

Wie habe ich mich damals, als sie in Mode kamen, über angeblich seelenlose Anrufbeantworter aufgeregt! Überall piepsten diese blöden Maschinen und überraschten den Anrufer damit, dass er nun sein Problem präzise formulieren musste, oder es wurden einem unzumutbare Mitteilungen ins Ohr gesagt – „Ich bin jetzt bei Kathrin, aber nur eine halbe Stunde, dann kannst du mich unter 23096 erreichen, bis etwa 20 Uhr, dann bin ich beim Mexikaner". Geschäumt habe ich vor Wut über solche Zumutungen. Und heute? Wie froh bin ich, dass es Anrufbeantworter gibt! Ich will etwas absagen, einen Auftrag, eine Einladung zur Party, einen versprochenen Besuch – wie rede ich mich bloß raus, was tu ich, dass ich mich nicht doch wieder beschwatzen und rumkriegen lasse? Mut antrinken, eine Nervenruh-Pille essen, tapfer wählen und – oh, dieses Glück! Hier spricht der Apparat! Es ist kein Widerspruch und kein Vorwurf zu erwarten, und auch die Absage bzw. Rechtfertigung kann kurz und knapp gehalten werden: „Ich bin's, ich wollte nur sagen, ich kann leider nicht ..." Herrlich. Aufgelegt und schnell selbst auf Anrufbeantworter geschaltet, bevor der Rückruf kommt. „Bist du da? Hör mal, du kommst nicht? Das geht aber nicht, weil ..." Pah! Es geht eben doch, eben weil ... Gelobt sei der Anrufbeantworter. Überhaupt, fällt Ihnen auch manchmal auf, wie umständlich die Menschen sich am Telefon ausdrücken? Da müssen wir uns ellenlange komplizierte Leidensgeschichten anhören, während wir auf glühenden Kohlen stehen. Nein, das ist alles viel leichter, wenn nur das Maschinchen piept, ein Problem knapp formuliert werden muss, und man hat seine Ruhe und kann selbst entscheiden, wann man zurückruft und ob überhaupt.

„Mein Anrufbeantworter ist kaputt, er eiert so, nun versteht man nichts, das Band war leider voll ..." – schönere Entschuldigungen gibt es doch nicht. Oder, wenn man gerade gemütlich sitzt und „Columbo" guckt – da ruft doch tatsächlich Renate an, ausgerechnet Renate! Drei Minuten kann man auf mein Band sprechen, und sie spricht drei Minuten. ... (Horst ist mal wieder betrunken nach Hause gekommen und gegen die Tür gerannt, so laut, dass alle Nachbarn ihn gehört haben ... Ich hab ihm gesagt, dass ich das nicht länger mitmache, und er soll dahin gehen, wo der Pfeffer wächst. Und weißt du, was er geantwortet hat? Du glaubst es nicht, aber er hat doch tatsächlich gesagt) ... Ich glaube es sofort, aber ich muss es wenigstens nicht kommentieren und kann nach drei Minuten wieder in Ruhe weiterhören, was Columbo sagt, und das ist besser als ein halbstündiges Telefonat über Renates Familie. Ja, vielleicht werden wir durch diese Maschinen ein wenig gemein. Aber auch ein bisschen glücklicher – falsche Gespräche zur falschen Zeit machen böse Gefühle, da ist es doch besser, erst mal nur mit dem Apparat zu reden und den Menschen in bessere Stimmung zu bringen, bevor er antwortet. Kann man nicht die Anrufbeantworter so schalten, dass sie selbstständig ganze Gespräche miteinander führen und Termine abhandeln, ohne dass man sich überhaupt noch melden muss? Zehn Jahre Freundschaft mit Renate nur via Anrufbeantworter! Herrlicher Gedanke!

1   Frau Heidenreich

   a)   findet, dass Anrufbeantworter unnötig sind.

   b)   hat ihre Meinung über Anrufbeantworter geändert.

   c)   findet, dass viel zu wenig Leute Anrufbeantworter haben.

2   Das Schönste an Anrufbeantwortern ist,

   a)   dass man ganz leicht etwas absagen kann.

   b)   dass man jemanden ganz leicht einladen kann.

   c)   dass man immer lustige Dinge draufsprechen kann.

3   Frau Heidenreich hat die Idee, Anrufbeantworter

   a)   so zu schalten, dass sie selbstständig Gespräche miteinander führen können.

   b)   einzuschalten, wenn man ungestört fernsehen will.

   c)   immer nur drei Minuten einzuschalten.

4   Renate ist

   a)   die Schwester von Frau Heidenreich.

   b)   die Schwiegermutter von Frau Heidenreich.

   c)   eine Freundin von Frau Heidenreich.

5   Frau Heidenreich

   a)   geht immer ans Telefon.

   b)   geht nur ans Telefon, wenn sie das möchte.

   c)   telefoniert gern stundenlang.

Welche Vor- und Nachteile haben Anrufbeantworter? Machen Sie eine Liste mit Pro und Contra. Diskutieren oder schreiben Sie.

A 4   **Lesen Sie die Regeln und Beispiele und lösen Sie die Aufgaben.**

Ort und Richtung

Es gibt verschiedene Möglichkeiten, „Ort und Richtung" auszudrücken:

A = Präpositionen mit Akkusativ   **C** = Wechselpräpositionen
B = Präpositionen mit Dativ   **D** = Adverbien

Aufgaben

1   Markieren Sie A, B, C oder D.

Drei Minuten kann man auf mein Band sprechen, und sie spricht drei Minuten. ☐C

… oder es wurden einem unzumutbare Mitteilungen ins Ohr gesagt. ☐

Überall piepsten diese blöden Maschinen. ☐

Überhaupt, fällt Ihnen auch manchmal auf, wie umständlich die Menschen sich am Telefon ausdrücken? ☐

Bist du da? ☐

Horst ist mal wieder betrunken nach Hause gekommen … ☐

und gegen die Tür gerannt, … ☐

Ich bin jetzt bei Kathrin, … dann bin ich beim Mexikaner. ☐

Ich hab ihm gesagt, dass ich das nicht länger mitmache, und er soll dahin gehen, wo der Pfeffer wächst. ☐

2   Ergänzen Sie.

   Präpositionen mit _____

   durch, gegen, entlang, bis, um … (herum)

   Präpositionen mit _____

   aus, bei, nach, von, zu, gegenüber (von)

   _____

   auf, über, unter, hinter, vor, zwischen, neben, an, in

3   Sortieren Sie die Präpositionen:

Woher? →		Wo? ●	Wohin? →
aus		*bei*	*zu*

5   **Richten Sie das Zimmer ein und beschreiben Sie es ganz genau.**
Ihre Partnerin / Ihr Partner zeichnet.

Lesen Sie die Texte. Welcher Typ wird hier beschrieben? Ergänzen Sie.

Die Musik-Terroristen

Die Ungeschickten

Die Stimmungskanonen

Die Roboter

Die Weltbürger

Der Terror vor dem „B i i i e e p"

Warum schaffen es bloß so viele Menschen nicht, ihren Anrufbeantworter vernünftig zu besprechen? Brigitte-Redakteur K. Schlenz beschreibt die fünf nervigsten Typen.

A ____Roboter____ meinen, auf einem Anrufbeantworter dürfe man nicht wie ein Mensch sprechen. Schließlich handele es sich ja um eine Maschine, die statt des Angerufenen antwortet. Deshalb leiern sie so monoton und abgehackt ihren Text herunter, dass man sich Sorgen um ihre geistige Gesundheit macht. Zum Fürchten!

B ____Musik-Terroristen____ sind überzeugt, dass sie Anrufer mit einem längerem Musikstück erfreuen müssen, bevor eine Nachricht aufs Band gesprochen werden darf. Sie fragen sich leider nie, wer so etwas überhaupt hören will. Hinzu kommt, dass man ohnehin von der tollen Musik meist nur dumpfes Dröhnen und Zischeln hört. Das ist eine Quälerei! Das frisst Zeit und Gebühreneinheiten. Das macht wahnsinnig.

C ____Ungeschickten____ löschen ständig aus Versehen ihre eigene Ansage. Nach dem Klingeln hört man dann zuerst das vertraute Knacken des Anrufbeantworters, dann lange gar nichts und schließlich unvermittelt ein grelles lautes „Biiiiep". Ist jetzt das Band zu Ende? Sollen wir sprechen? Ist die Maschine kaputt? Fluchend legen wir auf und müssen uns am nächsten Tag fragen lassen, ob wir das etwa waren, die da nur unhöflich aufs Band geschimpft haben, anstatt gelassen unser Problem vorzutragen.

D ____Weltbürger____ glauben uns damit beeindrucken zu müssen, ihre Ansage auch in betont coolem, slang-durchsetztem Englisch auf Band zu sprechen. Wir sollen staunend zur Kenntnis nehmen, wie weltgewandt und international gefragt die Angerufenen sind. Dabei wissen meist beide Seiten, dass die einzigen Anrufer aus dem Ausland die Schwiegereltern auf Mallorca sind.

E ____Stimmungskanonen____ wollen uns zum Lachen bringen und machen deshalb Witze. Manchmal tun sie, als ob sie da sind, und unterbrechen einen dann mit „Ätsch, ich bin nur der Anrufbeantworter", oder sie schreien, piepsen oder tuten irgendwas anderes „Saukomisches" in die Muschel: Müssen wir da lachen! Selbst originelle Meldungen wie „Sie können nach dieser Nachricht einen Pfeifton hinterlassen" verbrauchen sich mit der Zeit. Witze auf einem Anrufbeantworter müssen Spitze sein und ständig aktualisiert werden, sonst nerven sie.

Hören und sortieren Sie. Welche Ansage passt zu welchem Typ?

Ansage	1	2	3	4	5
Typ					

Schreiben Sie eine Ansage für Ihren Anrufbeantworter.

B

1

Smalltalk & Alltagsgespräche

Worüber und mit wem sprechen Sie (nicht) gern? Warum?

Arbeit ◆ Autos ◆ Computer ◆ Essen ◆ Fernsehen ◆ Fußball ◆ Geld ◆ Kinder ◆ Kino ◆
Krankheiten ◆ Liebe ◆ Mode ◆ Musik ◆ Politik ◆ Urlaub ◆ Wetter ◆ Wohnung/Haus ◆ ...

KURSBUCH
B1-B4

B 2

9-10

Hören Sie zwei Dialoge. Wer unterhält sich mit wem? Markieren Sie.

Dialog   1   2

Foto

A

B

C

D

B

-10

Hören Sie noch einmal und machen Sie Notizen.

Dialog	Themen	Gemeinsamkeiten	Beziehung
1	Party		

Welche Themen finden Sie gut, welche unpassend? Warum?

Lesen Sie die Regeln und Beispiele und lösen Sie die Aufgaben.

Qualifizierende Nebensätze

Es gibt im Deutschen unterschiedliche Möglichkeiten, Aussagen oder Fragen im Hauptsatz weiter auszuführen:

A = Relativsätze
B = „dass"-Sätze
C = „Infinitiv mit zu" - Sätze

Aufgaben

1 Markieren Sie den jeweiligen Satztyp A, B oder C.

Schade, dass das Wetter so schlecht ist. [B]

Nach dem Abitur habe ich eine Zeit lang überlegt, Architektur zu studieren … ☐

Entschuldigen Sie, aber dort drüben steht eine sehr gute Freundin von mir, die ich lange nicht mehr gesehen habe. ☐

Na, die Frau, die da hinten neben dem Chef steht. ☐

Ich finde, dass das ganz toll fürs Arbeitsklima ist. ☐

Man hat Zeit, sich ein bisschen näher kennen zu lernen. ☐

2 Nach welchen Ausdrücken (Verben, Nomen + Verben) stehen „dass" - Sätze bzw. „Infinitiv mit zu" - Sätze. Machen Sie zwei Listen.

„Dass" steht nach	Der „Infinitiv mit zu" steht nach
Ich finde, …	*überlegen*
Schade, …	*Zeit haben*
Haben Sie schon gehört, …	*es ist ganz normal*

Machen Sie „dass"-Sätze oder Relativsätze. Ergänzen Sie „dass" oder ein Relativpronomen.

Die Kunst aus sich herauszugehen

1. Betonen Sie das Positive

Jeder von uns ist – wenn er oder sie die Wahl hat – lieber mit Menschen zusammen, __die__ Spaß haben und sich amüsieren können. Mal ehrlich, welcher Gast ist Ihnen denn lieber? Onkel Herbert, __der__ gleich zur Begrüßung sagt: „Angelika, was hast du mit dem Garten gemacht? Der sieht ja schrecklich aus!" Oder die Schwiegermutter, __die__ sich freut: „Schön habt ihr es hier, Kinder. Richtig gemütlich."

Eine positive Ausstrahlung beginnt deshalb damit, __dass__ Sie sich das Jammern über Nichtigkeiten abgewöhnen. Sagen Sie lieber, wie Sie sich auf das lange Wochenende freuen, wie gut das Geburtstagskind aussieht, wie lecker die Vorspeise geschmeckt hat, __dass__ der Briefträger jetzt vor den Feiertagen viel zu tun hat.

2. Der Glaube versetzt Berge

Niemand kann einem anderen versprechen, __dass__ er wieder gesund wird, eine Prüfung schafft oder die richtige Entscheidung trifft. Aber wir können die eigene Zuversicht auf den Gesprächspartner übertragen.

3. Finden Sie sich gut

Mal ehrlich: Wie sollen die anderen von Ihnen überzeugt sein, wenn Sie sich selbst schlecht machen („Ich habe zwei linke Hände.", „Ich könnte das nie.") und jedes Lob abwehren? Viele Gesprächspartner ärgern sich, wenn man ihre Komplimente zurückweist. Zu Recht: Schließlich sprechen wir ihnen damit Geschmack und Urteilsvermögen ab. Versuchen Sie daher, künftig stärker zu Ihren Leistungen und Erfolgen zu stehen und Lob uneingeschränkt anzunehmen:

– „Wir sind sehr stolz, __dass__ Sabine die Aufnahmeprüfung für die Musikhochschule geschafft hat."
– „Es war gut, __dass__ ich mich entschlossen habe, die Meisterprüfung zu machen."

Sie werden sehen: Sie wirken dadurch souveräner und gelöster. Und ganz und gar nicht arrogant.

Unterstreichen Sie die „Infinitiv mit zu"-Sätze. Was versuchen Sie, wozu haben Sie sich entschlossen? Bilden Sie weitere „Infinitiv mit zu"-Sätze.

B 6

Sie bekommen von einer Freundin aus München folgenden Brief:

München, den 1. 7. 20 . .

Liebe(r) ... ,

wie geht es dir und deiner Familie? Tut mir Leid, dass ich mich so lange nicht mehr gemeldet habe, aber ich hatte so viel Stress bei der Arbeit. Und jetzt muss ich noch eine Geschäftsreise vorbereiten. Darauf freue ich mich aber schon sehr.

Stell dir vor, ich werde bald zwei Wochen ganz in deiner Nähe sein! Wenn alles klappt, vom 23. 7. bis 6. 8. Natürlich werde ich jeden Tag lange arbeiten, mich auf irgendwelchen Empfängen mit Geschäftspartnern unterhalten, aber ich bin sicher, dass noch etwas Zeit bleibt, um mich mit dir zu treffen, wenn du möchtest und auch Zeit hast! Vielleicht kann ich sogar ein paar Tage Urlaub nehmen, wenn unsere Präsentation gut läuft und wenn alle Verträge unterschrieben sind!

Wir haben uns so lange nicht mehr gesehen! Es gibt bestimmt sehr viel zu erzählen. Ich würde mich natürlich auch sehr freuen, wenn du mir deine Stadt ein bisschen zeigen könntest. Ich war ja noch nie bei dir.

Ich hoffe, du hast Zeit für mich.

Liebe Grüße und hoffentlich bis bald
Sandra

Antworten Sie Ihrer Freundin. Schreiben Sie in Ihrem Brief etwas zu allen vier Punkten. Überlegen Sie sich dabei eine passende Reihenfolge der Punkte. Vergessen Sie nicht Datum und Anrede und schreiben Sie auch eine passende Einleitung und einen passenden Schluss.

– wie Sie es finden, dass Sandra diese Geschäftsreise macht

– wie Sie es finden, dass Sandra eventuell ein paar Tage Urlaub in ihrer Stadt machen kann

– ob Sie Zeit haben, Sandra zu treffen und wann

– was Sie ihr zeigen möchten und was Sie sich in Ihrer Stadt anschauen sollte

Werbung

Was passt? Markieren Sie.

1

1 Werbespot (m)   *d*
2 Werbeagentur (f)   *c*
3 Werbekampagne (f)   *f*
4 Werbeslogan/Werbespruch (m)   *e*
5 Werbetexter/-in   *a*
6 Werbewirksamkeit/Werbewirkung (f)   *g*
7 Werbegeschenk (n)   *b*

a) jemand, der für ein Produkt Texte schreibt

b) Dinge, die eine Firma kostenlos zur eigenen Werbung verteilt

c) Firma, die Werbung für die Produkte anderer Firmen macht

d) kurze Szene im Radio oder kurzer Film, wo die Vorteile eines Produktes gezeigt/genannt werden

e) kleiner Text / kurzer Satz, mit dem ein Produkt bekannt gemacht wird

f) Aktion, mit der man ein (neues) Produkt vorstellt

g) wie erfolgreich eine Werbung / eine Werbeaktion ist

C1-C7

Was passt wo? Sortieren Sie.

Auto ◆ Deutsche Bahn ◆ Fernsehsender ◆ Gummibärchen ◆ Internet-Provider ◆
kalorienarme Lebensmittel ◆ Mineralwasser ◆ ~~Seife~~ ◆ Schokolade

A: Seife,

_____

_____

Lesen Sie nun die Werbesprüche. Welcher Spruch wirbt für welches Produkt? Raten Sie.

1 Haribo macht Kinder froh und Erwachsene ebenso. *E*
2 Die schönsten Pausen sind lila. … Die zarteste Versuchung seit es Schokolade gibt. *B*
3 An meine Haut lasse ich nur Wasser und CD. *A*
4 Alle reden vom Wetter. Wir nicht. *H*
5 Ford. Die tun was. *C*

6 Bei ARD und ZDF sitzen Sie in der ersten Reihe. *I*
7 Aus dieser Quelle trinkt die Welt. *D*
8 Ich will so bleiben, wie ich bin. Du darfst. *F*
9 Äh? Bin ich schon drin, oder was? *G*

C 3
Lesen Sie zuerst die Aufgaben und dann den Text.
Markieren Sie richtig [R] oder falsch [F].

			R	F
Text A	a)	Jörg Puphal macht die Slogans immer allein.	☒	F
	b)	Die alten Slogans von Ford waren interessanter als der neue Slogan.	R	F
	c)	Jörg Puphal musste ein Jahr lang kämpfen, bis sein Slogan zum Hauptslogan wurde.	R	F
	d)	Jörg Puphal schreibt alle zehn Jahre einen Slogan.	R	F
Text B	a)	Uwe Ortstein wollte keinen Slogan für Milka-Schokolade.	R	F
	b)	Eine gute Idee wird nicht alt.	R	F
	c)	Seit bald dreißig Jahren wird mit der lila Kuh geworben.	R	F
	d)	Uwe Ortstein hat gerade seine erste eigene Agentur gegründet.	R	F
Text C	a)	Werner Busam hat einen ganz einfachen Film mit Boris Becker gemacht.	R	F
	b)	Sie haben den Film in einem kleinen Büro gedreht.	R	F
	c)	Boris Becker verstand nichts von Computern.	R	F
	d)	Werner Busam arbeitet bei der größten Werbeagentur in Deutschland.	R	F

A

Jörg Puphal, 38, ist Chef von Impiric und textete den Slogan 1993, als seine Agentur noch „Wundermann Cato Johnson" hieß.

Ford steckte in der Krise. Das Unternehmen selbst hatte das Gefühl, schlechter zu sein als alle anderen. Da es meine Lebensphilosophie ist, über das Machen zum Erfolg zu kommen, wollte ich dieses Prinzip auf Ford übertragen. Mein Team und ich entwickelten das Grundkonzept. Es sollte Service- und Preisaktionen geben, um die Autokäufer und die Ford-Mitarbeiter selbst zu motivieren. Um das zu erreichen, brauchten wir einen griffigen Slogan. Beim Formulieren war ich allein, bin ich immer allein, das ist mir lieber. Aber ich musste mich überhaupt nicht quälen. In drei Sekunden stand die Zeile. Ich musste ein Jahr gegen Skeptiker kämpfen, bis dann eine Umfrage gemacht wurde: Neunzig Prozent der Befragten fiel zu Ford spontan ein, dass das doch die sind, „die was tun". Erst dann wurde „Die tun was" zum Hauptslogan und ersetzte die alten Slogans, die furchtbar langweilig waren: „Ford – Die neue Erfahrung" und Ähnliches. Ich muss schon sagen, dass mich diese Zeit sehr selbstbewusst gemacht hat. Keine Frage, solch einen Spruch landet man nur alle zehn Jahre.

Ford. Die tun was

B **Uwe Ortstein, 67, textete mit seinem Team den Slogan 1972 bei Young & Rubicam, Frankfurt/Main. Jetzt genießt er den Ruhestand.**

Der Slogan ist ein ungewolltes Kind. Meine Kollegen und ich hatten alles lila eingefärbt. Auch die Kuh. Unser Konzept war die Verfremdung der ganzen Welt zu einer lila Milka-Welt. So wollten wir für diese Schokolade werben. Doch dann schaute mich der Auftraggeber von Suchard mit Hundeaugen an. Er wollte auch unbedingt einen Slogan dazu. Ich nicht. Die Kampagne war mir schon stark genug. Doch ich tat ihm den Gefallen und überlegte: Schokolade verlockt seit Jahrhunderten die Menschen, und Milka sollte die beste sein. Der Satz „Die zarteste Versuchung, seit es Schokolade gibt" klingt nicht selbstgefällig und macht keine unzulässige vergleichende Werbung. Der Slogan begeisterte, auch Suchard liebte den Slogan, so ist er zusammen mit der Kuh zu einem Stück Popkultur geworden. Ein berühmter Werber, David Ogilvy, hat mal gesagt, eine Idee ist erst dann eine gute Idee, wenn sie dreißig Jahre gelaufen ist. Offensichtlich ist die Idee gut, denn bald ist es soweit, fast dreißig Jahre sind vergangen.

Die zarteste Versuchung, seit es Schokolade gibt

C

AOL.de ▸ AOL NetFind   ▸ Rubriken   ▸ AOL Software   ▸ Übe

Äh? Bin ich schon drin, oder was?

Werner Busam, 41, ist Kreativ-Direktor bei Grey, Hamburg. Der Spot mit diesem Slogan entstand 1999.

Das Presse-Echo auf den Spot mit Boris Becker war einfach geil. So was ist mir in meiner Zeit als Werber noch nicht passiert und wird mir in diesem Leben auch nicht mehr passieren. So viele glückliche Zufälle kommen nie wieder zusammen. Ohne Boris Becker hätte es nie geklappt. Wir hatten einen Spot gemacht, der auf jedes Stilmittel moderner Werbung verzichtet. Einen einfachen, netten kleinen Film. Boris ist es, der die Massen begeistert, und sein Spot wurde deshalb so gut, weil er tatsächlich keine Ahnung von Computern hatte. Deshalb nahm man ihm den Satz ab: „Äh? Bin ich schon drin, oder was?" Wir mussten nur den Slogan bekannt machen und den Film auf allen Kanälen laufen lassen. Das Schönste an diesem Satz ist: Die Leute reden wirklich genau so auf der Straße. Und für viele wurde das Mysterium Internet erstmals begreifbar, ja menschlich gemacht. Wir haben als kleines Büro gleich mit dem ersten Auftrag einen Hit gelandet. Allerdings sind wir ja Tochter einer der größten deutschen Werbeagenturen und arbeiten für AOL. Die können sich Boris Becker leisten. Kann ja nicht jeder.

Welche bekannten Werbeslogans gibt es in Ihren Ländern? Wofür wird geworben?

Lesen Sie die Regeln und Beispiele und lösen Sie die Aufgaben.

Vergleiche

Wenn man Personen oder Dinge miteinander vergleichen will oder Entwicklungen und Veränderungen beschreiben möchte, dann benutzt man:

A = den Komparativ (+ als)   **B** = den Superlativ

Aufgaben

1   Markieren Sie die jeweilige Form (A oder B).

Beim Formulieren war ich allein, bin ich immer allein, das ist mir lieber. [A]
Schokolade verlockt seit Jahrhunderten die Menschen und Milka sollte die beste sein. [ ]
Der Satz „Die zarteste Versuchung, seit es Schokolade gibt" klingt nicht selbstgefällig. [ ]
Das Unternehmen selbst hatte das Gefühl, schlechter zu sein als alle anderen. [ ]
Allerdings sind wir ja Tochter einer der größten deutschen Werbeagenturen und arbeiten für AOL. [ ]

2   Steigern Sie die folgenden Adjektive oder Adverbien: *gut, schön, hoch, schnell, viel, groß, gern, wenig.*
3   Stellen Sie Vergleiche zwischen den Kursteilnehmern an.

Größe ◆ Haare ◆ Augen ◆ Hände ◆ Weg zum Kursort ◆ …

Ergänzen Sie die passende Form (S = Superlativ, K = Komparativ).

1   Die *schönsten* (schön S) Dinge im Leben sind kostenlos (Flötotto).

2   Die _____ (angenehm S) Art, vorwärts zu kommen (ecco).

3   Du sollst _____ (schön K) wohnen.

4   Wer _____ (gern K) _____ (viel K) bezahlt, muss warten (Bertelsmann).

5   Die _____ (gut S) Boutique ist der Kleiderschrank meiner Mutter (Betty Barclay).

6   Für die _____ (kostbar S) Wochen des Jahres, sollten Sie auf Nummer Neckermann gehen.

7   Die _____ (schön S) Pausen sind lila.

8   Erleben Sie die _____ (neu S) Trends in der dritten Dimension: Rundumansichten der _____ (schön S) Modelle. Trendberatung mit den _____ (heiß S) Tipps im Internet: www.otto.de

9   Die neue Kraft in der Haarpflege. Calcium-Vitamin-Complex. Ihr Haar wird täglich _____ (kräftig K) und _____ (glänzend K). Neu: Nivea Hair Care. Kraft in ihrer _____ (schön S) Form.

**Erfinden Sie ein Produkt und geben Sie ihm einen Namen.
Schreiben Sie dann einen Werbeslogan.**

Vergleichen Sie im Kurs: Wer hat den besten, längsten, originellsten, langweiligsten, lustigsten … Slogan geschrieben?

Sie hören fünf Texte. Dazu sollen Sie fünf Aufgaben lösen. Sie hören diese Texte zweimal. Entscheiden Sie beim Hören, ob die Aussagen richtig oder falsch sind. Markieren Sie richtig [R] oder falsch [F].

Lesen Sie zuerst die fünf Aufgaben.

		R	F
1	Es wird den ganzen Tag regnen.	R	F
2	Die Kunden sollen das Geschäft sofort verlassen.	R	F
3	Baldrian Dispert Nacht hilft bei Schlafstörungen.	R	F
4	Die Praxis ist im Moment geschlossen.	R	F
5	Am 5. Mai öffnet ein neues Autogeschäft.	R	F

C 8

Lesen Sie den folgenden Text und entscheiden Sie, welches Wort (a, b oder c) in die Lücken (1–10) passt. Markieren Sie.

Liebe Sandra,

wie geht es _____(1) ? Mir geht es super. Hier in Paris ist es wunderbar. Ich bin jetzt schon _____(2) drei Wochen hier, _____(3) jeder Tag ist wie der erste, alles ist so neu und schön. Meine Arbeit bei der Werbeagentur ist zwar anstrengend, macht aber auch Riesenspaß. Ich bin in einem sehr netten Team. Das _____(4) dir bestimmt auch sehr gut gefallen. Wir arbeiten gerade an einem Slogan für Citroën. Die Werbung ist hier anders _____(5) in Deutschland. Ich weiß nicht genau, _____(6) ich das beschreiben soll, vielleicht frecher, witziger.

Ich werde insgesamt ein halbes Jahr _____(7) . _____(8) du mich nicht mal besuchen kommen? Ich vermisse dich sehr.

Wie geht es unserem Kollegen Peter? Ist er noch im Krankenhaus?

Ich _____(9) ihn gern noch mal gesehen, aber leider hat die Zeit ja nicht gereicht. _____(10) ihm doch liebe Grüße von mir und gute Besserung.

Ich mach' mal Schluss für heute. Ich schreib' dir bald mehr.

Liebe Grüße

deine Maria

1	X	a) dir		b) dich		c) dein
2		a) von		b) seit		c) bis
3		a) deshalb		b) weil		c) aber
4		a) wurde		b) würde		c) wäre
5		a) als		b) wie		c) von
6		a) warum		b) wann		c) wie
7		a) geblieben		b) bleiben		c) bleibe
8		a) Musst		b) Brauchst		c) Willst
9		a) wäre		b) hätte		c) würde
10		a) Sagen		b) Sag		c) Sagt

Kurz & bündig

Wortschatzarbeit

Was passt zu „Werbung", zu „Smalltalk" und zu „Trend"?
Finden Sie ein Wort zu jedem Buchstaben.

W *orte*		S
E		M
R		A
B		L
U		L
N		T
G		A
		L
		K

T	
R	
E	
N	
D	

Was ist Kommunikation? Was sind Kommunikationsmittel?

_____

_____

Wie kommunizieren Sie am liebsten mit Ihren Freunden?

_____

_____

Ergänzen Sie.

Haben Sie schon gehört, … _____

Schade, … _____

Es ist gut, … _____

Welche aktuelle Werbung finden Sie am besten / am schlechtesten? Warum?

_____

_____

_____

Interessante Ausdrücke

_____

_____

_____

_____

Die kleinen Freuden des Lebens

Der Mensch ist, was er isst

Was ist typisch deutsches Essen? Berichten oder schreiben Sie.

Essen und Trinken hält Leib und Seele zusammen.

**Kennen Sie typische Gerichte aus anderen Ländern?
Berichten oder schreiben Sie.**

ohne	ein Gericht **ohne** Fleisch
mit	eine Suppe **mit** Gemüse und Fleisch
aus	eine Creme **aus** Schokolade

Paella ist typisch für Spanien; das ist ein Gericht mit Reis, Fisch und Gemüse.
Mousse au chocolat ist typisch für Frankreich; das ist eine Creme aus Schokolade und Sahne.
...

Lesen Sie den Artikel und unterstreichen Sie die genannten Speisen und Getränke.

Und ewig lockt der Blutpudding

Deutsche, die im Ausland leben, sehnen sich ja angeblich immer nach Schwarzbrot und Leberwurst. Welches Essen aber vermissen Ausländer, die in Deutschland leben?

Wir Norweger können ohne unseren Gjetost nicht leben. Das ist ein wunderbarer Käse aus Kuh- und Ziegenmilch, der braun ist und süß schmeckt. Wir schneiden ihn in ganz dünne Scheiben und essen ihn auf Brot oder einfach pur. Alle meine deutschen Freunde finden das schrecklich, weil sie behaupten, dass Gjetost wie hart gewordene Kondensmilch schmeckt. Für mich schmeckt Gjetost nach norwegischem Sommer. Auch die Nordschweden essen Gjetost. Trotzdem verspotten uns unsere Nachbarn, die Südschweden: „Iiiih, die Norweger essen braunen Käse." Alle Schweden essen Blutpudding. Das finden wir Norweger ganz eklig.

Hanne Berdal aus Norwegen, Krankenschwester, seit einem Jahr in Deutschland

Leider habe ich keinen Blutpudding mehr. Man muss ihn im Kühlschrank aufbewahren. Deshalb kann ich keine großen Vorräte anlegen. Er ist aus Blut und Mehl und Zucker. Wir Schweden schneiden ihn in Scheiben, braten ihn und essen ihn dann mit Preiselbeeren. Das ist unser Nationalgericht. Große Mengen an Hagebutten- und Blaubeersuppe in Pulverform bringe ich auch immer aus Schweden mit. Man isst die Suppe warm mit Milch oder Cornflakes. Ich liebe es, bei Ikea ins Restaurant zu gehen, da gibt es nämlich all die schwedischen Gerichte zu essen. Schade, dass es selbst dort trotz der großen Auswahl unser Brot nicht gibt, gesüßtes Weißbrot.

Renée Listerdal aus Schweden, Kostümbildnerin, seit zehn Jahren in Deutschland

Da ich von meinen Kollegen, die auch schon in Deutschland waren, wusste, dass der grüne Tee hier nicht schmeckt, habe ich mir ganz viel grünen Tee mitgebracht. Obwohl es hier „echt chinesischen grünen Tee" gibt, kaufe ich ihn nicht. Ich finde nämlich die Qualität bei weitem nicht so gut und das Aroma ganz anders. Außerdem gibt es so viele Sorten und Geschmacksrichtungen, dass ich schon aus Unsicherheit keinen kaufe. Ich kann mir nicht vorstellen, dass es sich dabei wirklich um grünen Tee handelt. Ohne meinen grünen Tee schmeckt mir gar nichts, denn Essen ohne grünen Tee ist wie ein Messer ohne Gabel. Wenn ich ihn trinke, fühle ich mich mit zu Hause verbunden.

Chen Yun aus China, Mitarbeiter eines Kinder- und Jugendbuchverlages, seit drei Monaten in Deutschland

Das wichtigste Grundnahrungsmittel für jeden Engländer ist von Kindheit an Marmite. Ein köstlicher Brotaufstrich, der in Farbe und Geschmack eher an Maggi erinnert. Obwohl Marmite eigentlich ein Markenname ist, gibt es für die Substanz keinen anderen geläufigen Begriff mehr. Andere Hersteller, die sich daran versuchen, werden von einem eingefleischten Marmite-Fan nur müde belächelt. Zugegeben, das Aroma aus Hefe und anderen pflanzlichen Stoffen ist so penetrant, dass allen Nichtengländern sofort übel wird. Trotzdem schmeckt es mir! Außerhalb von England bekommt man es nirgends. So bringe ich mir also, selbst wenn ich nur kurz in Deutschland bin, vorsichtshalber immer ein kleines Glas mit. Ohne Marmite schmeckt mir kein Frühstück, das ist einfach eine Gewohnheit.

Vincent Johnson aus England, Marketing-Manager, pendelt seit Jahren zwischen England und Deutschland

Natürlich haben mir meine Eltern kürzlich Biltong mitgebracht. Frage einen Südafrikaner, wonach er Sehnsucht hat, und er wird Biltong sagen. Das ist getrocknetes, gesalzenes Fleisch vom Rind oder, wenn es edler ist, vom Hirsch. Wir knabbern es zwischendurch. Meine Groß- und Urgroßeltern haben es noch selbst getrocknet und gesalzen und auf die Jagd mitgenommen, weil es sich lange hält. Rooiboschtee hatten meine Eltern auch im Gepäck und Butternut. Obwohl man Rooiboschtee inzwischen auch hier kaufen kann, mag ich den südafrikanischen Tee lieber. Hier ist er immer irgendwie anders, mit Vanille oder in einer Mischung für Kinder. Ich liebe ihn aber ohne irgendwelche Zusätze, so wie zu Hause eben. Butternut, in der Konsistenz ein bisschen wie Kürbis, schmeckt nach Sonne und Kindheit. Hier bezahlt man ein Vermögen dafür, wenn man es überhaupt bekommt.

Vicki Sussens-Messerer aus Südafrika, Journalistin, seit sechs Jahren in Deutschland

Ugali. Ich sage immer allen Freunden: Bringt Ugali mit. Das ist so eine Art Maismehl. Aber nicht so wie Polenta. Polenta schmeckt einfach nicht, da werden die Gerichte nichts. In Kenia essen wir Ugali zu allem, so wie hier Kartoffeln oder Reis. Ugali ist billig, schmeckt und macht satt. Das ist wichtig wegen der vielen Kinder, die man in Kenia hat. Ich glaube einfach, das Essen, das einen in der Kindheit geprägt hat, lässt einen nie mehr los, da geht es gar nicht mehr um objektive Geschmackskriterien.

Damian Mapho aus Kenia, Musiker, seit acht Jahren in Deutschland

Lesen Sie den Text noch einmal und ergänzen Sie.

Wie heißt das Gericht/ Getränk? Woher kommt es?	Woraus besteht es und wie schmeckt es?	Wie und wozu wird es gegessen/getrunken?	Was ist für die Person das Besondere daran?
Gjetost aus Norwegen	Käse aus		

3

Lesen Sie die Regeln und Beispiele und lösen Sie die Aufgaben.

Gründe und Gegengründe

Es gibt verschiedene Möglichkeiten Gründe und Gegengründe auszudrücken:

Alle meine deutschen Freunde finden das schrecklich, **weil** sie behaupten, dass Gjetost wie hart gewordene Kondensmilch schmeckt.

Ich liebe es, bei Ikea ins Restaurant zu gehen, da gibt es **nämlich** all die schwedischen Gerichte zu essen.

Da ich von meinen Kollegen wusste, dass der grüne Tee hier nicht schmeckt, habe ich mir ganz viel grünen Tee mitgebracht.

Außerdem gibt es so viele Sorten und Geschmacksrichtungen, dass ich schon **aus** Unsicherheit keinen kaufe.

Ohne meinen grünen Tee schmeckt mir gar nichts, **denn** Essen ohne grünen Tee ist wie ein Messer ohne Gabel.

Das ist wichtig **wegen** der vielen Kinder, die man in Kenia hat.

Schade, dass es selbst dort **trotz** der großen Auswahl unser Brot nicht gibt, gesüßtes Weißbrot.

Obwohl es hier „echt chinesischen grünen Tee" gibt, kaufe ich ihn nicht.

Man muss ihn im Kühlschrank aufbewahren. **Deshalb** kann ich keine großen Vorräte anlegen.

Auch die Nordschweden essen Gjetost. **Trotzdem** verspotten uns unsere Nachbarn, die Südschweden: „Iiiih, die Norweger essen braunen Käse."

Aufgaben

1 Wie werden Grund und Gegengrund ausgedrückt? Machen Sie eine Liste.

	Grund	Gegengrund
Konjunktionen	weil	obwohl
Adverbien		
Präpositionen		

2 Ergänzen Sie bei den Konjunktionen und Adverbien, ob sie mit einem Nebensatz oder einem Hauptsatz stehen. Unterstreichen Sie dabei die Verben im Satz.

3 Markieren Sie den Kasus bei den Präpositionen „wegen" und „trotz".

4

Ergänzen Sie.

aus ◆ denn (2 x) ◆ deshalb ◆ nämlich ◆ obwohl (2 x) ◆ wegen ◆ weil (2 x) ◆ trotz ◆ trotzdem

Der Amerikaner Ray Bruman beschäftigt sich viel mit Essen, er ist _____ (1) ein begeisterter Hobbykoch. Er hat eine interessante Theorie darüber entwickelt, warum Menschen bestimmte Gerichte essen. Klar ist: Die Menschen essen viele Gerichte, _weil_ (2) sie gut schmecken. Aber manche Gerichte werden gegessen, _____ (3) sie eigentlich nicht gut schmecken. Wie kann man das erklären? Es gibt in jedem Land Spezialitäten, die _____ (4) ihres schlechten Geschmacks und ihrer unappetitlichen Zutaten gegessen werden. Ray Bruman behauptet: Sie werden gerade _____ (5) ihres schlechten Geschmacks und ihrer unappetitlichen Zutaten gegessen, _____ (6) das gibt den Menschen das Gefühl, zu einer Gruppe zu gehören. Kleine Kinder haben einen natürlichen Geschmackssinn, _____ (7) mögen sie diese Spezialitäten zunächst nicht. _____ (8) lernen sie im Laufe der Jahre, diese Gerichte zu mögen, _____ (9) sie richtig zur Gruppe gehören wollen. Für ausländische Gäste sind diese Spezialitäten ein harter Test, den sie _____ (10) Höflichkeit oder Neugier meistens nicht ablehnen. Ex-Bundeskanzler Helmut Kohl hat zum Beispiel wichtigen Staatsgästen Saumagen* angeboten, _____ (11) sie dieses Gericht wahrscheinlich nicht sehr attraktiv fanden. Ray Bruman hat die Erklärung dafür: Wer meine Spezialität mit mir isst, gehört zu meinen Freunden, _____ (12) er hat etwas Wichtiges mit mir gemeinsam.

* Saumagen ist ein typisches Gericht aus der Pfalz, für das der Magen eines Schweins mit Fleisch gefüllt wird.

Welche Speisen und Getränke mögen Sie am liebsten? Welche mögen Sie überhaupt nicht? Warum? Diskutieren oder schreiben Sie.

> sich erinnern an ... ◆ denken an ... ◆ schmecken wie ... ◆ aussehen wie ... ◆
> das gab es immer bei ... ◆ schlecht werden ◆ sich wohl fühlen ◆ dick machen ◆ (zu)
> fettig/salzig/süß/sauer sein ◆ (zu) teuer/billig sein ◆ gesund/ungesund sein ◆
> sich bewusst ernähren ◆ abnehmen wollen ◆
> gerne italienisch/indisch/griechisch/... essen gehen ◆ an Weihnachten/Ostern/Feiertagen ... ◆
> Durst/Hunger haben ◆ krank/müde sein ◆ als Kind/Jugendlicher/Erwachsener ...

Gemüse mag ich überhaupt nicht, obwohl das ja so gesund ist.
> *Ich will abnehmen und achte deshalb auf die Kalorien. Trotzdem esse ich einmal wöchentlich Pommes mit*
> *Mayonnaise – das muss sein!*
> *...*

Lesen Sie den folgenden Text und entscheiden Sie, welches Wort aus dem Kasten (a–o) in die Lücken 1–10 passt. Sie können jedes Wort im Kasten nur einmal verwenden. Nicht alle Wörter passen in den Text.

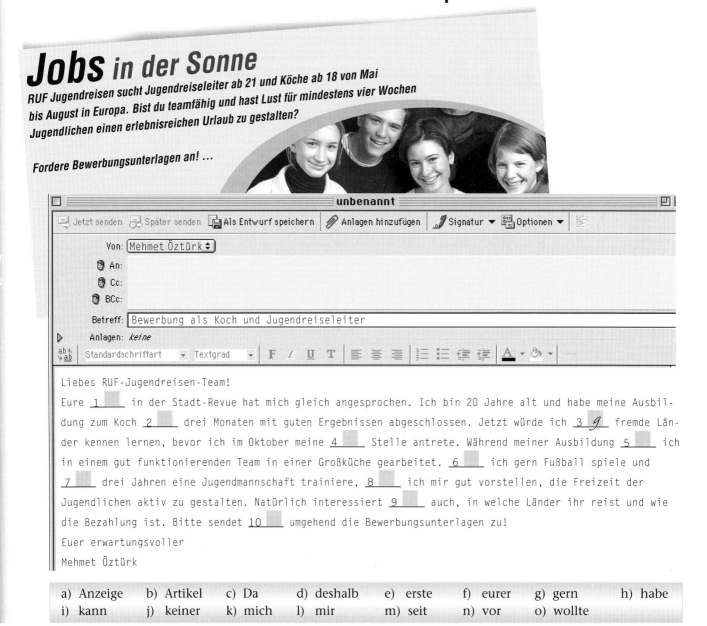

Jobs in der Sonne
RUF Jugendreisen sucht Jugendreiseleiter ab 21 und Köche ab 18 von Mai bis August in Europa. Bist du teamfähig und hast Lust für mindestens vier Wochen Jugendlichen einen erlebnisreichen Urlaub zu gestalten?

Fordere Bewerbungsunterlagen an! ...

---

unbenannt

Jetzt senden | Später senden | Als Entwurf speichern | Anlagen hinzufügen | Signatur ▾ | Optionen ▾

Von: Mehmet Öztürk ⬍
An:
Cc:
BCc:
Betreff: Bewerbung als Koch und Jugendreiseleiter
Anlagen: *keine*

Standardschriftart ▾ | Textgrad ▾ | **F** *I* U T | ...

Liebes RUF-Jugendreisen-Team!

Eure __1__ in der Stadt-Revue hat mich gleich angesprochen. Ich bin 20 Jahre alt und habe meine Ausbildung zum Koch __2__ drei Monaten mit guten Ergebnissen abgeschlossen. Jetzt würde ich __3__ *g* fremde Länder kennen lernen, bevor ich im Oktober meine __4__ Stelle antrete. Während meiner Ausbildung __5__ ich in einem gut funktionierenden Team in einer Großküche gearbeitet. __6__ ich gern Fußball spiele und __7__ drei Jahren eine Jugendmannschaft trainiere, __8__ ich mir gut vorstellen, die Freizeit der Jugendlichen aktiv zu gestalten. Natürlich interessiert __9__ auch, in welche Länder ihr reist und wie die Bezahlung ist. Bitte sendet __10__ umgehend die Bewerbungsunterlagen zu!

Euer erwartungsvoller

Mehmet Öztürk

---

a) Anzeige	b) Artikel	c) Da	d) deshalb	e) erste	f) eurer	g) gern	h) habe
i) kann	j) keiner	k) mich	l) lir	m) seit	n) vor	o) wollte	

B

„Mein Hahn hat einen Gerichtstermin!"

Auch ein blindes Huhn findet mal ein Korn.

Da lachen ja die Hühner!

1

Welches Tier passt wo? Ordnen Sie zu.

Bär *(m)* ◆ Biene *(f)* ◆ Elefant *(m)* ◆ Ente *(f)* ◆ Esel *(m)* ◆ Fisch *(m)* ◆ Frosch *(m)* ◆ Hahn *(m)* ◆
Hase *(m)* ◆ Hund *(m)* ◆ Katze *(f)* ◆ Kuh *(f)* ◆ Löwe *(m)* ◆ Maus *(f)* ◆ Meerschweinchen *(n)* ◆
Mücke *(f)* ◆ Pfau *(m)* ◆ Pferd *(n)* ◆ Schaf *(n)* ◆ Schlange *(f)* ◆ Schwein *(n)* ◆ Vogel *(m)* ◆ Ziege *(f)*

wildes Tier	Nutztier	Haustier
Bär	*Biene*	*Hund*

KURSBUCH
B1-B2

2
12

Welches Tier aus B1 hören Sie? Hören und ergänzen Sie.

1 _____

2 _____

3 _____

4 _____

5 _____

6 _____

Wie „sprechen" diese Tiere? Ordnen Sie zu.

3

1 Hund *C*

2 Huhn

3 Katze

4 Frosch

5 Ente

6 Vogel

7 Hahn

8 Biene

9 Kuh

10 Ziege

a) zwitschern

b) krähen

c) bellen

d) schnattern

e) miauen

f) summen

g) meckern

h) gackern

i) muhen

j) quaken

Welche Antwort ist richtig? Hören und markieren Sie.

B 4

1 Herr Leupold lebt

 a) in der Stadt. b) auf dem Land. c) auf einem Bauernhof.

2 Wer wird verklagt?

 a) der Anwalt b) der Nachbar c) der Hahn

3 Wie sieht der Vergleich der Anwälte aus?

 a) Der Hahn darf nur zu bestimmten Zeiten krähen.

 b) Der Hahn muss verkauft werden.

 c) Der Hahn darf überhaupt nicht mehr krähen.

4 Was ist das Ende?

 a) Herr Leupold ist glücklich, dass sein Hahn wieder krähen darf.

 b) Herr Leupold verkauft sein Haus und zieht wieder in die Stadt.

 c) Herr Leupold verkauft sein Haus, weil seine Tiere getötet und
    geklaut wurden.

Gericht, -e *(n)*	die Behörde, die ent-scheidet, ob jemand gegen das Gesetz ver-stoßen hat
jmd. verklagen	jmd vor Gericht brin-gen
Anwalt, ¨e *(m)*	ein Jurist, der den streitenden Personen vor Gericht hilft
Vergleich, -e *(m)*	Einigung zwischen den Anwälten, so dass das Gericht nicht ent-scheiden muss

Hören Sie noch einmal und machen Sie Notizen.

Was will der Nachbar?	Was sagt Herr Leupold?	Was machen die Leute vom Gericht?	Was passiert dann?

Könnte so eine Geschichte auch in Ihrem Land passieren? Berichten oder schreiben Sie.

B 5 **Lesen Sie die Regeln und Beispiele und lösen Sie die Aufgaben.**

Ziele, Absichten und Folgen

Es gibt verschiedene Möglichkeiten, Ziele, Absichten und Folgen auszudrücken:

*Die Liebe zur Natur steckt **so** tief in einem drin, **dass** ich mir ein Leben ohne Tiere gar nicht vorstellen kann.*

*Einsperren sollte ich den Hahn, **damit** man das Krähen nicht mehr hört.*

*Wir leben hier auf dem Land, **also** gehören Tiere einfach dazu.*

*Ich hab' meinen Hahn mitgenommen, **damit** die sich bei Gericht ein Bild machen konnten. Er hat nicht gekräht.*

*Meine Hündin war auch ruhig. **Deshalb** haben sie die Sache ja dann auch vertagt und einen Termin ausgemacht,*
***um** sich selbst vor Ort alles anzusehen.*

*Da waren wir erst mal mucksmäuschenstill, **um** alles von draußen hören **zu** können.*

*Keiner von uns beiden wollte sich auf irgendwas einlassen, **so dass** es einfach nicht weiterging.*

*Das war **so** schlimm, **dass** ich jedes Mal Angst hatte nach Hause zu gehen.*

Aufgaben

1 Wie wird die Folge ausgedrückt, wie die Ziele und Absichten? Ergänzen Sie die Tabelle.

	Konjunktionen	Adverbien
Ziele und Absichten	*damit*	
Folge		

2 Unterstreichen Sie das konjugierte Verb im Neben- und im Hauptsatz.

3 Ergänzen Sie, welche Konjunktionen und Adverbien mit einem Nebensatz, welche mit einem Hauptsatz stehen.

6 Lesen Sie den Text und markieren Sie, welches Wort (a, b oder c) in die Lücken 1–9 passt.

42 Prozent der Bundesbürger stört die laute Musik des Nachbarn. Das ist das Ergebnis des BAT-Freizeitinstituts in Hamburg. Das Institut hat eine Untersuchung gemacht, _____ benennen___ (1) können, was die Leute genau stört. Das geht von der voll aufgedrehten Stereoanlage und dem dröhnenden Fernseher über die Heimwerkermaschinen und den Klavierlärm bis hin zum Hundegebell. Immer öfter finden die Nachbarn allein keine Lösung des Problems. _____ (2) beschäftigen sich immer mehr Gerichte mit diesen Fällen und kommen zu unglaublichen Urteilen. Hunde dürfen beispielsweise laut Gericht maximal 30 Minuten pro Tag bellen, _____ (3) die Nachbarn nicht gestört werden, und zwar nicht länger als zehn Minuten und nur von 8 bis 13 Uhr und von 15 bis 19 Uhr. Ein Mann wurde dazu verurteilt, seine Enten zu verkaufen, _____ (4) sein Nachbar wieder ruhig schlafen konnte. Die Enten lebten im Garten ihres Besitzers im Freien, _____ (5) von fünf Uhr morgens an lautes Geschnatter zu hören war. Im Frankfurter Norden schreit ein Pfau ab drei Uhr morgens. _____ (6) können die geplagten Nachbarn nicht mehr schlafen. Wenn der Pfau weiter schreit, soll sein Besitzer 25 000 Euro Strafe zahlen. Mira und Maja, zwei Allgäuer Kühe, müssen im hinteren Teil ihrer Weide stehen, _____ einen norddeutschen Anwalt nicht ___ (7) stören. Die Glocken, die die beiden Kühe um den Hals tragen, sind ___ laut, _____ (8) ein Gericht sich mit ihnen beschäftigen musste. Manche Geräusche gehören zum Leben und können gar nicht abgestellt werden. _____ (9) kam das Amtsgericht Neuss zu folgendem Urteil: „Es mag zwar sein, dass die Geräusche eines Kleinkindes stören. Wen Kinderlärm allerdings stört, der hat selbst eine falsche Einstellung zu Kindern. Ein Mehrfamilienhaus ist kein Kloster."

		a)		b)		c)
1	✗	a) um … zu		b) so … dass		c) damit
2		a) Deshalb		b) Damit		c) So dass
3		a) um … zu		b) also		c) damit
4		a) damit		b) deshalb		c) um … zu
5		a) deshalb		b) also		c) so dass
6		a) So dass		b) Damit		c) Deshalb
7		a) so … dass		b) um … zu		c) deshalb
8		a) um … zu		b) damit		c) so … dass
9		a) Damit		b) Also		c) So dass

7   **Wählen Sie eine Situation aus und spielen Sie.**

● Ihr Nachbar hat einen Hund, der die ganze Nacht bellt.
● Ihr Nachbar hat sich einen kleinen Teich angelegt mit Fröschen, die um fünf Uhr morgens anfangen zu quaken.
● Die Katze Ihres Nachbarn wühlt in Ihrem Garten immer nach Mäusen.
● Der Hund Ihres Nachbarn benutzt den nahe gelegenen Kinderspielplatz als Toilette.

Sich beschweren

Sich beschweren
Ich möchte mich über … beschweren.
Es stört mich, dass …
Es geht nicht, dass …
Ich muss feststellen, dass …

Verärgerung zeigen.
Also, das geht wirklich zu weit!
Das halte ich nicht länger aus!
Das mache ich nicht mehr mit!

Einen Vorschlag machen
Ich schlage vor, dass ….
Wären Sie damit einverstanden, dass/wenn …
Wie wäre es, wenn …

Widersprechen
Das stimmt so aber nicht!
Da muss ich Ihnen widersprechen. Ich finde, dass …
Sie haben schon Recht, aber …

Zustimmen und sich entschuldigen
Sie haben Recht. Ich werde mich bemühen …
Ja, das ist leider so. Tut mir Leid.

Auf einen Vorschlag reagieren
Ja, das ist ein guter Vorschlag.
Darüber kann man reden.
Das wäre eine Möglichkeit.

Lesen Sie zuerst die zehn Situationen und dann die zwölf Anzeigen. Welche Anzeige passt zu welcher Situation? Sie können jede Anzeige nur einmal verwenden. Es ist auch möglich, dass keine Anzeige passt. In diesem Fall markieren Sie „0".

1 Sie sind 18 geworden und haben ein Auto bekommen. Jetzt wollen Sie so schnell wie möglich den Führerschein machen.

2 Ihre Waschmaschine ist kaputt. Sie müssen sie reparieren lassen. *E*

3 Sie möchten ein Auto kaufen und sich über die Angebote informieren.

4 Bei der Arbeit müssen Sie den ganzen Tag stehen, deshalb tun Ihnen oft die Füße weh. Wo finden Sie Hilfe?

5 Sie hatten einen Unfall, Ihr Auto ist völlig kaputt. Was machen Sie damit?

6 Sie sind Kfz-Mechaniker und suchen eine Stelle.

7 Sie brauchen nur für ein Wochenende ein Auto. Wo können Sie günstig eins mieten?

8 Ihre Lieblingsschuhe sind kaputt. Wer kann sie für Sie reparieren?

9 Sie wollen eine Waschmaschine kaufen, aber eine neue Maschine ist Ihnen zu teuer.

10 Sie sind 2,04 Meter groß und haben Schuhgröße 48. Wo finden Sie die passenden Schuhe?

Der schönste Tag im Leben

Drum **prüfe**, wer sich ewig **bindet**,
ob sich das **Herz** zum **Herzen** findet!
SCHILLER, DIE GLOCKE

Drum **prüfe**, wer sich ewig **bindet**,
ob sich nicht doch was **Bess'res** findet!
VOLKSMUND

Was passt zusammen? Markieren Sie.

1	silberne Hochzeit *(f)*	*d*	a) … regelt, welche Namen die Brautleute wählen dürfen
2	Polterabend *(m)*		b) … ist die offizielle Verbindung von Mann und Frau
3	goldene Hochzeit *(f)*		c) … ist der Abend vor der Hochzeit, an dem Geschirr zerschlagen wird
4	Flitterwochen *(Pl)*		d) … ist der 25. Jahrestag einer Hochzeit
5	Standesamt *(n)*		e) … ist die staatliche Behörde, vor der man die Ehe schließt
6	Hochzeit *(f)*		f) … ist der 50. Jahrestag einer Hochzeit
7	Namensrecht *(n)*		g) … ist jemand, der bei der Hochzeit dabei sein und die Heirat bestätigen muss
8	Heirat *(f)*		h) … sind die ersten Wochen nach der Heirat
9	Trauzeuge *(m)*		i) … ist der Tag, an dem zwei Menschen heiraten und feiern

Wie sagt man dazu in Ihrem Land? Beschreiben oder erklären Sie.

Aus welcher Zeit stammen diese Fotos? Vermuten Sie.

A   B   C

Welches Foto passt? In welchem Jahr haben sie geheiratet? Hören und markieren Sie.

	Foto	Jahr		Foto	Jahr		Foto	Jahr
Margot			Beate			Maria		

Hören Sie noch einmal und machen Sie Notizen.

	Wie haben sie sich kennen gelernt?	Wie haben sie geheiratet: mit Polterabend, Kirche und Standesamt?	Wie haben sie die Hochzeit gefeiert?	Wer hat bereits silberne bzw. goldene Hochzeit gefeiert?
Maria *Margot* *Beate*				

C 4   **Wie sieht eine Hochzeitsfeier in Ihrem Land aus? Berichten oder schreiben Sie.**

Vorbereitungen ◆ Kleidung ◆ Gäste ◆ Hochzeit selbst ◆ Essen und Trinken ◆ ...

C 5   **Lesen Sie die Regeln und Beispiele und lösen Sie die Aufgaben.**

Bedingung

Eine Bedingung drückt man mit einem „wenn"-Satz aus. Je nachdem, ob es sich um eine reale Bedingung (= **A**) oder eine irreale Bedingung der Gegenwart (= **B**) bzw. der Vergangenheit (= **C**) handelt, verändert sich die Tempusform.

Aufgaben

1   Markieren Sie den jeweiligen Satztyp mit A, B oder C.

Eigentlich ist das ein schöner Brauch, wenn man nicht selbst davon betroffen ist. ☐A

Heute würde ich nicht mehr zu Hause feiern, wenn ich die Wahl hätte. ☐

Wenn ich nicht zufällig in dem Sommer in die Tanzschule gegangen wäre, wäre mein Leben wohl anders verlaufen. ☐

Wenn du mich heiratest, können wir zusammen ein Zuhause aufbauen. ☐

Wären die Zeiten anders gewesen, hätten wir sicher auch nicht so jung geheiratet. ☐

Wenn man solch ein intensives Hobby hat und so viel Zeit miteinander verbringt, dann kommt man einander schon näher. ☐

Ich würde ihn heute wieder heiraten, würde er mir einen Heiratsantrag machen. ☐

Wenn wir dann noch zusammen sind, holen wir vielleicht unsere Hochzeitsfeier nach und feiern ganz groß! ☐

2   Schreiben Sie die irrealen Bedingungssätze mit „wenn" um, indem Sie das „wenn" weglassen.

Hätte ich die Wahl, würde ich heute ...

C 6   **Was sind die Bedingungen für eine glückliche Ehe? Berichten oder schreiben Sie.**

gleich alt sein ◆ Mann/Frau älter ◆ Geld haben ◆ sich lieben ◆ sich schon lange kennen ◆ alles voneinander wissen ◆ eine Privatsphäre haben ◆ einen gemeinsamen/unterschiedlichen Freundeskreis haben ◆ ähnliche/unterschiedliche Interessen haben ◆ (keine) Kinder haben ◆ jeder den anderen respektieren ◆ die Schwächen des anderen akzeptieren ◆ gemeinsam in einer Wohnung leben ◆ keine Sorgen haben ◆ sich bei Problemen helfen ◆ verständnisvoll/rücksichtsvoll/ehrgeizig ... sein ◆ zuhören können ◆ sich mit den Schwiegereltern verstehen

Eine Ehe wird glücklich, wenn das Paar gleich alt ist.

Nein, ich glaube, sie wird eher glücklich, wenn der Mann älter ist.

...

C 7   **Wie hätte Ihre Hochzeit vor 100 Jahren ausgesehen?**
Berichten oder schreiben Sie.

Wenn ich vor 100 Jahren geheiratet hätte, hätten meine Eltern meinen Partner für mich ausgesucht.

Ich wäre schon seit zehn Jahren verheiratet, wenn ich vor 100 Jahren gelebt hätte.

Was würden Sie tun, wenn Sie schon / noch nicht verheiratet wären? Berichten Sie.

8 Sie hören nun fünf kurze Texte zum Thema „Heiraten". Dazu sollen Sie fünf Aufgaben lösen. Sie hören diese Texte nur einmal. Entscheiden Sie beim Hören, ob die Aussagen richtig oder falsch sind. Markieren Sie richtig [R] oder falsch [F].

15-19

1 Die Sprecherin möchte gern fünfmal heiraten. R F

2 Der Sprecher hatte eine große Hochzeitsfeier. R F

3 Die Sprecherin ist seit 15 Jahren verheiratet. R F

4 Die Sprecherin hatte bei der Heirat Probleme mit den Behörden. R F

5 Der Sprecher fühlt sich ungerecht behandelt, weil er nicht heiraten darf. R F

9 Sie wollen heiraten und Ihre langjährige deutsche Brieffreundin zu Ihrer Hochzeit einladen. Sie haben ihr deshalb geschrieben. Sie hat Ihnen gleich geantwortet.

Hamburg, den 1. April 20..

Liebe ...,

vielen Dank für deine Einladung. Es freut mich, dass du den „Mann fürs Leben" gefunden hast. Ich bin schon ganz neugierig, ihn kennen zu lernen. Gerne komme ich zu eurer Hochzeit. Wie wird denn solch eine Hochzeit bei euch gefeiert? Bei uns wird in der Regel einen Tag lang gefeiert – mit allen Verwandten und Freunden. Erst geht man aufs Standesamt, danach wird in der Kirche gefeiert. Getanzt wird bis in den frühen Morgen. Manche Freunde führen Sketsche auf, organisieren Spiele oder zeigen alte Fotos von Braut und Bräutigam. Ich bin schon ganz gespannt darauf, wie das bei euch sein wird.
Ich möchte euch ein schönes Geschenk machen, das ihr brauchen könnt. Was wünscht ihr euch denn?
Ich weiß auch gar nicht, wie ich am besten zu dir komme – mit dem Auto oder mit der Bahn? Oder gibt es einen Flughafen in der Nähe? Bitte antworte mir möglichst bald, damit ich meine Reise planen kann.

Viele Grüße
deine Sonja

Antworten Sie Ihrer Bekannten. Schreiben Sie in Ihrem Brief etwas zu allen vier genannten Punkten. Überlegen Sie sich dabei eine passende Reihenfolge der Punkte. Vergessen Sie nicht Datum und Anrede und schreiben Sie auch eine passende Einleitung und einen passenden Schluss.

– wie Ihre Freundin am besten zu Ihnen kommt

– was Sie sich zu Ihrer Hochzeit von ihr wünschen

– wie eine Hochzeit in Ihrem Land gefeiert wird

– was Ihre Freundin am besten dazu anzieht

Kurz & bündig

Wortschatzarbeit

Was passt zu „Feiertage", „Speisen", „Getränke" und „Hochzeit"?
Finden Sie zu jedem Buchstaben ein Wort.

_____ F _____	_____ S _____	_____ G _____	_____ H _____
_____ e _____	_____ p _____	_____ e _____	_____ o _____
_____ i _____	_____ e _____	_____ t _____	_____ c _____
_____ e _____	_____ i _____	_____ r _____	_____ h _____
Oste r _n_ _____	_____ s _____	_____ a _____	_____ z _____
_____ t _____	_____ e _____	_____ e _____	_____ e _____
_____ a _____	_____ n _____	_____ n _____	_____ i _____
_____ g _____		_____ k _____	_____ t _____
_____ e _____		_____ e _____	

Warum essen Sie so, wie Sie essen?

Morgens esse ich …, weil

Mittags habe ich nicht viel Zeit. Deshalb … Trotzdem

Ergänzen Sie.

Wozu hat man Nachbarn?

Man hat Nachbarn, um

Wir haben viele Nachbarn, so dass

Wann fühlen Sie sich wohl/unwohl?

Ich fühle mich wohl/unwohl, wenn

Wenn Sie eine Zeitreise machen könnten: In welche Zeit würden Sie reisen?
Was würden Sie tun?

Ich würde

Sie möchten sich über etwas beschweren. Was sagen Sie?

Nützliche Ausdrücke

Bewegte Zeiten

A

Du liebe Zeit!

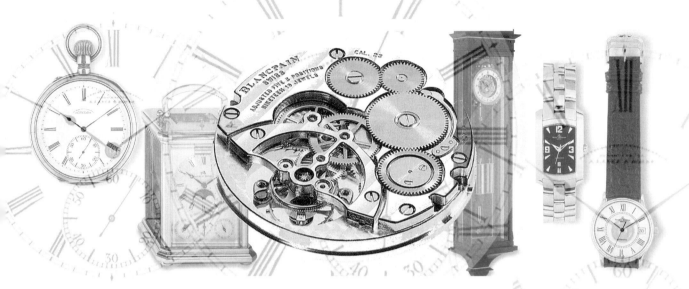

1 **Lesen Sie die Erklärungen und ergänzen Sie die Komposita mit „Zeit".**

1 ein relativ langer Abschnitt in der Geschichte
2 morgens, mittags, nachmittags oder abends
3 der Moment, in dem etwas passiert
4 so lange, wie man eine Schule besucht
5 wenn viele Menschen in Urlaub fahren
6 von wann bis wann ein Geschäft geöffnet ist

7 wenn man in kurzer Zeit sehr viel tun muss
8 die Anzahl der Stunden, die man pro
  Tag/Woche/Monat arbeiten muss
9 wenn sehr viele Autos auf den Straßen sind
10 Frühling, Sommer, Herbst oder Winter

DRUCK ◆ ~~ALTER~~ ◆ JAHR ◆ ARBEIT ◆ PUNKT ◆ GESCHÄFT ◆ HAUPTVERKEHR ◆
TAG ◆ REISE ◆ SCHULE

1 *das* ZEIT *ALTER*	6	ZEIT
2 _____ ZEIT _____	7	ZEIT
3 _____ ZEIT _____	8	ZEIT
4 _____ ZEIT _____	9	ZEIT
5 _____ ZEIT _____	10	ZEIT

Komposita: Manchmal werden zwischen den Nomen noch
Buchstaben ergänzt oder weggelassen, z. B.: Hauptverkehrszeit und Schulzeit. Vergleichen Sie mit dem Wörterbuch.

Bei Komposita bestimmt das zweite Wort
den Artikel.

2 **Was passt nicht? Streichen Sie.**

1 unter Zeitdruck   nehmen ◆ stehen ◆ arbeiten ◆ sein
2 Zeit   verlieren ◆ beeilen ◆ sparen ◆ gewinnen
3 die Zeit   messen ◆ genießen ◆ ausgeben ◆ vergessen
4 sich Zeit   nehmen (für AKK) ◆ lassen (bei/mit DAT) ◆ sparen ◆ geben (für AKK)
5 jdm (die) Zeit   stehlen ◆ lassen ◆ geben ◆ gewinnen

KURSBUCH A1-A4

Was glauben Sie: Was für ein Verhältnis haben Deutsche zur Zeit?
Machen Sie Notizen, z. B. zu folgenden Punkten.

Arbeitszeit ◆ Freizeit ◆ Verabredungen ◆ Einladungen

Hören Sie nun den Bericht von Rong Liu, machen Sie Notizen und vergleichen Sie.

Rong Liu ist 17 und
kommt aus Shanghai.
Sie lebt für ein Jahr als
Austauschschülerin in
München.

China	Deutschland
keine Freizeit	

A 4   **Lesen Sie die Regeln und Beispiele und lösen Sie die Aufgaben.**

Die Art und Weise

Es gibt verschiedene Möglichkeiten, die Art und Weise, wie man etwas macht, auszudrücken:
→ mit Modalverben
→ mit modalen Adverbien oder adverbialen Ausdrücken
→ mit Modalpartikeln

Aufgaben

1 Unterstreichen Sie die Modalverben und modalen Adverbien / adverbialen Ausdrücke (→ Tipp: Fragen
   Sie z.B. „Wie passiert das?“):
Aber in Wirklichkeit leben sie sehr langsam, überlegen genau, was sie gerade tun möchten oder müssen.
Die deutsche Zeit rennt nicht, sie bewegt sich in langsamen Kurven.
Die Deutschen können sich die Zeit einfach nehmen.
Wenn ich z. B. eine Freundin treffen will, kann ich nicht einfach vorbeikommen.
Ich muss vorher anrufen und mich ordentlich mit ihr verabreden.
In China essen die Leute mit hoher Geschwindigkeit.
Deutsche versuchen, gemeinsam zu essen und dabei in Ruhe miteinander zu reden.

2 Welche Modalverben haben im Präsens einen Vokalwechsel?
3 Was passt wo? Markieren Sie.

	können	dürfen	nicht dürfen	müssen	sollen	wollen	möchten
Verbot			✗				
Wunsch							
Möglichkeit							
Erlaubnis							
Notwendigkeit							

4 Unterstreichen Sie die Modalpartikeln, die sich auf ein anderes Adverb oder Adjektiv beziehen.
Die Chinesen leben wahnsinnig schnell.
Aber in Wirklichkeit leben sie sehr langsam.
Die kommen dann ganz spontan vorbei.
Das finde ich sehr schön.
Die Deutschen sind immer so kompliziert.

Modalverben im Perfekt
Im Perfekt steht das Modalverb im Infinitiv am Satzende.
Es gibt dann zwei Infinitive hintereinander. Die konjugierte
Form von „haben" steht an Position 2.
Daran **habe** *ich mich lange nicht* **gewöhnen können.**

A 5

Lesen Sie den Text und markieren Sie, welches der modalen Adverbien oder Modalpartikeln (a, b oder c) in die Lücken 1–12 passt.

Monika H. aus Deutschland erzählt:

„Ich war letztes Jahr drei Monate in Westafrika und habe dort ein Praktikum gemacht. Also, da kommt man mit unserem Verständnis von Zeit überhaupt nicht weiter. Am Anfang hatte ich _____ (1) große Schwierigkeiten. Zum Beispiel fand ich es _____ (2) ungewöhnlich, dass es da keine Busfahrpläne gibt. Man stellt sich _____ (3) an die Straße und wartet, bis ein Bus kommt. Zum Glück muss man nie _____ (4) lange warten. Mit dem Essen läuft es auch _____ (5) anders ab als bei uns. Die Familie, bei der ich gewohnt habe, hat nicht in Ruhe und _____ (6) an einem Tisch im Haus gegessen, sondern meistens draußen im Hof, jeder für sich _____ (7) allein mit dem Teller auf den Knien. Na ja, und dann die Pünktlichkeit ... Ich weiß, das ist etwas _____ (8) Deutsches. Eigentlich hat es in Afrika _____ (9) keinen Sinn, genaue Termine zu machen. Ich hatte das Gefühl, die Leute kommen sowieso, wann sie wollen. Aber später habe ich auch gelernt, das Leben insgesamt lockerer zu sehen. Hier in Deutschland machen sich die Menschen oft viel zu viel Stress mit Terminen. Sie müssen immer alles _____ (10) planen und können nichts mehr _____ (11) machen. Aber die Deutschen, die schon lange in Westafrika leben, sehen das heute auch _____ (12). Sie haben sich dem Leben dort angepasst."

1	a) mindestens	X b) ziemlich	c) genau
2	a) sehr	b) bestimmt	c) kaum
3	a) kaum	b) einfach	c) ganz
4	a) fast	b) ziemlich	c) besonders
5	a) sehr	b) fast	c) ganz
6	a) leider	b) gemeinsam	c) anders
7	a) kaum	b) so	c) ganz
8	a) bestimmt	b) typisch	c) genau
9	a) ganz	b) fast	c) sehr
10	a) genau	b) ziemlich	c) sehr
11	a) schnell	b) spontan	c) ordentlich
12	a) anders	b) besonders	c) kaum

Hören Sie den Text und vergleichen Sie mit Ihren Lösungen.

21

A 6   **Sie haben im letzten Urlaub einen Schweizer kennen gelernt, den Sie sehr nett fanden. Nach dem Urlaub hat er Ihnen einen Brief geschrieben.**

Zürich, den 20. 09. 20 . .

Liebe(r) . . .,

hoffentlich hast du dich wieder gut zu Hause eingelebt. Stell dir vor, meine Firma schickt mich nächsten Monat zu einer Geschäftsreise in deine Stadt. Wie du ja weisst, war ich noch nie in deinem Land. Jetzt haben mir Kollegen erzählt, dass man bei euch anders mit „Zeit" umgeht als hier in der Schweiz. Das ist natürlich interessant – vor allem wenn man dort mit Geschäftspartnern zu tun hat. Aber auch im privaten Bereich ist das sehr wichtig, denke ich. Könntest du mir da vielleicht ein paar Tipps geben? Vielleicht können wir uns dann ja auch mal treffen. Was meinst du?

Herzliche Grüsse

dein Albert

Antworten Sie Ihrem Bekannten. Schreiben Sie in Ihrem Brief etwas zu allen vier Punkten unten. Überlegen Sie sich dabei eine passende Reihenfolge der Punkte. Vergessen Sie nicht Datum und Anrede und schreiben Sie auch eine passende Einleitung und einen passenden Schluss.

– wie pünktlich man bei geschäftlichen und privaten Verabredungen ist

– ob man sich anmelden muss, wenn man jemanden privat oder geschäftlich besuchen will

– wie viel Zeit man sich für die Mahlzeiten nimmt

– wann die Geschäfte geöffnet sind

A 7   **Wann gehen Sie normalerweise ins Bett? Wann stehen Sie auf? Wann können Sie besonders gut arbeiten? Wie sieht Ihr optimaler Tagesablauf aus? Berichten oder schreiben Sie.**

Der optimale Tagesablauf

Lesen Sie den Text und vergleichen Sie Ihre eigenen Erfahrungen mit den Aussagen im Text. Machen Sie Notizen.

Wie müsste denn ein Tagesablauf aussehen, wenn wir uns nach unserer biologischen Uhr richten könnten? Welche Uhrzeit ist am besten für welche Beschäftigung (oder Nicht-Beschäftigung) geeignet? Wann arbeiten welche Organe besonders gut, wann haben sie Pause? Die „Abendzeitung" hat den aus der Sicht von Biologen optimalen Tagesablauf zusammengestellt.

1 Uhr: Erst jetzt sollten Sie ins Bett gehen. Sie fallen dann sehr schnell in einen erholsamen Tiefschlaf.

3 Uhr: Für mindestens die nächsten zwei Stunden ist Ihr Körper auf nichts anderes als Schlaf eingestellt. Diese Zeit ist – selbst bei der längsten „Gewöhnung" – die allerschlechteste für Autofahrer und Menschen, die nachts arbeiten.

7 Uhr: Je nachdem, wie viel Schlaf Sie brauchen, nimmt der Organismus allmählich die Arbeit auf. Das Herz fängt an, kräftiger zu schlagen, das Blut fließt schneller, das Gehirn kommt in Schwung.

8 Uhr: Stehen Sie jetzt auf! Das ist die beste Zeit.

9 Uhr: Um diese Tageszeit funktioniert das Kurzzeitgedächtnis am besten: Schüler und Studenten sollten kurz vor Prüfungen um diese Zeit noch einmal ihre Notizen durchsehen, ebenso Geschäftsleute, wenn sie eine Besprechung haben.

11 Uhr: Die Aufmerksamkeit und Konzentrationsfähigkeit erreichen einen Höhepunkt. Erledigen Sie Arbeiten, bei denen Sie viel denken oder organisieren müssen, am besten jetzt.

12 Uhr: Sie bekommen Hunger und sollten essen.

14 Uhr: Die Mittagsmüdigkeit beginnt. Der Körper fährt seine Funktionen herunter. Jetzt müsste eigentlich jeder einen Mittagsschlaf von 10 bis 30 Minuten Dauer machen. Nicht mehr, das hat die gegenteilige Wirkung. Wer jetzt arbeiten muss, sollte nur einfache Tätigkeiten machen, aber keine langweiligen, weil sonst die Gefahr besteht einzuschlafen.

15 Uhr: Ihr Langzeitgedächtnis funktioniert am besten: Studenten und Schüler sollten jetzt lernen oder Vorlesungen besuchen, Politiker und Manager ihre Reden lernen. Um die Mitte des Nachmittags gehen auch manuelle Tätigkeiten, bei denen man geschickt und schnell sein muss, am leichtesten, z. B. Maschineschreiben, Nähen oder auch das Spielen von Musikinstrumenten. 15 Uhr ist aber auch eindeutig die beste Zeit für einen Zahnarztbesuch, weil Sie jetzt viel weniger schmerzempfindlich sind als normalerweise.

16 Uhr: Menschen, die vorwiegend monotone, gleichförmige Arbeiten machen müssen, haben ihr Leistungshoch. Also: Fotokopieren Sie jetzt, sortieren Sie, spülen Sie Geschirr oder legen Sie Wäsche zusammen.

17 Uhr: Alle Ihre Sinne – Geschmack, Gesicht, Gehör, Gefühl und Geruch – sind am schärfsten. Ein gutes Essen schmeckt um diese Zeit am besten, helles Licht stört am meisten. Es ist aber auch der optimale Moment für sportliche Betätigungen aller Art – egal, ob Tennisspielen, Skilaufen oder Joggen. Ihr Körper ist fit für höchste physische Leistungen und ermüdet – zumindest subjektiv – am wenigsten.

18 Uhr: Bevor sich Ihr Körper in eine mehrstündige Entspannungs- (nicht Schlaf-!)Phase begibt, kommt er noch einmal auf Hochtouren: Der Blutdruck steigt, das Risiko, einen Schlaganfall zu bekommen, steigt. Die Nerven sind angespannt. Jetzt ist die Zeit, wo sich die meisten Ehepaare streiten.

20 Uhr: Steigen Sie bloß nicht auf die Waage. Ihr Gewicht ist abends am höchsten.

22 Uhr: Ihr Körper geht in die letzte Runde. Er möchte zwar noch nicht schlafen (außer wenn Sie zu früh aufstehen mussten und keinen Mittagsschlaf hatten), aber seine Funktionen sind jetzt auf ein Minimum reduziert. Machen Sie sich's auf der Couch gemütlich, schalten Sie die Glotze ein, hören Sie schöne, ruhige Musik oder lesen Sie. Gute Nacht.

Was können Sie bestätigen? Was hat Sie überrascht? Berichten oder schreiben Sie.

Lesen Sie die Regeln und Beispiele und lösen Sie die Aufgaben.

Ratschläge und Aufforderungen

Es gibt verschiedene Möglichkeiten, Ratschläge und Aufforderungen auszudrücken:

→ mit dem Imperativ

→ mit „sollen" im Konjunktiv II

Aufgaben

1   Unterstreichen Sie alle Verbformen mit „sollen" (+ Infinitiv!) und alle Imperative.

Erst jetzt <u>sollten</u> Sie ins Bett <u>gehen.</u>

Fotokopieren Sie jetzt, sortieren Sie, spülen Sie Geschirr oder legen Sie Wäsche zusammen.

Schüler und Studenten sollten kurz vor Prüfungen um diese Zeit noch einmal ihre Notizen durchsehen.

Steigen Sie bloß nicht auf die Waage.

Sie bekommen Hunger und sollten essen.

Studenten und Schüler sollten jetzt lernen oder Vorlesungen besuchen.

Machen Sie sich's auf der Couch gemütlich, schalten Sie die Glotze ein, hören Sie schöne, ruhige Musik oder lesen Sie.

2   Formulieren Sie alle Imperative mit „sollen" und alle Formen mit „sollen" im Imperativ.

3   Formulieren Sie Ratschläge im Imperativ für Studenten in der „ihr"-Form.

    8 Uhr: aufstehen   *Steht auf!* _____

    9 Uhr: vor Prüfungen die Notizen durchsehen   _____

  11 Uhr: schwierige Aufgaben erledigen   _____

  12 Uhr: Mittag essen   _____

  15 Uhr: lernen oder Vorlesungen besuchen   _____

  17 Uhr: Sport machen   _____

Formulieren Sie Ratschläge für eine Freundin / einen Freund, die/der sehr ungesund lebt. Variieren Sie mit „sollen" und Imperativ.

- mindestens acht Stunden schlafen
- nicht so viel Kaffee trinken
- mit dem Rauchen aufhören
- weniger arbeiten
- viel Obst und Gemüse essen
- das Auto verkaufen und mit dem Fahrrad zur Arbeit fahren
- mindestens eine Stunde Sport pro Tag machen
- …

Leben Sie gesund? Wenn nicht, was sollten Sie vielleicht ändern? Berichten oder schreiben Sie.

Ich glaube, ich schlafe nicht genug. Vielleicht sollte ich abends einfach früher ins Bett gehen oder nicht so lange fernsehen.

    …

Mobile Welt

Was passt wo? Markieren Sie.

a) Bahn/Zug ◆ b) Motorrad ◆ c) Auto/Pkw ◆ d) Lastkraftwagen (Lkw) ◆ e) Flugzeug ◆
f) Schiff/Fähre ◆ g) Straßenbahn ◆ h) U-Bahn ◆ i) Fahrrad ◆ j) ~~Bus~~

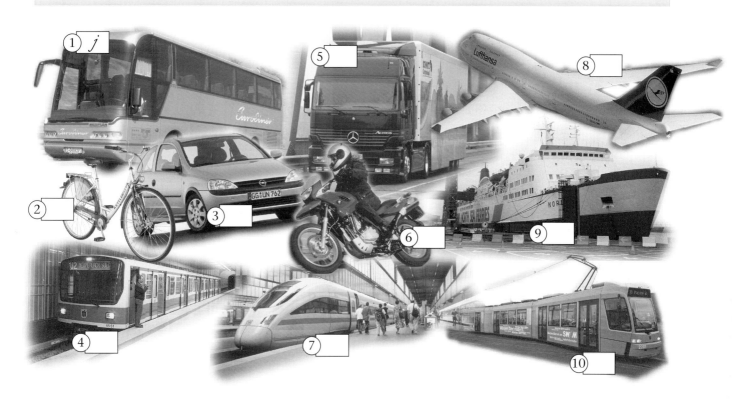

Was passt wo? Sortieren Sie und notieren Sie auch den Artikel und die Pluralform.

Straße	Schienen	Wasser	Luft
das Auto, -s / der Pkw, -s			

Welche Verkehrsmittel benutzen Sie wann, wozu und wie oft?
Kennen Sie weitere Verkehrsmittel? Berichten oder schreiben Sie.

B3-B5

Was glauben Sie: Was ist das Besondere an diesem Fahrrad?

Überfliegen Sie den Anfang des Textes und vergleichen Sie mit Ihrer Vermutung.

Nie mehr im Stau
Wer schnell durch München kommen will, steigt aufs LEIHRAD.
Kreditkarte genügt – das Geschäft boomt

„Viele Fahrraddiebe wollen nicht stehlen, sondern nur schnell vorankommen", glaubt Christian Hogl. „Sie nehmen sich das nächste Rad, das man leicht knacken kann, und lassen es später irgendwo wieder stehen." Der 30-jährige Informatiker hat dafür gesorgt, dass das Fahren auf fremden Rädern in München legal ist. 2000 Mieträder stehen überall zum Mitnehmen in der Stadt herum. Vor allem an Telefonzellen.

Lesen Sie jetzt den ganzen Text genau und bringen Sie dann die Sätze unten in die richtige Reihenfolge.

„Call a bike" heißt das Verleihsystem. Ein Anruf genügt, und schon ist man Kurzbesitzer eines Leihrads, das zwei Cent pro Minute kostet und überall wieder zurückgelassen werden kann. Allerdings muss es dann abgeschlossen sein – und bereit für den nächsten Kunden. Der wählt die kostenlose Hotline, gibt die Nummer des Rads durch, das er ausleihen möchte, und bekommt dafür einen Zahlencode. Den gibt er in einen elektronischen Kleincomputer am Fahrrad ein, und schon ist das Schloss geöffnet.

Mit Hilfe des Codes kann das Leihrad auch unterwegs abgeschlossen werden. Am Ende der Tour genügt ein Druck auf das Stichwort „Rückgabe" im Computer-Display; dann erscheint ein Rechnungscode, den man dem Sprachcomputer von „Call a bike" meldet. Dabei wird automatisch auch der Standort der Telefonzelle registriert, von der der Kunde angerufen hat. Die Computerstimme bedankt sich und meldet die aktuellen Fahrkosten. Die ersten fünf Minuten kosten einen Euro, jede Folgeminute zwei Cent; nach sieben Stunden liegt der Minutenpreis nur noch bei einem Cent. Der Betrag wird von der Kreditkarte abgebucht, deren Nummer jeder Neukunde vor der ersten Fahrt angeben muss. Hogls erste Zwischenbilanz: „An normalen Werktagen werden die Räder 800- bis 1000-mal ausgeliehen. Eine Fahrt dauert durchschnittlich 20 Minuten. Die meisten wollen frühmorgens im Berufsverkehr und nach Feierabend radeln."

Der Jung-Manager hat das System bereits als Student entwickelt. „Viele Großstädter, die täglich mühsam in der Innenstadt einen der teuren Parkplätze suchen, ebenso wie Touristen, die mit dem komplizierten öffentlichen Verkehrssystem Probleme haben, könnten ein Fahrrad-Verleih-Netz gebrauchen", sagte sich der Erfinder und gründete 1998 mit seinem Schulfreund Josef Gundel die „Call a bike" Mobilitätssysteme AG. Dann gingen beide auf Kreditsuche. 3,8 Millionen Euro haben Banken, Finanzmakler und Privatinvestoren inzwischen in die weltweit einmalige Geschäftsidee investiert. Wenn das Pilotprojekt in München Erfolg hat, soll „Call a bike" expandieren. Bald will Hogl in 15 Städten vertreten sein. Nicht nur in Deutschland: „Wir haben schon Anfragen aus Madrid, Brüssel und Wien."

☐ Wenn der Kunde das Rad zurückgeben möchte, drückt er auf die Taste „Rückgabe" im Computer-Display.

☐ Die Firma bucht das Geld von der Kreditkarte ab.

1 Der Kunde ruft die Firma an und gibt die Nummer des Rads durch, das er ausleihen möchte. Beim ersten Mal gibt er die Nummer seiner Kreditkarte an.

☐ Der Kunde bekommt einen Rechnungscode, geht in eine Telefonzelle, ruft die Firma an und meldet dem Sprachcomputer den Code.

☐ Der Kunde bekommt einen Zahlencode und gibt ihn in einen Kleincomputer am Fahrrad ein. Das Fahrradschloss öffnet sich.

Wie finden Sie das System „Call a bike"? Glauben Sie, dass es auch in Ihrem Land eine Chance hätte? Berichten oder schreiben Sie.

B 3

Lesen Sie die Regeln und Beispiele und lösen Sie die Aufgaben.

Handlungen/Prozesse oder Zustände/Resultate beschreiben

Das Passiv kann man entweder mit „werden" oder mit „sein" + Partizip Perfekt bilden.
Die handelnden Personen sind nicht wichtig, nicht bekannt oder nicht vorhanden. Das Passiv beschreibt
entweder eine Handlung / einen Prozess oder einen Zustand / ein Resultat.

Aufgaben

1   Unterstreichen Sie alle Passivformen in den folgenden Sätzen. Markieren Sie: Beschreibt das Verb eine
    Handlung/einen Prozess (= **A**) oder einen Zustand/ein Resultat (= **B**)?

Das Leihrad kann überall wieder zurückgelassen werden. 🄰

Allerdings muss es dann abgeschlossen sein. ☐

Mit Hilfe des Codes kann das Leihrad auch unterwegs abgeschlossen werden. ☐

Dabei wird automatisch auch der Standort der Telefonzelle registriert. ☐

Der Betrag wird von der Kreditkarte abgebucht. ☐

Und schon ist das Schloss geöffnet. ☐

An normalen Werktagen werden die Räder 800- bis 1000-mal ausgeliehen. ☐

2   Ergänzen Sie „werden" oder „sein":
    Zustand/Resultat (A): _____ + Partizip Perfekt
    Handlung/Prozess (B): _____ + Partizip Perfekt

3   Formen Sie die Beispielsätze aus Aufgabe 1 in Nebensätze um. Beginnen Sie z. B. mit *Es ist interessant,
    dass ..., Ich glaube, dass ..., Ich habe gehört, dass ...* usw.

4

Schreiben Sie Sätze im „werden"-Passiv mit Modalverb.

1   *Das Fahrrad kann jederzeit ausgeliehen werden.*
    Das Fahrrad – jederzeit ausleihen – können

2   _____
    Die kostenlose Hotline – von einer Telefonzelle aus anrufen – können

3   _____
    Die Kreditkartennummer – beim ersten Mal angeben – müssen

4   _____
    Die Fahrradnummer – nennen – müssen

5   _____
    Der Zahlencode – eintippen – sollen

6   _____
    Das Fahrrad – unbegrenzt lange benutzen – können

7   _____
    Das Fahrrad – überall zurücklassen – können

8   _____
    Das Fahrrad – abschließen – müssen

9   _____
    „Call a bike" – von einer Telefonzelle aus – anrufen – sollen

10 _____
    Der Rechnungscode – nennen – müssen

11 _____
    Das Projekt – auch in anderen Städten ausprobieren – sollen

B6-B7

Lesen Sie den Text und entscheiden Sie, welches Wort (a, b oder c) in die Lücken 1–10 passt.

Sehr geehrte Frau ... ,

herzlichen Dank, _____ (1) Sie sich für eine BahnCard entschieden _____ (2). Mit diesem _____ (3) Angebot der Deutschen Bahn bezahlen Sie ein Jahr lang nur noch die Hälfte des normalen Fahrpreises bei Bahnfahrten durch Deutschland.

_____ (4) sofort wird es noch einfacher und bequemer, Ihre BahnCard zu erneuern. Sie müssen nur das nebenstehende Formular ergänzen und abschicken, dann erhalten Sie Ihre neue BahnCard für volle 13 Monate. Und das sind Ihre Vorteile:

Die BahnCard – Ihre Vorteilskarte!

TBKNN 110N8 19020 0000

Bitte füllen Sie Ihren Antrag gut lesbar in Blockschrift aus und unterschreiben Sie den Antrag!

[Formular: Persönliche Angaben zur BahnCard / Die Zusatz BahnCard]

- Ohne Zeitverzögerung bekommen Sie _____ (5) neue BahnCard, die direkt im Anschluss an Ihre bisherige BahnCard gültig ist – so haben Sie garantiert jederzeit eine gültige BahnCard zur Hand.
- Sie _____ (6) keinen weiteren Antrag für eine neue BahnCard auszufüllen. Alles geht automatisch und bequem für Sie.
- Die automatische Erneuerung garantiert _____ (7) die Vorteile der _____ (8) BahnCard für volle 13 Monate! Sie können also _____ (9) als ein Jahr günstiger reisen und alle zusätzlichen Serviceleistungen Ihrer BahnCard nutzen.

Bitte schicken Sie das _____ (10) Formular an die nebenstehende Adresse. Und vergessen Sie Ihre Unterschrift nicht! Falls Sie noch Fragen haben, wenden Sie sich an den BahnCardService.
04421/999 888 (Mo.–Fr. 7–21 Uhr)

1		a) da		✗ b) dass		c) ob
2		a) hätten		b) sind		c) haben
3		a) attraktivem		b) attraktiven		c) attraktives
4		a) Ab		b) Von		c) An
5		a) Eure		b) ihre		c) Ihre
6		a) brauchen		b) müssen		c) sollen
7		a) Sie		b) Ihren		c) Ihnen
8		a) neue		b) neuen		c) neuem
9		a) länger		b) so lang		c) am längsten
10		a) ausfüllende		b) ausfüllte		c) ausgefüllte

Sie hören jetzt fünf kurze Texte. Dazu sollen Sie fünf Aufgaben lösen. Sie hören die Texte zweimal. Entscheiden Sie beim Hören, ob die Aussagen 1–5 richtig oder falsch sind. Markieren Sie richtig [R] oder falsch [F].

		R	F
1	Die Theaterkassen öffnen wieder am 29. September.	R	F
2	Wegen einer Verspätung können die Fahrgäste den Zug nach Westerland nicht mehr erreichen.	R	F
3	Die einzige Voraussetzung zum Blutspenden ist Gesundheit.	R	F
4	Mit diesem Zug kann man schneller von Berlin nach München fahren.	R	F
5	Die Praxis ist Mittwochnachmittag geschlossen.	R	F

Visionen

C

1 Lesen Sie zuerst nur die Überschrift. Was meinen Sie: Was steht im Text? Markieren Sie.

Sieben Tage sind zu viel

1 Menschen, die im Büro am PC arbeiten, sollten ihr Wochenende nicht auch noch vor dem Computer verbringen.

2 Geschäfte sollten unbedingt am Sonntag geschlossen bleiben.

3 Man sollte zwei Wochentage abschaffen.

Überfliegen Sie den Anfang des Textes. Vergleichen Sie mit Ihrer Vermutung.

A Es gibt keinen zwingenden Grund dafür, dass die Woche sieben Tage hat. Andere Kulturen kennen unterschiedliche Zeiteinteilungen, von der Vier-Tage-Woche der Bantu und Ibo bis zur Acht-Tage-Woche im alten Rom. Unsere Sieben-Tage-Woche ist wahrscheinlich auf Aberglauben zurückzuführen. Im Nahen Osten bedeutete die Sieben Unglück, am siebten Tag wurde nicht gearbeitet.

B Ich jedenfalls wünsche mir die Fünf-Tage-Woche. Und es gibt einige Gründe, die dafür sprechen. Wir müssten nicht so lange auf den Freitag warten. Natürlich wäre Voraussetzung dafür, dass zwei der uns jetzt vertrauten Wochentage abgeschafft würden. Aber welche? Wahrscheinlich würden die meisten Menschen für den allgemein unbeliebten Montag plädieren. Denn wer hört schon gern am Montagmorgen das Weckerklingeln? Und dann wäre da noch der Mittwoch, der – zumindest im Deutschen – seinen Namen nun nicht mehr zu Recht tragen würde. Also streichen wir den Montag und den Mittwoch.

Lesen Sie jetzt den ganzen Text genau und unterstreichen Sie die Argumente.

C Die Umstellung des Kalenders auf eine Fünf-Tage-Woche wäre leicht zu realisieren. Es gäbe dann 72 Wochen im Jahr, verteilt auf 12 Monate plus fünf freie Tage. Heute arbeiten die meisten Menschen 240 Tage im Jahr. Genauso viele Arbeitstage ergäben sich nach dem neuen Kalender bei einer wöchentlichen Arbeitszeit von dreieinhalb Tagen in 68 Wochen.

D Man könnte auch fünf Tage hintereinander arbeiten und dann ein Fünf-Tage-Wochenende anschließen. Das würde voraussetzen, dass jeder Angestellte einen Kollegen hat, mit dem er sich wochenweise abwechselt. Ich denke, es wird den Menschen zu mehr Freizeit verhelfen, die sie mit Sport, Hobbys, Reisen und kultureller Betätigung ausfüllen könnten; sie könnten zu Hause sein, wenn der Handwerker kommt. In Familien mit Kleinkindern, wo Mutter und Vater berufstätig sind, könnte ein Elternteil immer bei den Kindern sein. Erwerbstätigkeit und Hausarbeit könnten gleichmäßig zwischen Mann und Frau aufgeteilt werden.

E Die alternierende Arbeitswoche und die damit verbundene vermehrte Freizeit würde vielen Industriezweigen und Dienstleistungsunternehmen zugute kommen. Arbeitgeber könnten ihre Maschinen ständig in Betrieb halten, ein Zuwachs um vierzig Prozent. Um Produktionsdefizite als Folge der reduzierten Arbeitszeit zu vermeiden, würden mehr Arbeitskräfte benötigt. Gewiss würden erhebliche Aus- und Fortbildungsmaßnahmen erforderlich sein. Aber das Ergebnis wäre eine gesündere Wirtschaft mit einem höheren Bruttosozialprodukt. Wozu brauchen wir also den Montag und den Mittwoch?

Ordnen Sie die Aussagen 1–5 den Abschnitten A–E zu.

1 Die Abschaffung von zwei Wochentagen wäre sinnvoll.
2 Wenn das Wochenende genauso lang wäre wie die Woche, könnte die Wirtschaft davon profitieren, und es gäbe weniger Arbeitslose.
3 Wenn das Wochenende auch fünf Tage hätte, hätten die Menschen mehr freie Zeit für andere Dinge.
4 Nicht alle Völker teilen eine Woche in sieben Tage ein. *A*
5 Nach einem Kalender mit einer Fünf-Tage-Woche hätten die Menschen genauso viele Arbeitstage wie sonst auch.

Wie finden Sie diese Idee? Berichten oder schreiben Sie.

C 2

Lesen Sie die Regeln und Beispiele und lösen Sie die Aufgaben.

Träume, Wünsche, Vermutungen

Es gibt verschiedene Möglichkeiten, Träume, Wünsche oder Vermutungen auszudrücken: z. B. mit dem Konjunktiv II (= **A**), mit bestimmten Nomen, Verben, Adjektiven (= **B**) oder mit Adverbien und adverbialen Ausdrücken (= **C**).

Aufgaben

1 Markieren Sie jeden Satz mit A, B oder C.

Ich denke, es wird den Menschen zu mehr Freizeit verhelfen. [B]

Erwerbstätigkeit und Hausarbeit könnten gleichmäßig zwischen Mann und Frau aufgeteilt werden. ☐

Unsere Sieben-Tage-Woche ist wahrscheinlich auf Aberglauben zurückzuführen. ☐

Ich jedenfalls wünsche mir die Fünf-Tage-Woche. ☐

Die Umstellung des Kalenders auf eine Fünf-Tage-Woche wäre leicht zu realisieren. ☐

2 Machen Sie eine Liste: Welche Verben und Adverbien stehen für Wünsche und Träume, welche stehen für Vermutungen?

hoffentlich ◆ glauben ◆ vielleicht ◆ denken ◆ wahrscheinlich ◆ wollen ◆ möglicherweise ◆ möchten ◆ vermuten ◆ wünschen ◆ hoffen ◆ annehmen

3 Suchen Sie sich fünf Wörter aus und machen Sie je einen Beispielsatz.

C 3

Stellen Sie sich vor, Sie würden immer fünf Tage arbeiten und hätten dann fünf Tage frei. Beschreiben Sie, wie Sie die freie Zeit nutzen würden.

Dann _____

Ich glaube, _____

Wahrscheinlich _____

Am liebsten _____

Ich denke, _____

Vielleicht _____

Ich würde _____

Ich könnte _____

Es wäre schön, _____

C 4

Spielen Sie ein Interview mit dem Autor des Artikels von C1.

– Der Journalist / die Journalistin stellt Fragen zu der Theorie der Fünf-Tage-Woche.

– Der Autor / die Autorin erklärt seine Idee und deren Vorteile.

Etwas erklären / Auskunft geben

Um eine Erklärung oder eine Auskunft bitten
Was meinen Sie mit ...?
Wie funktioniert ...?
Was bedeutet ...?
Mir ist nicht ganz klar, was/wie/wann/ob ...
Können Sie mir/uns sagen/erklären, ...?

Sie erklären, was Sie meinen
Ich stelle mir das so vor, dass ...
Das ist ganz einfach: ...
Das funktioniert folgendermaßen: ...
Das ist so: ...

Sich erkundigen, ob die/der andere Sie verstanden hat
Verstehen Sie, was ich meine?
Drücke ich mich deutlich genug aus?
Ist das klar geworden?
Können Sie mir folgen?

Sie haben noch nicht ganz verstanden und fragen nach
Das ist mir noch nicht ganz klar.
Ich weiß nicht genau, was Sie meinen.
Moment, das habe ich nicht ganz verstanden.

5

Lesen Sie zuerst die zehn Überschriften. Lesen Sie dann die fünf Texte und entscheiden Sie, welcher Text (1–5) am besten zu welcher Überschrift (a–j) passt. Sie dürfen jeden Text und jede Überschrift nur einmal verwenden.

a) Verspätungen bei der Bahn wegen Zeitumstellung

b) Das virtuelle Sekretariat

c) Radabteile nun in allen Zügen

d) Die Lust am Autofahren kennt keine Grenzen

e) Bahn & Bike – Fahrradmitnahme im Nahverkehr

f) Eine Reise durch die Zeit

g) Neuer Auskunftsservice per Telefon

h) Deutsche Bahn stellt Uhren auf Sommerzeit um

i) Schwarzwälder Uhren im Trend

j) Schlechte Zukunftsaussichten für die Automobilindustrie

1 Folgende Leistungen werden im Rahmen des INNOFON-Service erbracht:
NEU: Der INNOFON-Service steht durchgehend montags bis freitags von 9.00 Uhr bis 17.00 Uhr zur Verfügung. (Ausnahme: Betriebsferien vom 23. 12. bis zum 31. 12.) Innerhalb dieser Zeit können INNOFON-Kunden Ihr Telefon umlenken, die Telefonate werden mit dem Firmennamen entgegengenommen. Auskünfte werden nach Weisung erteilt. Informationen werden unmittelbar nach Entgegennahme per E-Mail weitergeleitet. Dringende Telefonate können auch direkt durchgestellt werden (es fallen zusätzliche Verbindungsentgelte an). Natürlich können sich INNOFON-Kunden jederzeit auch persönlich über die entgegengenommenen Telefonate informieren.

2 Einladen, einsteigen, losfahren und dort aussteigen, wo die Radtour beginnt: Mit unseren Nahverkehrszügen gelangen Sie schnell und bequem zu den Ausgangspunkten der schönsten Radtouren. Damit vergrößern wir Ihren Aktionsradius und halten Sie mobil. Auf diese Art lernt man natürlich Land und Leute kennen und schont dabei die Umwelt. Die Kombination Bahn & Bike macht eben mehr aus Ihren Ausflügen. Viele Nahverkehrszüge sind bereits mit Abteilen für Rad und Radler ausgerüstet. Das Fahrradsymbol weist Ihnen den Weg zu den Abstellplätzen für Ihr Fahrrad. Allerdings richtet sich die Fahrradmitnahme generell nach den zur Verfügung stehenden Kapazitäten. Deshalb sollten Sie vor allem den Berufsverkehr meiden und erst nach der Hauptverkehrszeit zu Ihrer Radtour starten.

3 Im Laufe der Geschichte haben Menschen mit jeweils ganz unterschiedlichen Uhren ihre Zeit bestimmt. Von der Sonnenuhr bis hin zur Atomuhr zeigt das Deutsche Uhrenmuseum Furtwangen (fast) alles rund um die Uhr und das Phänomen Zeit. Führungen durch die Ausstellung machen auf interessante und unterhaltsame Weise mit einem Alltagsgegenstand und seiner Geschichte bekannt.
Einen Schwerpunkt in der Ausstellung bildet die Schwarzwälder Uhrmacherei. Die weltweit größte Sammlung von Schwarzwalduhren erlaubt Ihnen einen Einblick in Geschichte, Tradition und Kultur des Schwarzwaldes, einer Landschaft, die rund dreihundert Jahre lang und bis in die jüngste Vergangenheit von der Uhrmacherei geprägt wurde.

4 Schlechte Aussichten für die Zukunft: Die automobile Freizeitlawine auf Deutschlands Straßen rollt unaufhörlich und fast grenzenlos weiter. Die wachsende Freizeitmobilität der Bundesbürger nach Feierabend und am Wochenende stellt alle Verkehrsprognosen in Frage. Zwei Drittel der Tagesausflügler und Kurzurlauber sind regelmäßig mit dem Auto unterwegs. Tendenz steigend. Das Auto dominiert bei den Tagesausflüglern und ist auch bei den Kurzurlaubern konkurrenzlos. Dies geht aus einer repräsentativen Umfrage des Freizeit-Forschungsinstituts der British American Tobacco hervor, in der 3.000 Bundesbürger ab 14 Jahren nach ihrem Mobilitätsverhalten befragt wurden.

5 In der Nacht vom Samstag auf Sonntag werden die Uhren um eine Stunde vorgestellt: Bei der Deutschen Bahn AG werden rund 120 000 Uhren in Bahnhöfen und Diensträumen sowie in Automaten, Informations- und Steuerungssystemen umgestellt. Als Taktgeber für die automatische Umstellung fungiert die atombetriebene „Mutteruhr" der Physikalisch-Technischen Bundesanstalt in Braunschweig. Diese Uhr steuert 15 Regionaluhren der Deutschen Bahn, mit denen alle anderen Uhren im Bereich der Bahn verbunden sind. Der Vorgang dauert etwa eine Minute, dann sind die Zeiger eine Stunde vorgerückt. Die meisten betroffenen Schlaf- und Liegewagenzüge erreichen trotz der „fehlenden Nachtstunde" pünktlich ihr Ziel, da bei diesen Nachtzügen in der Regel längere Standzeiten eingeplant sind, um den Reisenden möglichst lange Ruhezeiten im Zug anbieten zu können.

Kurz & bündig

Wortschatzarbeit

Welche Redewendungen zum Thema „Zeit" kennen Sie? Finden Sie mindestens vier weitere.

jemandem die Zeit stehlen,

Welche Komposita mit „Zeit" kennen Sie? Finden Sie mindestens fünf weitere.

der Zeitpunkt,

Sie leben in Deutschland. Ihre Eltern möchten Sie nun zum ersten Mal besuchen. Erklären Sie Ihnen, worauf sie in Deutschland achten sollten (z. B.: Wie essen oder arbeiten die Deutschen? Wie viel (Frei-)Zeit haben sie?) und geben Sie Tipps.

Es ist Silvester. Zusammen mit Freunden organisieren Sie eine große Party. Beschreiben Sie: Was wird gerade gemacht? Was ist schon erledigt?

die Gäste einladen ◆ die Dekoration aufhängen ◆ die Getränke kaufen ◆ das Essen kochen ◆ ein Zimmer zum Tanzen leer räumen ◆ die Wohnung dekorieren ◆ die passende Musik aussuchen ◆ das Essen auf Tische stellen ◆ den Nachbarn Bescheid sagen

Das wird gerade gemacht:

Die Dekoration wird gerade aufgehängt.

Das ist schon erledigt:

Die Gäste sind schon eingeladen.

Schreiben Sie.

Wenn es keine Autos gäbe, ...

Was wollten Sie schon immer einmal tun, haben es aber nie getan?

Was ist Ihr größter Wunsch für die Zukunft?

Interessante Ausdrücke

Rückblicke Ausblicke

A

1

Das 20. Jahrhundert

Sortieren Sie und ergänzen Sie weitere Ereignisse.

Charlie Chaplin

Olympische Spiele in Sydney

Elvis Presley

Erfindung des Computers

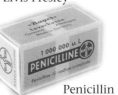
Penicillin

Klonschaf „Dolly"

Pille kommt auf den Markt

erstes Retortenbaby

Untergang der „Titanic"

Erster Weltkrieg

Medizin	Sport	Politik	Technik	Kunst/Kultur
Retortenbaby				
...				

Wohin gehört was? Ordnen Sie die Ereignisse zeitlich ungefähr ein. Vergleichen Sie dann mit Ihrer Nachbarin / Ihrem Nachbarn.

1900   1920   1940   1960   1980   2000

Sydney

2

Welche Ereignisse in Ihrem Land waren für Sie besonders wichtig/interessant? Berichten oder schreiben Sie.

A3-A6

Sie hören fünf kurze Texte. Dazu sollen Sie fünf Aufgaben lösen. Sie hören die Texte nur einmal. Entscheiden Sie beim Hören, ob die Aussagen richtig oder falsch sind. Markieren Sie richtig [R] oder falsch [F].

TIPP
ARBEITSB
Seite

1   Die Frau erinnert sich an die Mondlandung. Das war für sie sehr wichtig.   R   F

2   Für den Mann war das wichtigste Ereignis seine Scheidung.   R   F

3   Die junge Frau findet die Partys in Berlin super.   R   F

4   Die Frau findet, dass die beiden Weltkriege und vor allem Hitler das Schrecklichste im   R   F
    20. Jahrhundert waren.

5   Der Mann findet den medizinischen Fortschritt im 20. Jahrhundert besonders nennenswert.   R   F

A 4   **Lesen Sie die Regeln und Beispiele und lösen Sie die Aufgaben.**

Satztypen

Es gibt Aussagen, Fragen und Imperativ-Sätze. Außerdem unterscheidet man Haupt- und Nebensätze.
Je nachdem wo das Verb steht, handelt es sich um Haupt- oder Nebensätze.

A   Aussagen
B   direkte Fragen
C   indirekte Fragen
D   Imperativ-Sätze

Aufgaben

1   Markieren Sie den jeweiligen Satztyp (A, B, C oder D).
Denken Sie doch zum Beispiel nur mal an das Penicillin! [D]
Niemand weiß, was man damit alles machen kann. [ ]
Es gab ja schon Momente, wo man nicht wusste, ob nicht doch was passiert, ... [ ]
Ich erinnere mich noch ganz genau an die Mondlandung. [ ]
Und ich hoffe nur, dass die Jugend aus den Fehlern lernt. [ ]
Gab es das so in früheren Jahrhunderten? [ ]
Viele wissen das gar nicht, wie schlimm das war. [ ]
Was verbinden Sie mit dem 20. Jahrhundert? [ ]
Wo war das gleich? [ ]

2   Welche Konjunktionen stehen mit einem Hauptsatz, welche mit einem Nebensatz? Sortieren Sie.
~~nachdem~~ ◆ sondern ◆ ob ◆ und ◆ obwohl ◆ weil ◆ da ◆ dass ◆ aber ◆
damit ◆ wenn ◆ als ◆ denn

Hauptsatz	Nebensatz
	nachdem

A 5   **Machen Sie Frage-Sätze.**

1   Hören / die Musik der Beatles / gerne / Sie
2   die Musik der Beatles / noch aktuell / Glauben Sie, / auch heute / dass / ist
3   seit wann / es / gibt / Wissen Sie, / das Internet
4   Wann / gebaut / wurde / das Empire State Building
5   im Jahre 2000 / die Tour de France / gewonnen / Wer / hat
6   die Frauen / das Wahlrecht / Wissen Sie, / haben / seit wann / in der Schweiz
7   Bertholt Brecht / Kennen / Sie
8   die Relativitätstheorie / entwickelt / Wer / hat
9   Sie / 1999 / beobachtet / Haben / die Sonnenfinsternis
10 Sie / in einem anderen Jahrhundert / gern / Hätten / gelebt

Beantworten Sie die Fragen oder machen Sie ein Interview.

Geschichte und Geschichten

3

1

Was passt zusammen? Markieren Sie.

1 Bundesrepublik *(f)* _b_

2 (Bundes)kanzler *(m)*

3 (Bundes)präsident *(m)*

4 Parlament *(n)*

5 Demokratie *(f)*

6 Verfassung *(f)*

7 Kaiser *(m)*

8 Diktatur *(f)*

9 NSDAP *(f)*

a) Chef einer Regierung

b) ein Staat, der aus mehreren Bundesländern besteht

c) höchster weltlicher Herrschertitel in einer Monarchie

d) das Staatsoberhaupt, das repräsentative Aufgaben zu erfüllen hat (in Deutschland und Österreich)

e) Nationalsozialistische Deutsche Arbeiterpartei, Partei Hitlers

f) Regierungsform, in der ein Mensch oder eine Gruppe von Menschen die absolute Macht besitzt, Gegner werden mit allen Mitteln bekämpft

g) Regierungsform, in der die Regierung vom Volk gewählt wird

h) (höchste) Institution in einer Demokratie, vom Volk gewählte Vertreter, wichtigste Aufgaben: Kontrolle der Regierung und Gesetzgebung

i) die Grundordnung eines Staates

KURSBUCH
B1-B4

2

Beschreiben Sie die Zeichnung. Erfinden Sie eine kleine Geschichte dazu. Erzählen oder schreiben Sie.

Wer?   Was?   Wo?

Wann?   Warum?

„Krücke"   **Eine Tür ohne Haus**

Die Frau saß auf der steinernen Türschwelle, das Kopftuch tief in die Stirn gezogen. Taschen und Bündel hatte sie neben sich aufgebaut wie einen Wall.

5 Was Thomas vor sich sah, war einfach verrückt, kaum zu glauben. Es sollte das Haus sein, nach dem er tagelang in Wien gesucht hatte. Von ihm war nichts übrig als der Türrahmen, in dem die Frau saß. Sie bewachte einen Eingang, der zu einem Trümmerhügel führte. Wahrscheinlich saß sie schon Ewigkeiten da. Viel-
10 leicht spinne ich, dachte Thomas, und die Frau gibt es gar nicht. (…)

Schritt für Schritt näherte er sich ihr. Es musste das Haus Hellergasse 9 sein, in dem Tante Wanda gewohnt hatte. So hatte es die Mutter ihm eingeprägt: Hellergasse
15 9. Vergiss es nicht! Nur gab's dieses Haus nicht mehr. Er drückte den Brotbeutel gegen die Brust und wagte noch einen Schritt. Entschuldigen Sie, ist das hier die Hellergasse neun? Als die Frau den Kopf hob, sah er, dass sie gar nicht so alt war, sicher nicht älter als Mut-
20 ter. Doch ihr Gesicht war sonderbar starr, und die Augen wirkten blind, als hätte sie lange in ein Feuer gesehen.

Hellergasse neun? fragte sie.

Ja, sagte er, hier soll meine Tante wohnen, Frau Wanda
25 Watzlawiak.

Hier?

Ja, sagte Thomas und fügte leise hinzu: Da hat sie gewohnt.

Das kann sein, murmelte die Frau.
30 Haben Sie auch hier gewohnt? fragte er.

Wenn ich es wüsste, antwortete sie. (…)

Bist du allein, Junge? (…)

Ja, antwortete er.

Deine Eltern? Deine Mutter?
35 Meine Mutter war plötzlich verschwunden. Ich habe sie verloren. Wir haben in Kolin lange auf den Zug gewartet. Als er dann kam, drängelten die Leute gemein, und jemand hielt mich fest. Die hätten mich beinahe umgetrampelt. Plötzlich war Mutter weg. Ich wusste
40 nicht, ob ich mit dem Zug fahren sollte, bis mich jemand in den Wagen riss.

Er sah wieder die verzerrten Gesichter der Menschen vor sich, spürte die Angst und Wut in sich hochsteigen und

war beinahe daran zu heulen. (…)

Seit wann bist du allein?   45
Ich weiß es nicht.

Er wusste es wirklich nicht. Eine Weile hatte er die Tage gezählt und manchmal Leute gefragt, was für ein Tag sei.

Auf jeden Fall war da noch Krieg, sagte er. Und jetzt ist   50
Frieden.

Die Frau nickte. Ein schöner Frieden. Kein Dach überm Kopf. Nichts zu fressen.

Nach einer Pause fragte sie: Was hast du vor, wo willst du
hin?   55
Er zog die Schultern hoch. Eigentlich wollte ich zu Tante Wanda.

Die Frau fing an zu lachen. Es war ein lautloses Lachen, das sie hin und her schüttelte und ihr Tränen aus den Augen trieb. Da sie eng nebeneinander saßen, konnte   60
er dem stummen Gelächter nicht ausweichen, sondern wurde mitgerüttelt. Hätte die Angst ihn nicht festgehalten, wäre er lieber davongerannt.

Allmählich beruhigte sie sich, zog hörbar Luft ein, pruste-
te: Nein, mein Junge, dieses „eigentlich" vergesse ich   65
nicht. Das hast du mir geschenkt. Damit hast du mir unsere ganze beschissene Zeit erklärt: Eigentlich müsste ich jetzt zu Hause im traulichen Heim auf meinen Ehegatten, den Hauptmann Kruse, warten. Eigentlich sollte das Haus hier, in dem eigentlich   70
deine Tante Wanda wohnt, noch stehen. Eigentlich sind wir beide, du und ich, überhaupt nicht vorhanden. Eigentlich müsste mir das Herz weich werden und ich dir sagen, Jungchen…

Sie sprach nicht zu Ende. Mit ihrem Ellenbogen schlug sie   75
hart gegen seine Rippen, wandte den Kopf von ihm ab, sagte mit der alten rauen Stimme, die sie am Anfang hatte: Hau ab! Deine Tante Wanda kannst du nicht ausbuddeln. Hier findest du niemanden mehr. Deine Mutter auch nicht. Solltest du Hunger haben, geh da   80
vorne in das Haus, das zur Hälfte noch steht. In der Waschküche wird Suppe gekocht.

Thomas verstand sie nicht. Weshalb trieb sie ihn mit einem Mal weg? Er wäre sowieso gegangen. Nun behandelte sie ihn wie einen, der sie bestehlen wollte.   85
Ist ja gut. Auf Wiedersehen.

Lesen Sie den Text noch einmal und lösen Sie dann die fünf Aufgaben (1–5).
Entscheiden Sie, welche Lösung (a, b oder c) richtig ist.
Achtung: Die Reihenfolge der einzelnen Aufgaben folgt nicht immer
der Reihenfolge des Textes.

1   Thomas wollte nach Wien …

    a) zu seiner Tante.

    b) zu seinem Vater.

    c) zu seiner Großmutter.

2   Thomas findet das Haus nicht,

    a) weil er die Adresse vergessen hat.

    b) weil eine Frau ihm nicht hilft.

    c) weil das Haus zerstört ist.

3 Die Mutter

    a) wurde am Bahnhof von ihrem Sohn Thomas getrennt.

    b) von Thomas ist tot.

    c) hat Thomas allein zu seiner Tante geschickt.

4 Die Geschichte von Thomas spielt

    a) kurz nach der Wiedervereinigung.

    b) kurz nach dem Zweiten Weltkrieg.

    c) in der Weimarer Zeit.

5 Thomas

    a) ist vier Tage unterwegs.

    b) ist eine Woche unterwegs.

    c) weiß nicht, wie lange er unterwegs ist.

5   **Lesen Sie die Regeln und Beispiele und lösen Sie die Aufgaben.**

Die Verbklammer

Gibt es in einem Satz mehrere Verben/Verbteile, dann bilden sie zusammen die Verbklammer.
Das konjugierte Verb steht auf Position 1 (Ja/Nein-Fragen und Imperativ-Sätze) oder auf Position 2 (Aussagen, W-Fragen), das nicht konjugierte Verb/Verbteil am Satzende.

A Trennbare Verben
B Verben mit Infinitiv
C Verben mit Partizip II

Aufgaben

1 Markieren Sie den jeweiligen Klammertyp (A, B oder C).

	Verb 1		Verb 2		
Es	musste	das Haus Hellergasse 9	sein,	in dem Tante Wanda gewohnt hatte.	B
Ich	habe	sie	verloren.		
Wir	haben	in Kolin lange auf den Zug	gewartet.		
… und jemand	hielt	mich	fest.		
Ja, sagte er, hier	soll	meine Tante	wohnen,	Frau Wanda Watzlawiak.	
Weshalb	trieb	sie ihn mit einem Mal	weg?		
Eine Weile	hatte	er die Tage	gezählt	und manchmal …	
In der Waschküche	wird	Suppe	gekocht.		
Die	hätten	mich beinahe	umgetrampelt.		

2 Analysieren Sie genau: Was für eine Konstruktion ist das (Passiv, Modalverb…)?

6   **Machen Sie Sätze.**

1 **Thomas** / ein Mann auf Krücken / fiel / ein paar Tage später / auf
2 **Er** / allein / sein / wollte / nicht länger
3 **Deshalb** / nach / ihm / lief / er
4 **Der Mann auf Krücken** / wegjagen / zuerst / wollte / Thomas
5 **Später** / jedoch / sie / gute Freunde / geworden / sind
6 **Thomas** / von Krücke / gelernt / hat / viel
7 **Krücke** / auf dem Schwarzmarkt / und auch sonst im Leben / sich / aus / kannte
8 **Was** / gemacht / Thomas / wohl ohne Krücke / hätte
9 **Sicherlich** / mehr Probleme / gehabt / hätte / er
10 **Vielleicht** / in ein Waisenhaus / gekommen / er / wäre
11 **Zum Schluss** / Thomas / seine Mutter / wieder / findet

7   **Erzählen Sie die Szene aus der Perspektive von Frau Kruse.**

Warum sitzt Frau Kruse dort? ◆ Wie fühlt sich Frau Kruse? ◆ Wie beschreibt sie Thomas? ◆ Was denkt sie über ihn? ◆ Warum wird sie wütend? ◆ Was hätte sie ihm gerne gesagt? ◆ Warum hat sie geschwiegen?

C1-C5

Lesen Sie den Text und machen Sie Stichworte zu folgenden Themen. Vergleichen Sie mit der Welt heute. Was ist anders?

Essen ◆ Schule ◆ Fernsehen ◆ Fortbewegung

Internationales Symposium für Weltraumtouristik in Bremen

Hoteleröffnung frühestens 2020

Die Tourismusbranche hat den Weltraum fest im Blick. Für dieses Jahr sind kurze Ausflüge in das Weltall geplant – inklusive schöner Aussicht auf unseren Planeten und des Gefühls der Schwerelosigkeit. 2020 sollen die ersten Gäste ihren Urlaub in einem Weltraumhotel verbringen.

Ein Schulausflug zum Mond

Hallo, ich heiße Moni, bin zehn Jahre alt und in dem vierten Internet-Kurs der Zentral-schule der Vereinten Staaten Europas. Die Hausaufgaben rufe ich jeden Tag im Internet ab. Wenn ich die Antworten eingetippt habe, schicke ich sie per Computer an das Zentral-büro des Lehrers. Eines Tages kamen die Hausaufgaben ziemlich spät. Nachdem ich eine
5 braune Schokopille gegessen hatte und mit meinem elektrischen Hund gespielt hatte, piep-ste der Computer. Na endlich! Die Hausaufgaben sind da. Eigentlich hatte ich nicht so viel Lust, aber es kamen keine Fragen, sondern die Nachricht: „Wir machen morgen einen Aus-flug zum Mond!" Vor lauter Freude und Aufregung konnte ich gar nicht stillstehen, ich hüpfte und tanzte. Ich konnte nichts anderes tun, als fernzusehen, also schaute ich die 500
10 Programme durch und entschloss mich zu einem Kinofilm.
Dann kamen meine Eltern. Ich lief aufgeregt zu ihnen und erzählte alles. Sofort mailten sie meinem Lehrer, dass ich mitkommen darf. Ich aß dann noch eine Brot- und eine Wurstpil-le und ging wegen der bevorstehenden Reise freiwillig früher ins Bett. Vor lauter Vorfreu-de konnte ich aber fast nicht schlafen. Am nächsten Tag weckte mich mein Roboter und ser-
15 vierte mir ein Tablett mit Pillen. Ich aß eine Joghurtpille, eine Marmeladenpille und eine Brotpille und trank dazu Tee. Meine Eltern waren schon in Hongkong an ihrem Arbeits-platz. Ich musste mich also selbst darum kümmern, dass ich pünktlich fertig war. Mein Bett wurde in die untere Etage gefahren. Nach dem Bad im Pool ging ich durch die Luftdusche, am Ende wartete schon der Roboter Rolo, der meine Kleider bereithielt. Schnell schnallte
20 ich mir noch den Düsengürtel um und flog zum Zentralbüro des Lehrers. Dort warteten die meisten Klassenkameraden, die waren auch so aufgeregt wie ich. Wir freuten uns, dass wir uns wieder sahen, wir treffen uns nämlich nur zu Ausflügen. Da kam der Lehrer mit dem riesigen Koffer, der neben ihm herglitt. Bei mir fing es im Bauch zu kribbeln an, denn ich war noch nie im All. Alle meine Freunde waren schon dort - nur ich nicht. Der Lehrer ver-
25 teilte dann aus dem Koffer die Raumanzüge. Anschließend stellten wir uns auf ein Förder-band, das uns zum Raumschiff brachte. Dort erklärte ein Roboter uns alles und zeigte, wie man sich bewegen muss. In einem Raumgleiter können zwanzig Kinder mitfliegen. Wir nahmen in bequemen Sesseln Platz, schnallten uns an und warteten ab. Keiner sagte etwas, plötzlich ertönte der Countdown, ich hörte nur noch 4, 3, 1, Zero, es gab einen kräf-
30 tigen Ruck und wir hoben ab. ...

Was meinen Sie: Wie wird die Schule, das Essen ... in 100 Jahren aussehen?

C 3

Lesen Sie die Regeln und Beispiele und lösen Sie die Aufgaben.

Angaben im Mittelfeld: Faustregel „Tekamolo"

Im Mittelfeld können verschiedene Angaben stehen. Ihre Reihenfolge ist nicht obligatorisch festgelegt. Es gibt aber die Faust-Regel: „Tekamolo". Wenn mehrere Angaben in einem Satz vorkommen, stehen zuerst die **te**mporalen, dann die **ka**usalen bzw. die konzessiven Angaben, dann die **mo**dalen und ganz zum Schluss die **lo**kalen. Normalerweise kommen in einem Satz nicht mehr als zwei oder drei Angaben vor.

A Temporale Angaben
B Kausale oder konzessive Angaben
C Modale Angaben
D Lokale Angaben

Aufgaben

1 Markieren Sie die jeweilige Angabe (A, B, C oder D).

Die Hausaufgaben rufe ich <u>jeden Tag</u> <u>im Internet</u> ab.

Wenn ich die Antworten eingetippt habe, schick ich sie <u>per Computer</u> <u>an das Zentralbüro</u> des Lehrers.

Ich aß dann noch eine Brot- und eine Wurstpille und ging <u>wegen der bevorstehenden Reise</u> <u>freiwillig</u> <u>früher</u> <u>ins Bett</u>.

Wir machen <u>morgen</u> einen Ausflug <u>zum Mond</u>!

2 Sortieren Sie die Angaben. Ergänzen Sie weitere Angaben.

heute ◆ gern ◆ schnell ◆ in die Schule ◆ zu Hause ◆ aufgeregt ◆ hier ◆ wegen seiner Schmerzen ◆ später ◆ trotz der Kälte ◆ am 2. Januar ◆ unruhig ◆ am Samstag ◆ mit Kopfschmerzen ◆ im Zimmer

temporal	kausal/konzessiv	modal	lokal
heute,			

C 4

Ergänzen Sie die Angaben in der richtigen Reihenfolge.

1 Moni ist ... / zum Mond / voller Neugier / heute / ... geflogen.
2 Sie war ... / auf dem Mond / noch nie / ... gewesen.
3 Die anderen Klassenkameraden haben ihr ... / zum Mond / auf dem Flug / ... viel erzählt.
4 Sie waren ... / glücklich und etwas müde / nach drei Stunden / auf dem Mond / ... angekommen.
5 Sie mussten ... / wegen der Schwerelosigkeit / dann / ... gehen üben.
6 Sie sind ... / zuerst / ins Hotel / ... gegangen.
7 Dann durften sie sich ... / auf dem Mond / bis zum Abendessen / ... umsehen.
8 Die ganze Klasse fuhr ... / in einem Mondauto / am nächsten Tag.
9 Der Lehrer war ... / am Abend / in seinem Zimmer / völlig genervt / ... verschwunden.

Schreiben Sie eine ähnliche Geschichte.

Meine Reise durch die Milchstraße

Ein ganz normaler Tag im Jahr 2222

Urlaub auf dem Mars

C 6

Sie wollen gemeinsam mit einem Freund Urlaub auf dem Mars machen. Überlegen Sie sich, was alles zu tun ist und wer welche Aufgaben übernimmt. Sie haben sich schon einen Zettel mit Notizen gemacht.

- Wann? Wie lange?
- Raumanzüge besorgen, leihen? Welche Kleidung?
- Essen, Trinken?
- Flug- und Hotelreservierung?

C 7

Lesen Sie den folgenden Text und entscheiden Sie, welches Wort aus dem Kasten (a–o) in die Lücken 1–10 passt. Sie können jedes Wort im Kasten nur einmal verwenden. Nicht alle Wörter passen in den Text.

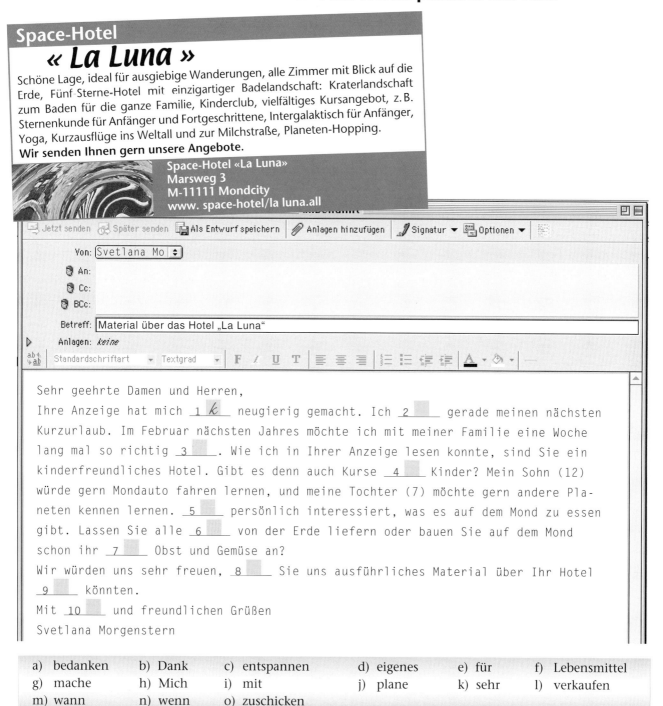

Space-Hotel

« La Luna »

Schöne Lage, ideal für ausgiebige Wanderungen, alle Zimmer mit Blick auf die Erde, Fünf-Sterne-Hotel mit einzigartiger Badelandschaft: Kraterlandschaft zum Baden für die ganze Familie, Kinderclub, vielfältiges Kursangebot, z.B. Sternenkunde für Anfänger und Fortgeschrittene, Intergalaktisch für Anfänger, Yoga, Kurzausflüge ins Weltall und zur Milchstraße, Planeten-Hopping.
Wir senden Ihnen gern unsere Angebote.

Space-Hotel «La Luna»
Marsweg 3
M-11111 Mondcity
www. space-hotel/la luna.all

Von: Svetlana Mo

An:

Cc:

BCc:

Betreff: Material über das Hotel „La Luna"

Anlagen: *keine*

Sehr geehrte Damen und Herren,
Ihre Anzeige hat mich _1 k_ neugierig gemacht. Ich _2___ gerade meinen nächsten Kurzurlaub. Im Februar nächsten Jahres möchte ich mit meiner Familie eine Woche lang mal so richtig _3___. Wie ich in Ihrer Anzeige lesen konnte, sind Sie ein kinderfreundliches Hotel. Gibt es denn auch Kurse _4___ Kinder? Mein Sohn (12) würde gern Mondauto fahren lernen, und meine Tochter (7) möchte gern andere Planeten kennen lernen. _5___ persönlich interessiert, was es auf dem Mond zu essen gibt. Lassen Sie alle _6___ von der Erde liefern oder bauen Sie auf dem Mond schon ihr _7___ Obst und Gemüse an?
Wir würden uns sehr freuen, _8___ Sie uns ausführliches Material über Ihr Hotel _9___ könnten.
Mit _10___ und freundlichen Grüßen
Svetlana Morgenstern

a) bedanken	b) Dank	c) entspannen	d) eigenes	e) für	f) Lebensmittel
g) mache	h) Mich	i) mit	j) plane	k) sehr	l) verkaufen
m) wann	n) wenn	o) zuschicken			

Sie bekommen von einer Brieffreundin aus Karlsruhe folgenden Brief:

:8

Karlsruhe, den 27. 5. 20 . .

Liebe(r) . . . ,

wie geht es dir? Ich hoffe doch, gut. Bei mir ist alles okay, ich muss nur viel lernen im Moment. Wir schreiben dauernd Klassenarbeiten, schrecklich. Da hab ich so wenig Zeit, zu lesen und mich mit meinen Freunden zu treffen. Ein bisschen lese ich aber trotzdem! Da ich weiß, dass du auch gern Science-Fiction liest, muss ich dir unbedingt von einem tollen Buch erzählen, das ich gerade lese. Es heißt „Blueprint". Es handelt von einer erfolgreichen bekannten Musikerin, die plötzlich sehr krank wird. Sie lässt sich klonen, damit ihr Talent weiterlebt, wenn sie stirbt. Ihre Tochter wird von Anfang an zur Musikerin erzogen. Alles läuft zunächst wie geplant, aber dann sucht die Tochter nach ihrem eigenen Leben. Mehr verrate ich nicht, vielleicht willst du das Buch ja auch mal lesen. Ich muss viel darüber nachdenken, wie das wäre, wenn Menschen geklont werden würden. Schreckliche Vorstellung! Ich hoffe nicht, dass es mal so weit kommen wird. Was meinst du? Auf der anderen Seite . . . Vielleicht wäre es doch nicht so schlecht: Ich würde mir einen Klon machen lassen und in die Schule zu den Klassenarbeiten schicken! Oder mein Klon würde die Hausaufgaben machen, und ich würde lesen und faulenzen. Haha! Was liest du denn gerade?
So, jetzt lern' ich noch ein bisschen für die Mathe-Arbeit morgen. Drück mir die Daumen!

Liebe Grüße und bis bald
Lisa

Antworten Sie Ihrer Freundin. Schreiben Sie in Ihrem Brief etwas zu allen vier Punkten. Überlegen Sie sich dabei eine passende Reihenfolge der Punkte. Vergessen Sie nicht Datum und Anrede und schreiben Sie auch eine passende Einleitung und einen passenden Schluss.

- was Sie ihr für die Klassenarbeiten wünschen

- was Sie gerade lesen

- wie Sie das Buch „Blueprint" finden und ob Sie es lesen möchten

- wie Sie es finden, wenn Menschen geklont werden könnten

Kurz & bündig

Schreiben

Was war für Sie im 20. Jahrhundert das wichtigste Ereignis oder wer war der wichtigste Mensch?

Interessieren Sie sich für Geschichte? Warum (nicht)?

Welches geschichtliche Ereignis in Ihrem Land finden Sie wichtig?

Was ist Science-Fiction-Literatur? Wie finden Sie Science-Fiction-Literatur?

Welche Satztypen kennen Sie? Machen Sie Beispielsätze.

Was bedeutet „Verbklammer"?

Markieren Sie die Verbklammer.

Thomas <u>hatte</u> seine Mutter am Bahnhof im Gedränge <u>verloren</u>. Erst hielt ihn jemand fest.
Dann wurde er in den Zug gerissen. So ist er nach Wien gekommen, um bei seiner Tante seine Mutter wiederzufinden. Das Haus, in dem seine Tante wohnte, war völlig zerstört.
Die Frau, die vor den Trümmern des Hauses saß, konnte ihm nicht weiterhelfen.

Was bedeutet „Tekamolo"?

Interessante Wörter und Ausdrücke

TIPPS zur Prüfung

Für die Prüfungsteile Leseverstehen und Sprachbausteine haben Sie insgesamt **90 Minuten** Zeit. Teilen Sie sich diese Zeit gut ein.

Unser Vorschlag für Leseverstehen Teil 1:

ca. 20 Min.

Tipp Lesen Sie zuerst die zehn Überschriften (a–j) und markieren Sie Wörter, die Ihnen wichtig erscheinen.

a) Demokratie in der Kirche? Ja, bitte!

b) Friedensdemonstration in Berlin

c) Ein Versandhaus mit ökologischem Konzept

d) Ein Leben ganz im Zeichen Gottes

e) Neuer Natur- und Freizeitpark öffnet seine Tore für Besucher

f) Berlin im Mega-Party-Fieber

g) Natur kennt keine Grenzen

h) Die Kirche in der Krise

i) Das Verhältnis von Katholiken und Protestanten in Deutschland

j) Angebote und Einkaufstipps für umweltbewusste Verbraucher

Tipp Überfliegen Sie nun die Texte und unterstreichen Sie wichtige Wörter in den Texten.

1   *Bewusst anbieten ...*
Gemeinsam mit unseren Lieferanten und Herstellern haben wir das ökologisch Machbare detailliert festgeschrieben. Materialien, die Mensch und Natur unnötig belasten, haben keine Chance, ins Panda-Angebot aufgenommen zu werden.

Bewusst einkaufen ...
Herkunft, Verarbeitung und Entsorgung spielen eine große Rolle für den Einfluss eines Produktes auf die natürlichen Kreisläufe. Panda geht es deshalb darum, diese Eingriffe so umweltverträglich wie möglich zu gestalten. Der neue Katalog ist da. Fordern Sie ihn an!

2   **LOVE PARADE**, das ist Musik, das sind mehr als eine Million tanzende junge Menschen. **LOVE PARADE** symbolisiert ein groovendes Lebensgefühl, geprägt von friedlichem und respektvollem Umgang miteinander. Im Umfeld der House- und Technomusik entwickelte sich eine Bewegung, erstmals 1989 in Berlin mit 150 Leuten auf dem Kurfürstendamm entstanden, die mittlerweile weltumspannend ist. Das Original ist und bleibt aber in Berlin, und die enorme Ausstrahlungskraft der **LOVE PARADE** wird auch diesmal wieder Menschenmassen nach Berlin ziehen, die ein unvergleichliches Ereignis miterleben und mitgestalten wollen.

3   1999 bereiteten sich in den Priesterseminaren der 27 deutschen (Erz-)bistümer 190 Männer auf den priesterlichen Beruf vor. Im vergangenen Jahr lebten 5778 Männer als Mönche in 590 verschiedenen klösterlichen Niederlassungen von 113 geistlichen Gemeinschaften. Hinzu kamen 1188 deutsche Mönche im Ausland. Bei den Frauenordensgemeinschaften waren es 33 700 Frauen in 340 klösterlichen Gemeinschaften und Niederlassungen. 74 Frauen bereiteten sich als so genannte Novizinnen auf einen Weg in einer geistlichen Gemeinschaft vor.

(Texte: Arbeitsbuch, S. 2)

Tipp Suchen Sie nun – mit Hilfe der markierten Wörter – die passende Überschrift zu jedem Text.

Keine Angst, wenn Sie einige Wörter in den Texten nicht verstehen. Wichtig ist, dass Sie das Thema des Textes insgesamt verstehen! Die von Ihnen markierten Schlüsselwörter helfen Ihnen, die richtige Überschrift zu finden.

Unser Vorschlag:

ca. **30** Min.

Tipp Schauen Sie sich zuerst die Überschrift an. Manchmal gibt es auch zusätzlich ein Foto. So bekommen Sie schon eine Idee über den Inhalt des Textes und Sie verstehen ihn leichter.

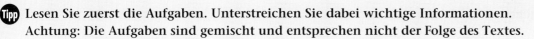

Anrufbeantworter
von Elke Heidenreich

Tipp Lesen Sie zuerst die Aufgaben. Unterstreichen Sie dabei wichtige Informationen.
Achtung: Die Aufgaben sind gemischt und entsprechen nicht der Folge des Textes.

1 Frau Heidenreich

a) findet, dass Anrufbeantworter unnötig sind.

b) hat ihre Meinung über Anrufbeantworter geändert.

c) findet, dass viel zu wenig Leute Anrufbeantworter haben.

2 Das Schönste an Anrufbeantwortern ist,

a) dass man ganz leicht etwas absagen kann.

b) dass man jemanden ganz leicht einladen kann.

c) dass man immer lustige Dinge draufsprechen kann.

3 Frau Heidenreich hat die Idee, Anrufbeantworter

a) so zu schalten, dass sie selbstständig Gespräche miteinander führen können.

b) einzuschalten, wenn man ungestört fernsehen will.

c) immer nur drei Minuten einzuschalten.

4 Renate ist

a) die Schwester von Frau Heidenreich.

b) die Schwiegermutter von Frau Heidenreich.

c) eine Freundin von Frau Heidenreich.

5 Frau Heidenreich

a) geht immer ans Telefon.

b) geht nur ans Telefon, wenn sie das möchte.

c) telefoniert gern stundenlang.

Tipp Lesen Sie nun den Text und entscheiden Sie, welche Aufgabe zu welcher Textstelle passt.

Wie habe ich mich damals, als sie in Mode kamen, über angeblich seelenlose Anrufbeantworter aufgeregt! Überall piepsten diese blöden Maschinen und überraschten den Anrufer damit, dass er nun sein Problem präzise formulieren musste, oder es wurden einem unzumutbare Mitteilungen ins Ohr gesagt – „Ich bin jetzt bei Kathrin, aber nur eine halbe Stunde, dann kannst du mich unter 23096 erreichen, bis etwa 20 Uhr, dann bin ich beim Mexikaner". Geschäumt habe ich vor Wut über solche Zumutungen. Und heute? Wie froh bin ich, dass es Anrufbeantworter gibt! Ich will etwas absagen, einen Auftrag, eine Einladung zur Party, einen versprochenen Besuch – wie rede ich mich bloß raus, was tu ich, dass ich mich nicht doch wieder beschwatzen und rumkriegen lasse? Mut antrinken, eine Nervenruh-Pille essen, tapfer wählen und – oh, dieses Glück! Hier spricht der Apparat! Es ist kein Widerspruch und kein Vorwurf zu erwarten, und auch die Absage bzw. Rechtfertigung kann kurz und knapp gehalten werden: „Ich bin's, ich wollte nur sagen, ich kann leider nicht ..."

(Text: Arbeitsbuch, S. 14)

Tipp Lesen Sie jetzt parallel Textstelle und Aufgabe und suchen Sie die richtige Lösung. Dabei ist es wichtig, auf bestimmte kleine Wörter zu achten:

– Verneinungen *(nicht, kein, kaum, ...)*

– Zeitangaben *(immer, nie, manchmal, oft, ...)*

– Mengenangaben *(viel, wenig, nichts, ...)*

In Teil 1 dieses Prüfungsteils (vgl. Seite 62) mussten Sie die Texte nur oberflächlich verstehen. Hier in Teil 2 ist es wichtig, die Texte genau zu lesen. Deshalb sollten Sie auch auf die „kleinen" Wörter im Text und in den Aufgaben achten.

Unser Vorschlag:

ca.**20** Min.

Tipp Überfliegen Sie zuerst die zehn Situationen und markieren Sie die thematisch ähnlichen mit Symbolen (✳ / △ / ○). Es gibt maximal <u>drei</u> Themenbereiche.

✳ 1 Sie sind 18 geworden und haben ein Auto bekommen. Jetzt wollen Sie so schnell wie möglich den Führerschein machen.

△ 2 Ihre Waschmaschine ist kaputt. Sie müssen sie reparieren lassen.

✳ 3 Sie möchten ein Auto kaufen und sich über die Angebote informieren.

○ 4 Bei der Arbeit müssen Sie den ganzen Tag stehen, deshalb tun Ihnen oft die Füße weh. Wo finden Sie Hilfe?

✳ 5 Sie hatten einen Unfall, Ihr Auto ist völlig kaputt. Was machen Sie damit?

✳ 6 Sie sind Kfz-Mechaniker und suchen eine Stelle.

✳ 7 Sie brauchen nur für ein Wochenende ein Auto. Wo können Sie günstig eins mieten?

○ 8 Ihre Lieblingsschuhe sind kaputt. Wer kann sie für Sie reparieren?

△ 9 Sie wollen eine Waschmaschine kaufen, aber eine neue Maschine ist Ihnen zu teuer.

○ 10 Sie sind 2,04 Meter groß und haben Schuhgröße 48.
       Wo finden Sie die passenden Schuhe?

Tipp Markieren Sie mit denselben Symbolen die thematisch ähnlichen Anzeigen.

△ (A)

✳ (B)

✳ (D)

△ (E)

○ (G)

△ (I)

✳ (H)

○ (J)
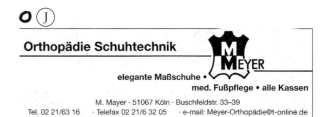

(Anzeigen: Arbeitsbuch, S. 32)

Tipp **Unterstreichen Sie bei den zum selben Thema gehörenden Situationen wichtige Wörter.**

✳ 1 Sie sind <u>18</u> geworden und haben ein <u>Auto</u> bekommen. Jetzt wollen Sie so schnell wie möglich den <u>Führerschein</u> machen.

△ 2 Ihre <u>Waschmaschine</u> ist <u>kaputt</u>. Sie müssen sie <u>reparieren</u> lassen.

✳ 3 Sie möchten ein <u>Auto kaufen</u> und sich über die <u>Angebote informieren</u>.

○ 4 Bei der Arbeit müssen Sie den ganzen Tag stehen, deshalb tun Ihnen oft die <u>Füße weh</u>. Wo finden Sie Hilfe?

✳ 5 Sie hatten einen Unfall, Ihr <u>Auto</u> ist völlig <u>kaputt</u>. Was machen Sie damit?

✳ 6 Sie sind <u>Kfz-Mechaniker</u> und suchen eine <u>Stelle</u>.

✳ 7 Sie brauchen nur für ein Wochenende ein <u>Auto</u>. Wo können Sie günstig eins <u>mieten</u>?

○ 8 Ihre <u>Lieblingsschuhe</u> sind <u>kaputt</u>. Wer kann sie für Sie <u>reparieren</u>?

△ 9 Sie wollen eine <u>Waschmaschine kaufen</u>, aber eine <u>neue Maschine</u> ist Ihnen <u>zu teuer</u>.

○ 10 Sie sind <u>2,04 Meter groß</u> und haben <u>Schuhgröße 48</u>. Wo finden Sie die <u>passenden Schuhe</u>?

Tipp **Lesen Sie nun die Anzeigen, die Sie vorher mit demselben Symbol zugeordnet haben.**

Tipp **Achten Sie in den Anzeigen und Situationen auf:**

– Zeiten (Tageszeit, Jahreszeit, Öffnungszeit, ...)
– Orte (in der Stadt, am Land, draußen, ...)
– Personen (wie viele? Alter? ...)

Es ist möglich, dass es keine passende Anzeige für eine Situation gibt. Dann markieren Sie „0" auf dem Antwortbogen.

Keine Panik! Sie müssen nicht jedes Wort in diesen Anzeigen genau verstehen! Sie sollen nur bestimmte Dinge suchen. Wichtig ist hierfür, dass Sie die Situation genau lesen und wichtige Fragen beantworten wie z.B.:
– Wer sucht?
– Was sucht sie/er?
– Wo?
– Für wann?
– Wie viel ... ? Wie viele ... ?

Unser Vorschlag:

ca. **20** Min.

Tipp Lösen Sie die Aufgaben dieser beiden Teile relativ schnell. Sie werden vielleicht nicht alle Aufgaben gleich lösen können. Überspringen Sie diese und suchen Sie die Lösung am Ende, wenn Sie noch Zeit haben.

> ### Lesen Sie den folgenden Text und entscheiden Sie, welches Wort (a, b oder c) in die Lücken (1–10) passt. Markieren Sie.
>
> *Liebe Sandra,*
>
> *wie geht es _____(1) ? Mir geht es super. Hier in Paris ist es wunderbar. Ich bin jetzt schon _____(2) drei Wochen hier, _____(3) jeder Tag ist wie der erste, alles ist so neu und schön. Meine Arbeit bei der Werbeagentur ist zwar anstrengend, macht aber auch Riesenspaß. Ich bin in einem sehr netten Team.*
>
> (Text: Arbeitsbuch, S. 23)

1	a) dir	b) dich	c) dein
2	a) von	b) seit	c) bis
3	a) deshalb	b) weil	c) aber

Lesen Sie den folgenden Text und entscheiden Sie, welches Wort aus dem Kasten (a–o) in die Lücken (1–10) passt. Sie können jedes Wort im Kasten nur einmal verwenden. Nicht alle Wörter passen in den Text.

Betreff:

▷ Anlagen: *keine*

ab↓ ↓ab   Standardschriftart ▾   Textgrad ▾   **F** *I* U T   ≡ ≡ ≡   ≝ ≝ ⋷ ⋻   **A** ▾ ⬧ ▾

Sehr geehrte Damen und Herren,
ich habe Ihre Homepage gelesen und interessiere mich sehr __1 _h___ Ihr Angebot.
Meine Freundin hat mir erzählt, wie gut sie sich fühlt, seit sie Yoga macht. __2____
ich schon länger unter einer inneren Unruhe und Anspannung leide, denke ich, dass mir
Yoga vielleicht helfen könnte. Ich lebe in München in der Nähe Ihrer Yoga-Schule.

(Text: Arbeitsbuch, S. 4)

a) also	b) an	c) Da	d) dafür	e) damit
f) dazu	g) denn	h) für	i) gern	j) ob
k) seit	l) wenn	m) Wie teuer	n) Wie viel	o) um zu

Wenn Sie bei einer Lösung nicht sicher sind, überlegen Sie, was besser „klingt".

 Tipp Beginnen Sie sofort mit dem Lesen der Sätze 1–5, wenn Sie das Aufgabenblatt in der Hand haben.

Tipp Markieren Sie beim Lesen der Aussagen 1–5 wichtige Wörter. Dann wissen Sie, worauf Sie beim Zuhören achten sollen.

Sie hören nun fünf kurze Texte zum Thema „Heiraten". Dazu sollen Sie fünf Aufgaben lösen. Sie hören diese Texte nur einmal. Entscheiden Sie beim Hören, ob die Aussagen richtig oder falsch sind. Markieren Sie richtig [R] oder falsch [F].

1 Die Sprecherin möchte gern <u>fünfmal heiraten</u>.   R   F

2 Der Sprecher hatte eine <u>große Hochzeitsfeier</u>.   R   F

3 Die Sprecherin ist <u>seit 15 Jahren</u> verheiratet.   R   F

4 Die Sprecherin hatte bei der Heirat <u>Probleme mit den Behörden</u>.   R   F

5 Der Sprecher fühlt sich <u>ungerecht</u> behandelt, weil er <u>nicht heiraten darf</u>. R   F

(Hörtexte: Arbeitsbuch, S. 35)

Sie hören diese Texte nur <u>einmal</u>, weil es beim Hören in diesem Prüfungsteil nur wichtig ist, das Wesentliche der Aussage einer Person zu verstehen.

 Tipp Vor dem ersten Hören haben Sie eine Minute Zeit, um die Aussagen 1–10 zu lesen. Unterstreichen Sie wichtige Wörter, die Ihnen bei der Lösung helfen können (z.B.: *ab morgen, jedes Jahr, alle, einige, ...*)

Sie hören nun ein Gespräch. Dazu sollen Sie zehn Aufgaben lösen. Sie hören diesen Text zweimal. Entscheiden Sie beim Hören, ob die Aussagen richtig oder falsch sind. Markieren Sie richtig [R] oder falsch [F].

		R	F
1	Herr Lorenz hat bei einer Aktion des SZ-Magazins ein Jahr bezahlten Urlaub gewonnen.	R	F
2	Herr Lorenz lebt mit seiner Familie in Kalifornien.	R	F
3	Familie Lorenz nimmt regelmäßig an Preisausschreiben teil.	R	F
4	Herr Lorenz hat den Brief vom SZ-Magazin für Werbung gehalten und wollte ihn erst wegschmeißen.	R	F
5	Herr und Frau Lorenz hatten eine behinderte Tochter.	R	F
6	Nach dem Tod der Tochter Manuela hatten Herr und Frau Lorenz eine Ehekrise.	R	F
7	Herr Lorenz wird bald nur noch seine Lieblingsgerichte kochen.	R	F
8	Herr Lorenz möchte nie wieder arbeiten.	R	F
9	Herr Lorenz wird hinterher auf keinen Fall denselben Job wiederbekommen.	R	F
10	Durch Manuela hat Familie Lorenz gelernt, sich auch über kleine Erfolge zu freuen.	R	F

(Hörtext: Arbeitsbuch, S. 8)

 Tipp Hören Sie sofort mit dem Lesen auf, sobald der Hörtext beginnt, sonst verpassen Sie wichtige Informationen am Anfang.

Markieren Sie beim ersten Hören die Lösungen, bei denen Sie sich sicher sind.
Achten Sie auf die anderen besonders beim zweiten Hören.

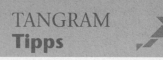
 Tipp Lesen Sie vor dem ersten Hören die fünf Aufgaben und unterstreichen Sie wichtige Informationen, auf die Sie beim Hören achten sollen (z. B.: Uhrzeit, Datum, Öffnungszeit, Ort, Preis, ...).

Sie hören fünf Texte. Dazu sollen Sie fünf Aufgaben lösen. Sie hören diese Texte nur einmal. Entscheiden Sie beim Hören, ob die Aussagen richtig oder falsch sind. Markieren Sie richtig [R] oder falsch [F].

		R	F
1	Es wird den ganzen Tag regnen.	R	F
2	Die Kunden sollen das Geschäft sofort verlassen.	R	F
3	Baldrian Dispert Nacht hilft bei Schlafstörungen.	R	F
4	Die Praxis ist im Moment geschlossen.	R	F
5	Am 5. Mai öffnet ein neues Autogeschäft.	R	F

(Hörtexte: Arbeitsbuch, S. 23)

 Tipp Beim Zuhören müssen Sie nun gezielt auf Wörter achten wie: *Regen, es regnet, regnen ...* und: *den ganzen Tag, von morgens bis abends ...*

Ähnlich wie in Teil 3 Leseverstehen (vgl. Tipps Seite 64/65) ist es hier wichtig, beim Hören gezielt nach Informationen in den Aufgaben zu suchen.

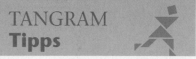

Tipp Lesen Sie zuerst genau die Aufgabenstellung und den Brief (Fax, E-Mail), auf den Sie antworten sollen. Damit Sie die Situation genau verstehen, stellen Sie sich folgende Fragen:
– **Wer** schreibt Ihnen?
– **Was** möchte sie/er von Ihnen? (Sie einladen?/ Informationen? ...)
– **Woher** antworten Sie? (Aus Ihrem Heimatland? Aus Deutschland? ...)

Sie haben ein Jahr in Deutschland in einer Firma gearbeitet und sind vor kurzem in Ihr Heimatland zurückgekehrt. Vor einigen Tagen haben Sie folgenden Brief von Ihrer Freundin Eva aus Hamburg bekommen, mit der Sie sehr gut befreundet sind.

Hamburg, den 20. Mai 20 . .

Liebe(r) ...,

vielen Dank für deinen langen Brief. Es freut mich, dass du dich wieder gut zu Hause eingelebt hast. Es ist viel passiert, seit ich dir das letzte Mal geschrieben habe. Im Moment bin ich ein bisschen durcheinander und brauche unbedingt deinen Rat. Stell dir vor, letzte Woche hat mir mein Chef angeboten, für unsere Firma nach Mexiko zu gehen. Unsere Filiale dort braucht dringend noch kompetente Mitarbeiter in der Marketing-Abteilung. Du weißt ja, Marketing hat mich schon immer interessiert. Das ist natürlich ein tolles Angebot, und ich wollte ja eigentlich schon immer mal ins Ausland gehen. Aber jetzt, da alles plötzlich so konkret ist, habe ich doch irgendwie Angst. So ein fremdes Land und dann die fremde Sprache ... Da müsste ich wirklich bei Null anfangen. Was meinst du denn? Soll ich das machen? Du warst doch selbst schon mal in derselben Situation. Ich würde mich sehr freuen, wenn du mir mal schreiben könntest, was du darüber denkst. Das ist wirklich eine schwere Entscheidung.
Viele Grüße auch an deine Familie
deine Eva

Tipp Beginnen Sie nun mit dem Antwortbrief. Notieren Sie Ort, Datum, Anrede und Gruß. Überlegen Sie sich einen passenden Einleitungs- und Schlusssatz.

Tipp Bringen Sie jetzt die vier Punkte in eine logische Reihenfolge und schreiben Sie ca. zwei Sätze zu jedem Punkt.

– die Vor- und Nachteile eines längeren Auslandaufenthalts
– Evas private Situation (Freund und Familie)
– Ihre eigenen Erfahrungen im Ausland
– was Sie an Evas Stelle tun würden

Sie verstehen bei den vier Punkten ein Wort nicht? Keine Panik! Denken Sie an den Kontext des Themas. Was könnte hier gemeint sein? Versuchen Sie die Bedeutung des Wortes zu erraten.
Schreiben Sie unbedingt zu jedem Punkt etwas, auch wenn Sie sich nicht sicher sind, ob Sie es richtig verstanden haben. Vielleicht haben Sie ja Glück!
Denken Sie daran, dass Sie die Sätze gut miteinander verbinden. Fangen Sie z. B. mal mit einem Nebensatz an. Oder beginnen Sie die Hauptsätze mit Wörtern wie: *danach, außerdem, gern, leider, zum Glück, hoffentlich, vielleicht, natürlich* ... Denn für die sprachlich gute Verbindung Ihrer Sätze bekommen Sie Punkte.

In allen drei Prüfungsteilen ist es wichtig, dass Sie ein lebendiges Gespräch führen, das heißt, dass Sie Ihre Meinung sagen, auf die Argumente Ihrer Partnerin / Ihres Partners eingehen, Vorschläge machen, auf die Vorschläge des anderen reagieren etc.

ca.**3** Min.

Tipp Antworten Sie nicht nur in einem kurzen Satz auf die Fragen Ihrer Partnerin / Ihres Partners und warten Sie dann auf die nächste Frage, sondern führen Sie ein möglichst natürliches Gespräch:
Stellen Sie sich vor, es ist der erste Kurstag in Ihrem Deutschkurs. Sie sitzen in der Klasse neben einer Person, die Sie noch nicht kennen und kommen mit ihr ins Gespräch. Wahrscheinlich werden Sie Fragen stellen wie z. B.: *Wie heißen Sie? Woher kommen Sie?...* und auf diese Fragen auch in ein bis zwei Sätzen antworten.

 Auf diesen Teil der Mündlichen Prüfung können Sie sich am leichtesten vorbereiten und „Punkte sammeln". Folgende Fragen können Ihnen gestellt werden: *Woher kommen Sie? Welche anderen Fremdsprachen außer Deutsch sprechen Sie noch? Leben Sie allein oder mit Ihrer Familie? Was sind Ihre Hobbys? ...* Bereiten Sie einige Antworten darauf vor: z. B.: *Ich habe drei Geschwister und wir leben noch alle bei meinen Eltern. Meine Großeltern wohnen auch bei uns im Haus. ...* So fühlen Sie sich in der Prüfung sicherer.

Falls Sie die Paarprüfung machen, könnten Sie diese Fragen Ihrer Partnerin / Ihrem Partner stellen.

ca.**6** Min.

Tipp Unterhalten Sie sich möglichst frei und locker über das Thema. Es soll ein möglichst natürliches Gespräch zwischen zwei Personen sein und nicht ein „Frage-Antwort-Spiel".

Sehen Sie sich die Abbildung an. Berichten Sie Ihrer Partnerin / Ihrem Partner kurz, welche Informationen Sie zum Thema vorliegen haben. Danach berichtet Ihre Partnerin / Ihr Partner kurz über ihre/seine Informationen.

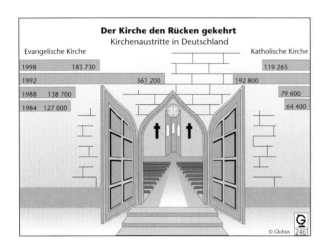

Der Kirche den Rücken gekehrt
Kirchenaustritte in Deutschland

Evangelische Kirche

1998	183 730
1992	361 200
1988	138 700
1984	127 000

Katholische Kirche

| 119 265 |
| 192 800 |
| 79 600 |
| 64 400 |

© Globus 2461

Mitgliederzahlen der großen Religionsgemeinschaften

	Berlin	Bayern	
Evangelische Kirche	867 000	25,9%
Evangelische Kirche	2 750 000	22,7%
Katholische Kirche	310 000	9,2%
Katholische Kirche	7 450 000	61,5%
Jüdische Gemeinden	12 000	0,35%
Jüdische Gemeinden	15 000	0,12%
Islam	203 000	6%
Islam	500 000	4,1%

Erzählen Sie sich gegenseitig, wie Sie über dieses Thema denken. Geben Sie Gründe. Reagieren Sie auf die Meinung Ihrer Partnerin / Ihres Partners.

Tipp Folgende Redemittel helfen Ihnen beim Gespräch:

Über eine Abbildung / einen Text sprechen

Eine Abbildung / einen Text beschreiben
Die Abbildung/Grafik/Tabelle gibt Informationen über das Thema ...
Das Foto/Bild zeigt, wie / wie viel / ...
In dem Text zur Abbildung/Grafik/Tabelle steht, dass ...
Interessant an dieser Abbildung/Grafik/Tabelle ist, dass ...
Seltsam finde ich, dass ...
Bei uns ist das ganz anders: ...
Ich denke/finde, ...

Auf die Partnerin / den Partner reagieren
Ja, das stimmt. / Das finde ich auch.
Wirklich?
Das denke/finde ich nicht.
Interessant!
Das wusste ich noch nicht.
Das habe ich nicht verstanden.
Könnten Sie das bitte noch einmal wiederholen/erklären?

Mögliche Themenbereiche sind z.B.: Urlaub, Freizeit, Reise, Sport, Essen und Trinken, Wohnen etc. Wenn Sie sich auf diesen Teil der Prüfung vorbereiten wollen, schreiben Sie sich wichtiges Vokabular zu diesen Themen auf und lernen Sie es. Vielleicht haben Sie Glück und eines dieser Themen kommt dran!

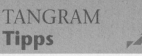
 ca.**6** Min.

 Tipp Bei diesem Gespräch ist es wichtig, dass Sie Vorschläge machen und auf die Vorschläge Ihrer Partnerin / Ihres Partners eingehen. Am Ende sollen Sie zu einer Lösung kommen.

> **Sie arbeiten in Stuttgart und sollen zusammen mit Ihrem Kollegen eine dreitägige Geschäftsreise nach Berlin machen. Überlegen Sie, was alles zu tun ist und wer welche Aufgaben übernimmt. Sie haben sich schon einen Zettel mit Notizen gemacht.**
>
> - Mit Auto, Bahn oder Flugzeug?
> - Hotelreservierung
> - Termine (mit Geschäftspartner)
> - Wegbeschreibung
> - Wichtige Papiere für das Meeting

 Tipp Folgende Redemittel helfen Ihnen beim Gespräch:

Etwas vorschlagen

Etwas vorschlagen
Wie wäre es, wenn ...?
Was halten Sie / hältst du davon, wenn ...?
Ich schlage vor, wir ...
Wir könnten z.B. ...

Fragen, wie Ihre Partnerin / Ihr Partner den Vorschlag findet
Wie finden Sie den Vorschlag? / Wie findest du das?
Sind Sie / Bist du einverstanden?
Was meinen Sie / meinst du dazu?
Haben Sie / Hast du eine andere/bessere Idee?

Einen Vorschlag annehmen
Ja, ist gut / okay / in Ordnung.
Damit bin ich einverstanden.
Kein Problem.
Ja, vielleicht. Das wäre nicht schlecht.
Gute Idee!

Einen Vorschlag ablehnen
Ich weiß nicht. Das ist keine besonders gute Idee.
Das sehe ich anders.
Da bin ich anderer Meinung.
Das finde ich nicht so gut.

Einen Gegenvorschlag machen
Ich denke, es ist sinnvoller, wenn ...
Wäre es nicht besser, wenn ...?
Vielleicht sollten wir lieber ...

 Keine Panik, wenn Sie mal einen Satz oder ein Wort Ihrer Partnerin / Ihres Partners nicht verstehen.
Fragen Sie einfach nach.

Lösungsschlüssel

Lektion 1

A1 2h 3d 4e 5f 6c 7b 8a

A3 1c 2f 3d 4g 5a

A4 1 B, C, A 2 *Vergangenheit*: im vergangenen Jahr, früher, gestern, letztes Jahr, neulich, damals, vor drei Wochen, in dieser Woche *Gegenwart*: heute, jetzt, im Moment, in dieser Woche *Zukunft*: bald, im nächsten Jahr, übermorgen, in drei Monaten, morgen, nächstes Jahr, in dieser Woche (*Anmerkung*: „in dieser Woche" ist zeitlich nicht festgelegt, es kommt auf den Kontext an)

A5 2a 3c 4b 5a 6b 7a 8c 9b 10b 11a 12c 13b 14c

A6 2c 3a 4f 5n 6o 7j 8l 9b 10i

B1 2 Windsurfen 3 Radfahren 4 Schwimmen 5 Tennis 6 Basketball 7 Badminton
Wassersport: Tauchen, Windsurfen, Segeln, Canyoning, Schwimmen *Wintersport*: Schlittschuhlaufen, Skifahren, Snowboardfahren *Ballsport*: Volleyball, Squash, Golf, Handball, Tennis, Fußball, Basketball, Tischtennis, Badminton *Extremsport (Lösungsbeispiel)*: Tauchen, Drachenfliegen, Canyoning, Bungee-Springen, (Bergsteigen) *Sport mit Musik*: Jazztanz, Aerobic *Sport in der Natur (Lösungsbeispiel)*: Tauchen, Schlittschuhlaufen, Drachenfliegen, Windsurfen, Skifahren, Segeln, Joggen, Canyoning, Wandern, Radfahren, Bergsteigen

B2 A4 B2 C1 D3

B4 1B 2C 3A 4D

B5 1 *Tempusformen*: Präteritum, Plusquamperfekt *Adverbien/adverbiale Ausdrücke*: Anfang der Achtziger, im vergangenen Jahrzehnt, heute, letzten Sommer, das letzte Mal *Konjunktionen*: bevor, als, wenn
2 *Bildung des Perfekts*: „haben" oder „sein" + Partizip Perfekt
Partizip-Perfekt-Formen: regelmäßige Verben: ge- + Verb + Endung -t unregelmäßige Verben: ge- + Verb oft mit Vokalwechsel + Endung -en *trennbare Verben*: -ge- steht nach der Vorsilbe *untrennbare Verben*: kein ge- *Verben auf -ieren*: kein ge- und Endung „-t"
3 als, wenn

B6 2 Als ich vor zwei Jahren zum ersten Mal in Nepal war 3 wenn ich durch Nepal, Tibet und Indien gereist bin 4 Wenn ich Probleme mit der Verständigung hatte 5 Als ich das letzte Mal da war 6 Wenn ich von meinen Reisen nach Hause gekommen bin

C1 2F 3F 4R 5R 6R 7F 8F 9F 10R

C2 1 A, A, C, C, A, C, C, B, B, A, C, A, A, A
2 *Reihenfolge*: danach, nachher, hinterher; –; anfangen, beginnen
Häufigkeit/Wiederholung: immer wieder; –; –; *Dauer*: –; seit; weitergehen

3 ab, an, aus, außerhalb, bei, bis, für, gegen, in, innerhalb, nach, seit, über, um, von, vor, während, zwischen
4 seit, nach *meinem Urlaub* bevor, seit *ich Urlaub habe* nachdem, seit, bevor *ich im Urlaub gewesen bin/war*

C4 (*Lösungsbeispiel*)

..., den 28. Mai 20..

Liebe Eva,
ich habe mich sehr über deinen Brief gefreut. Das sind ja interessante Neuigkeiten! Ich kann gut verstehen, dass du jetzt ein bisschen durcheinander bist. Auch für mich war damals die Entscheidung nach Deutschland zu gehen sehr schwer. Aber ich habe es nicht bereut. Die Zeit in Deutschland war für mich sehr interessant. Ein längerer Auslandsaufenthalt hat viele Vorteile: Du lernst eine neue Sprache, du lernst eine andere Kultur und Lebensweise kennen, du machst neue berufliche Erfahrungen und du lernst natürlich viele neue Leute kennen! Aber natürlich musst du auch an deine Familie und an deinen Freund denken. Hast du schon mit Peter gesprochen? Er wollte doch auch gern mal ins Ausland. Vielleicht kann er ja mit dir nach Mexiko gehen! Und deine Eltern könnten dich ja dort besuchen kommen. Ich an deiner Stelle würde mir diese Gelegenheit auf keinen Fall entgehen lassen. Wenn du das jetzt nicht machst, ärgerst du dich hinterher bestimmt! Und wenn du erst mal dort bist, dann ist alles halb so schlimm. Was hältst du davon, wenn wir am Wochenende mal telefonieren? Dann können wir in Ruhe darüber sprechen.
Viele liebe Grüße und bis bald
dein (e) ...

C5 keine Lösung

Lektion 2

A1 1A 2G 4F 5J 6C 7H 8D 9B 10E

A3 1b 2a 3a 4c 5b

A4 1 C, D, C, D, B, A, B, D 2 Akkusativ, Dativ, Wechselpräpositionen 3 *Woher?* von *Wo?* gegenüber (von), alle Wechselpräpositionen *Wohin?* nach, durch, gegen, bis, entlang, um ... (herum), gegen, alle Wechselpräpositionen

A6 A Die Roboter B Die Musik-Terroristen C Die Ungeschickten D Die Weltbürger E Die Stimmungskanonen

A7 1C 2E 3B 4A 5D

B2 1A 2C

B3 (*Lösungsbeispiel*) 1 Beruf, Sport, Gartenparty, Urlaub; Tennis, Urlaub auf Mallorca; gemeinsame Bekannte 2 Ehefrau, Betriebsfest, Arbeitsklima, Kollegen, Verkehrsunfall, Blondinenwitze; –; Arbeitskollegen

B4 1 C, A, A, B, C 2 „dass" sagen, antworten,

berichten, fragen, lesen, sehen, hören, wissen, meinen, glauben, sich darüber/darauf freuen …
„Infinitiv mit zu" anfangen, aufhören, schaffen, versuchen, vergessen, Lust haben, keinen Zweck haben, es macht Spaß, es ist besser/leicht/schwer/erlaubt/verboten/möglich …
sich anstrengen, beabsichtigen, vorhaben

B5 die, der, die, dass, dass; dass; dass, dass
„Infinitiv mit zu"-Sätze im Text: Versuchen Sie daher, künftig stärker zu Ihren Leistungen und Erfolgen zu stehen und Lob uneingeschränkt anzunehmen. …
Es war sehr gut, dass ich mich entschlossen habe, die Meisterprüfung zu machen.
Weitere Beispiele: Ich versuche freundlicher zu sein. … anderen Leuten besser zuzuhören. … mich nicht immer gleich so aufzuregen. *Ich habe mich entschlossen* etwas anderes zu studieren. … für zwei Jahre ins Ausland zu gehen. … dieses Jahr mal etwas weniger zu arbeiten.

B6 *(Lösungsbeispiel)*

..., den 7. 7. 20..

Liebe Sandra,
vielen Dank für deinen Brief. Ich habe mich sehr darüber gefreut, dass du mir mal wieder geschrieben hast. Mir und meiner Familie geht es übrigens sehr gut. Dass du eine Geschäftsreise nach … machst, ist ja wirklich sehr praktisch. Da können wir uns endlich mal wieder sehen. Ich hoffe, dass es für dich nicht so anstrengend wird und dass alles gut klappt. Es wäre toll, wenn du noch ein paar Tage Urlaub nehmen könntest, dann könnte ich dir meine Stadt ein bisschen zeigen. Es gibt hier ja so viele interessante Dinge zu sehen: Wir haben ein paar tolle Museen, einen wunderschönen Park, eine sehr schöne Innenstadt … Ich kann mir auf jeden Fall auch etwas Zeit für dich nehmen. Wie du weißt, arbeite ich ja zu Hause und kann meine Arbeit frei einteilen. Ruf mich an, wenn du genau weißt, wann du Zeit hast.
Bis dahin viele liebe Grüße
dein(e) …

C1 2c 3f 4e 5a 6g 7b
C2 B Schokolade C Auto D Mineralwasser
E Gummibärchen F kalorienarme Lebensmittel
G Internet-Provider H Deutsche Bahn
I Fernsehsender
2B 3A 4H 5C 6I 7D 8F 9G
C3 A b**F** c**R** d**F** B a**R** b**F** c**R** d**F** C a**R** b**F** c**R** d**F**
C4 1 B, B, A, B 2 gut, besser, die/der/das beste bzw. am besten schön, schöner, die/der/das schönste bzw. am schönsten hoch, höher, die/der/das höchste bzw. am höchsten schnell, schneller, die/der/das schnellste bzw. am schnellsten viel, mehr, die/der/das meiste bzw. am meisten groß, größer, die/der/das größte bzw. am größten gern, lieber, am liebsten wenig, weniger, die/der/das wenigste bzw. am wenigsten 3 *(Lösungsbeispiel)* Petra ist größer als Johann. Toni hat längere Haare als Stefan. Tobias kann am besten Deutsch sprechen. Er ist der beste Schüler in der Klasse. Susanne spielt lieber Tennis als Tom.
C5 2 angenehmste 3 schöner 4 lieber mehr 5 beste 6 kostbarsten 7 schönsten 8 neuesten …

schönsten … heißesten 9 kräftiger … glänzender … schönsten
C7 1F 2F 3R 4R 5F
C8 2b 3c 4b 5a 6c 7b 8c 9b 10b

Lektion 3

A2 *(Lösungsbeispiel)* brauner Käse aus Kuh- und Ziegenmilch; süß; in dünnen Scheiben auf Brot oder pur; schmeckt nach norwegischem Sommer *Blutpudding* aus Schweden; aus Blut, Mehl und Zucker; in Scheiben, gebraten, mit Preiselbeeren; – *Hagebutten- und Blaubeersuppe* aus Schweden; Pulver; warm mit Milch oder Cornflakes; – *Weißbrot* aus Schweden; süß; –; – *grüner Tee* aus China; spezielles Aroma; zum Essen; fühlt sich mit zu Hause verbunden *Marmite* aus England; Brotaufstrich aus Hefe und anderen pflanzlichen Stoffen, schmeckt nach Maggi, schmeckt penetrant; zum Frühstück; Frühstück ohne Marmite schmeckt nicht *Biltong* aus Südafrika; getrocknetes, gesalzenes Fleisch vom Rind oder Hirsch; –; einfach so, zwischendurch; – *Rooiboschtee* aus Südafrika; –; –; – *Butternut* aus Südafrika; –; –; schmeckt nach Sonne und Kindheit *Ugali* aus Kenia; so eine Art Maismehl; zu allem; schmeckt, ist billig und macht satt
A3 1 *Konjunktionen:* weil, da, denn ↔ obwohl *Adverbien:* nämlich, deshalb ↔ trotzdem *Präpositionen:* aus, wegen ↔ trotz 2 *Hauptsatz:* denn, alle Adverbien *Nebensatz:* weil, da, obwohl 3 Genitiv: wegen der viel<u>en</u> Kinder, trotz der groß<u>en</u> Auswahl
A4 1 nämlich 3 obwohl 4 trotz 5 wegen 6 denn 7 deshalb 8 Trotzdem 9 weil 10 aus 11 obwohl 12 denn
A6 1a 2n 4e 5h 6c 7m 8i 9k 10l
B1 *(Lösungsbeispiel) wildes Tier:* Elefant, Ente, Frosch, Hase, Löwe, Maus, Mücke, Pfau, Schlange *Nutztier:* Fisch, Esel, Hahn, Kuh, Pferd, Schaf, Schwein, Ziege *Haustier:* Katze, Meerschweinchen, Vogel
B2 1 Katze 2 Hund 3 Hahn 4 Frosch 5 Kuh 6 Ente
B3 2h 3e 4j 5d 6a 7b 8f 9i 10g
B4 1b 2c 3a 4c
B5 1 *Ziele und Absichten:* damit, um … zu *Folge:* so (…) dass ↔ also, deshalb 2 … so tief in mir, dass … <u>kann</u>. …, damit …<u>hört</u>. …, also <u>gehören</u> … …, damit …<u>konnten</u>. … Deshalb <u>haben</u> …, um … <u>anzusehen</u>. …, um … zu <u>können</u>. …, so dass … ging. … so schlimm, dass … zu <u>gehen</u>. 3 *Hauptsatz:* also, deshalb *Nebensatz:* damit, um … zu, so (…) dass
B6 2a 3c 4a 5c 6c 7b 8c 9b
B8 1K 3C 4J 5L 6O 7B 8F 9A 10G
C1 2c 3f 4h 5e 6i 7a 8b 9g
C2 *Margot:* B, 1971 *Beate:* C, 1992 *Maria:* A, 1946
C3 *(Lösungsbeispiel) Maria:* durch die Einquartierung des Mannes in Marias Wohnung nach dem Krieg; ja; mit ca. 15 Personen, ruhig, ärmlich, Essen: Suppe, Klößchen, Rotkohl, keine Flitterwochen; Goldene Hochzeit *Margot:* in der Tanzschule; ja; ca. 60 Personen, selbst gemachtes Buffet mit Salat und kaltem Braten, keine Flitterwochen; silberne Hochzeit *Beate:* in einer Theatergruppe; nur standesamtlich; nur mit Trauzeugen, in

französischem Restaurant, 3 Tage „Flitterwochen"; weder goldene noch silberne Hochzeit

C5 1 B, C, A, C, A, B, A 2 Hätte ich die Wahl, würde ich heute nicht mehr zu Hause feiern. Wäre ich nicht zufällig in dem Sommer in die Tanzschule gegangen, wäre mein Leben wohl anders verlaufen.

C8 1F 2R 3F 4R 5R

C9 (Lösungsbeispiel)

..., den 22. April 20..

Liebe Sonja,

schön, dass du so schnell geantwortet hast. Ich freue mich sehr, dass du zu meiner Hochzeit kommst. Bei uns wird die Hochzeit prinzipiell auch nicht anders gefeiert als bei euch. Auch wir feiern normalerweise einen Tag lang. Luc und ich werden aber nur standesamtlich heiraten. Aber eine große Feier gibt es trotzdem. Da wir beide eine große Familie und viele Freunde haben, werden etwa 80 Personen kommen. Wir haben ein ganzes Restaurant gemietet und alle machen sich ein bisschen schick. Du hast mir doch bei unserem letzten Telefonat von deinem neuen tollen Kleid so begeistert berichtet. Das könntest du doch anziehen, oder? Das schönste Geschenk von dir ist, dass du zur Hochzeit kommst. Aber wenn du uns unbedingt noch etwas schenken möchtest, dann würden wir uns sehr über einen Fotoband über Deutschland freuen. Was die Anreise betrifft, so wäre es für dich am angenehmsten, wenn du mit dem Flugzeug kämst – mit dem Auto und mit dem Zug dauert es so lange! Der Flughafen ist zwar ein bisschen außerhalb, aber irgendjemand aus der Familie kann dich sicherlich dort abholen. Vielleicht kannst du ja einen Tag früher kommen, dann ist alles nicht so hektisch. Bitte gib mir bald Bescheid, wann du genau ankommst, damit ich alles organisieren kann.

Viele liebe Grüße

dein(e) ...

Lektion 4

A1 2 die Tageszeit 3 der Zeitpunkt 4 die Schulzeit 5 die Reisezeit 6 (die) Geschäftszeiten (Plural) 7 der Zeitdruck 8 die Arbeitszeit 9 die Hauptverkehrszeit 10 die Jahreszeit

A2 es passt nicht: 1 nehmen 2 beeilen 3 ausgeben 4 geben 5 gewinnen

A3 (Lösungsbeispiel) China: spontaner Besuch von Freunden; essen sehr schnell Deutschland: viel Zeit für sich und Familie; vorher Anruf und explizite Verabredung; essen gern gemeinsam, in Ruhe; Pünktlichkeit sehr wichtig

A4 1 genau, möchten, müssen; in langsamen Kurven; können, einfach; will, kann, einfach; muss, ordentlich; mit hoher Geschwindigkeit; gemeinsam, in Ruhe 2 können, dürfen, müssen 3 Wunsch: wollen, möchten Möglichkeit: können Erlaubnis: dürfen Notwendigkeit: müssen, sollen 4 sehr; ganz; sehr; so

A5 2a 3b 4c 5c 6b 7c 8b 9b 10a 11b 12a

A6 (Lösungsbeispiel)

..., den 26. 09. 20..

Lieber Albert,

vielen Dank für deinen Brief. Ja, ich habe mich gut und schnell wieder zu Hause eingelebt. Deine

Kollegen haben Recht: Bei uns geht man tatsächlich ein bisschen anders mit Zeit um, aber vor allem im privaten Bereich. Da nehmen es die Leute nicht so genau. Eine halbe Stunde Verspätung ist ganz normal. Du kannst jederzeit spontan bei jemandem vorbeischauen, aber da ... eine große Stadt ist, rufen die meisten Leute doch vorher an. Bei geschäftlichen Verabredungen ist alles etwas anders. Da muss man schon vorher anrufen und man sollte auch pünktlich sein. Bei uns nimmt man sich viel, viel Zeit fürs Essen, vor allem wenn man mit Freunden oder Geschäftspartnern zusammen ist. Wenn du während deines Aufenthalts einkaufen gehen möchtest (und das tust du ja so gern!), hast du hier kein Problem. Die meisten Geschäfte haben den ganzen Tag bis abends um neun Uhr auf. Nur kleinere machen mittags zu und erst am späteren Nachmittag wieder auf. Bitte schreib mir bald, wann du genau kommst und wann du Zeit hast, damit ich auch ein bisschen planen kann. Denn natürlich möchte ich dich gerne treffen.

Viele Grüße

dein(e) ...

A8 1 Fotokopieren Sie, sortieren Sie, legen Sie ... zusammen; sollten ... durchsehen; Steigen Sie; sollten ... essen; sollten ... lernen/besuchen; Machen Sie, schalten Sie ... ein, hören Sie, lesen Sie 2 Gehen Sie erst jetzt ins Bett. Sie sollten jetzt fotokopieren, sortieren, Geschirr spülen oder Wäsche zusammenlegen. Sehen Sie – wenn Sie Schüler oder Student sind – kurz vor Prüfungen um diese Zeit noch einmal ihre Notizen durch. Sie sollten auf keinen Fall auf die Waage steigen. Sie bekommen Hunger. Essen Sie jetzt. Lernen Sie jetzt oder besuchen Sie Vorlesungen (wenn Sie Schüler oder Student sind). Sie sollten es sich auf der Couch gemütlich machen, Sie sollten die Glotze einschalten, schöne, ruhige Musik hören oder lesen. 3 Seht vor Prüfungen die Notizen durch! Erledigt schwierige Aufgaben! Esst Mittag! Lernt oder besucht Vorlesungen! Macht Sport!

A9 Du solltest mindestens acht Stunden schlafen./ Schlaf mindestens acht Stunden. Du solltest nicht so viel Kaffee trinken./Trink nicht so viel Kaffee. Du solltest mit dem Rauchen aufhören./Hör mit dem Rauchen auf. Du solltest weniger arbeiten./Arbeite weniger: Du solltest viel Obst und Gemüse essen./Iss viel Obst und Gemüse. Du solltest das Auto verkaufen und mit dem Fahrrad zur Arbeit fahren./Verkauf das Auto und fahr mit dem Fahrrad zur Arbeit. Du solltest mindestens eine Stunde Sport pro Tag machen./Mach mindestens eine Stunde Sport pro Tag.

B1 2i 3c 4h 5d 6b 7a 8e 9f 10g Straße: das Motorrad, ̈-er; der Lastkraftwagen, - (Lkw, -s); das Fahrrad, ̈-er Schienen: die Bahn (nur Singular)/der Zug, ̈-e; die Straßenbahn, -en; die U-Bahn (nur Singular) Wasser: das Schiff, -e/die Fähre, -n Luft: das Flugzeug, -e

B2 3, 5, (1,) 4, 2

B3 1 B, A, A, A, B, A 2 sein, werden 3 (Lösungsbeispiel) Es ist interessant, dass das Leihrad überall wieder zurückgelassen werden kann. Ich glaube, dass es dann allerdings abgeschlossen sein muss. Ich habe gehört, dass das Leihrad mit Hilfe des Codes auch unterwegs abgeschlossen werden kann. Ich habe gelesen, dass dabei automatisch auch der Standort der Telefonzelle registriert wird. Ich glaube, dass der Betrag von der Kreditkarte abgebucht wird. Es ist praktisch, dass das Schloss (dann) schon geöffnet ist. Ich finde es wirklich erstaunlich, dass an normalen Werktagen die Räder 800- bis 1000-mal ausgeliehen werden.

B4 2 Die kostenlose Hotline kann von einer Telfonzelle aus angerufen werden. 3 Die Kreditkartennummer muss beim ersten Mal angegeben werden. 4 Die Fahrradnummer muss genannt werden. 5 Der Zahlencode soll eingetippt werden. 6 Das Fahrrad kann unbegrenzt lange benutzt werden. 7 Das Fahrrad kann überall zurückgelassen werden. 8 Das Fahrrad muss abgeschlossen werden. 9 „Call a bike" soll von einer Telefonzelle aus angerufen werden. 10 Der Rechnungscode muss genannt werden. 11 Das Projekt soll auch in anderen Städten ausprobiert werden.

B5 2c 3b 4a 5c 6a 7c 8b 9a 10c

B6 1F 2R 3F 4R 5R

C1 1B 2E 3D 5C

C2 1 A, C, B, A 2 *Wünsche und Träume:* hoffentlich, wollen, möchten, wünschen, hoffen *Vermutungen:* glauben, vielleicht, denken, wahrscheinlich, möglicherweise, vermuten, annehmen 3 *(Lösungsbeispiel)* Vielleicht hat Peter seinen Zug verpasst und kommt erst mit dem nächsten. Ich vermute, dass Peter Ärger mit Luis hatte und deswegen gar nicht kommt. Ich glaube, dass sie in letzter Zeit öfter Streit hatten. Möglicherweise ist sein Telefon kaputt, sonst würde er doch anrufen. Ich möchte jetzt endlich losgehen.

C3 *(Lösungsbeispiel)* Dann würde ich viel ausgehen. Ich glaube, ich würde immer lange schlafen. Wahrscheinlich würde ich mehr lesen. Am liebsten würde ich die fünf Tage gleichzeitig mit meiner Freundin freihaben. Ich denke, dass das sehr erholsam wäre. Vielleicht würde ich mich sogar ein bisschen langweilen. Ich würde sicherlich öfter mal in ein Museum gehen. Ich könnte mehr Sport machen. Es wäre schön nicht immer am Wochen-ende ins Grüne fahren zu müssen.

C5 1b 2e 3f 4d 5h

Lektion 5

A1 *Medizin:* Penicillin, Pille kommt auf den Markt *Sport:* Olympische Spiele in Sydney *Politik:* Erster Weltkrieg *Technik:* Untergang der Titanic, Erfindung des Computers, Klonschaf „Dolly" *Kunst/Kultur:* Charlie Chaplin, Elvis Presley Untergang der Titanic 1912, Erster Weltkrieg 1914–1918, Penicillin 1928, Charlie Chaplin 1889–1977 (Filme z.B. „Moderne Zeiten" 1936, „Der große Diktator" 1940), Erfindung des Computers 1941 ff., Elvis Presley 1935–1977, Pille kommt auf den Markt 1960, erstes Retortenbaby 1978, Klonschaf „Dolly" 1996/1997

A3 1R 2F 3F 4R 5R

A4 1 C, C, A, A, B, C, B, B 2 *Hauptsatz:* sondern, und, aber, denn *Nebensatz:* ob, obwohl, weil, da, dass, damit, wenn, als

A5 1 Hören Sie gerne die Musik der Beatles? 2 Glauben Sie, dass die Musik der Beatles auch heute noch aktuell ist? 3 Wissen Sie, seit wann es das Internet gibt? 4 Wann wurde das Empire State Building gebaut? 5 Wer hat im Jahre 2000 die Tour de France gewonnen? 6 Wissen Sie, seit wann die Frauen in der Schweiz das Wahlrecht haben? 7 Kennen Sie Bertholt Brecht? 8 Wer hat die Relativitätstheorie entwickelt? 9 Haben Sie 1999 die Sonnenfinsternis beobachtet? 10 Hätten Sie gern in einem anderen Jahrhundert gelebt?

B1 2a 3d 4h 5g 6i 7c 8f 9e

B4 1a 2c 3a 4b 5c

B5 1 C, C, A, B, A, C, C, C 2 *musste ... sein* = Modalverb „müssen" + Infinitiv, Präteritum *habe ... verloren* = Perfekt von „verlieren" *haben ... gewartet* = Perfekt von „warten" *hielt ... fest* = trennbares Verb „festhalten", Präteritum *soll ... wohnen* = Modalverb „sollen" + Infinitiv, Präsens *trieb ... weg* = trennbares Verb „wegtreiben", Präteritum *hatte ... gezählt* = Plusquamperfekt von „zählen" *wird ... gekocht* = Vorgangs-Passiv von „kochen", Präsens *hätten ... umgetrampelt* = Konjunktiv II von „umtrampeln", Perfekt

B6 1 Thomas fiel ein paar Tage später ein Mann auf Krücken auf. 2 Er wollte nicht länger allein sein. 3 Deshalb lief er ihm nach. 4 Der Mann auf Krücken wollte Thomas zuerst wegjagen. 5 Später sind sie jedoch gute Freunde geworden. 6 Thomas hat viel von Krücke gelernt. 7 Krücke kannte sich auf dem Schwarzmarkt und auch sonst im Leben aus. 8 Was hätte Thomas wohl ohne Krücke gemacht? 9 Sicherlich hätte er mehr Probleme gehabt. 10 Vielleicht wäre er in ein Waisenhaus gekommen. 11 Zum Schluss findet Thomas seine Mutter wieder.

C1 *(Lösungsbeispiel)* Essen: Pillen, Tee *Schule:* allein zu Hause, per Internet/Computer, Lehrer in Zentralbüro, Schulausflug zum Mond *Fernsehen:* 500 Programme *Fortbewegung:* Düsengürtel, Förderband, Raumschiff

C3 1 *im Internet* D *per Computer* C *an das Zentralbüro* D *wegen der bevorstehenden Reise* B *freiwillig* C *früher* A *ins Bett* D *morgen* A *zum Mond* D 2 *temporal:* später, am 2. Januar, am Samstag *kausal/konzessiv:* wegen seiner Schmerzen, trotz der Kälte *modal:* gern, schnell, aufgeregt, unruhig, mit Kopfschmerzen *Lokal:* in die Schule, zu Hause, hier, im Zimmer

C4 1 Moni ist heute voller Neugier zum Mond geflogen. 2 Sie war noch nie auf dem Mond gewesen. 3 Die anderen Klassenkameraden haben ihr auf dem Flug zum Mond viel erzählt. 4 Sie waren nach drei Stunden glücklich und etwas müde auf dem Mond angekommen. 5 Sie mussten dann wegen der Schwerelosigkeit gehen üben. 6 Sie sind zuerst ins Hotel gegangen. 7 Dann durften sie sich bis zum Abendessen auf dem Mond umsehen. 8 Die ganze Klasse fuhr am nächsten Tag in einem Mondauto.

9 Der Lehrer war am Abend völlig genervt in seinem Zimmer verschwunden.

C7 **2**j **3**c **4**e **5**h **6**f **7**d **8**n **9**o **10**b

C8 *(Lösungsbeispiel)*

..., den 3. 6. 20..

Liebe Lisa,

vielen Dank für deinen Brief. Mir geht es soweit ganz gut. Glücklicherweise muss ich keine Schularbeiten mehr schreiben. Ich hoffe, du hast deine Mathe-Arbeit gut hinter dich gebracht. Musst du noch viele Arbeiten schreiben? Falls ja – viel Glück! Was du von dem Buch „Blueprint" erzählt hast, hört sich ja sehr interessant an. Vielleicht lese ich es als nächstes. Das Thema „Klonen" ist ja wirklich ganz aktuell. Die Vorstellung, das Menschen geklont werden könnten, finde ich allerdings ganz schrecklich. Und ich befürchte, dass die Menschen es machen werden, sobald sie es können. Hoffentlich dauert es noch lange, bis sie soweit sind! Ich lese im Moment den dritten Band von „Harry Potter". Ich liebe Geschichten mit Zauberern und Hexen und die Harry-Potter-Geschichten sind wirklich spannend. Hast du sie schon gelesen? Du magst doch spannende Geschichten. Ich glaube, dass sie dir auch gefallen würden. So, jetzt muss ich leider los. Ich gehe mit Thomas ins Kino.

Bis bald

dein(e) ...

Wortliste

Seite W 1 – W 12

Wortliste

Wörter, die für das Zertifikat nicht verlangt werden, sind kursiv gedruckt.
Bei sehr frequenten Wörtern stehen nur die ersten acht bis zehn Vorkommen.
„nur Singular": Diese Nomen stehen nie oder selten im Plural.
„Plural": Diese Nomen stehen nie oder selten im Singular.
Artikel in Klammern: Diese Nomen braucht man meistens ohne Artikel.

A

abbauen + AKK 48
Abbildung die, -en 4, 24, 85
abdanken 63
Abend: zu Abend essen du isst zu
    Abend, sie/er/es isst zu Abend aß zu
    Abend, hat zu Abend gegessen 17
Abendmahl das (nur Singular) 38
abenteuerlich 46
Abfall der, ⸚e 34
Abgrund der, ⸚e 11
abhängig 11, 55
Abiturzeugnis das, -se 11
Abnehmer der, - 26
Abschiedsfete die, -n 11
abschließend 46
abschotten + AKK + von DAT 66
Abschwächung die, -en 56
absetzen + AKK 64
absurd 50
abwenden + AKK wandte ab, hat
    abgewandt 39
abwenden + sich + von DAT wandte
    sich ab, hat sich abgewandt 66
Abwesenheit die (nur Singular) 17
achten auf 66
Advent der (nur Singular) 39
Adventskranz der, ⸚e 39
Adventszeit die (nur Singular) 39
Adverb das, -ien 3, 8, 13, 19, 32, 35, 47,
    54
adverbial 3, 8, 13, 47, 54
AG = Aktiengesellschaft die, -en 54, 55
ahnen + AKK 66
Aktion die, -en 2, 48
aktivieren + AKK 11
al dente 25
All das (nur Singular) 54, 60
allein fühlen + sich 35
aller Art 17
Alliierte die/der, -n 63
allmählich 56
Almhütte die, -n 34
Alpenregion die, -en 52
alt: alles bleibt beim Alten 54
Amaretto der, -s 26

Amnesty International 2
amüsant 42
andauern 25
anderm, andern = anderem, anderen 57
and're = andere 15
anfangs 32
angeben + den Ton + SIT du gibst den
    Ton an, sie/er/es gibt den Ton an gab
    den Ton an, hat den Ton angegeben
    34
angehören + DAT 75
Angehörige die/der, -n 39
angestrengt 20
angetrunken 20
angreifen + AKK griff an, hat
    angegriffen 34
Ängste (die) (Plural) 54
Anhieb: auf Anhieb 26
ankommen + auf AKK kam an, ist
    angekommen 15, 20
anpöbeln 20
anrühren + AKK 11
anschaffen + AKK 35
anschalten + AKK 17
anschaulich 55
anscheinend 56
ansonsten 38
anstehen stand an, hat angestanden 73
ansteuern 55
Anstrengung die, -en 7
Anteil der, -e 2
antidemokratisch 62
Anwendung die, -en 2
Anzeichen das, - 51
Apparat der, -e 29
arbeiten als 83
argumentieren + QUA 27
Armut die (nur Singular) 53
Art und Weise die (nur Singular) 47
Arzthelferin die, -nen 6
Asche die (nur Singular) 62
Aschermittwoch der (nur Singular) 38
Atem: in Atem halten + AKK du hältst in
    Atem, sie/er/es hält in Atem hielt in
    Atem, hat in Atem gehalten 7

Atemzug der, ⸚e 46
Äther der (nur Singular) 18
Atomsekunde die, -n 55
auf einmal 46, 47
aufbauen + AKK 64, 74
aufbäumen + sich 34
Auferstehung die (nur Singular) 38
Aufforderung die, -en 49
aufgeschlossen sein 26
aufgreifen + AKK griff auf, hat
    aufgegriffen 20
auflösen + sich 60
auf'n = auf einen 8
aufschlussreich 65
Aufschwung der (nur Singular) 63
aufstellen + AKK 39
Auftrag: in Auftrag geben + AKK du
    gibst in Auftrag, sie/er/es gibt in
    Auftrag gab in Auftrag, hat in
    Auftrag gegeben 67
aufwenden + AKK wandte auf, hat
    aufgewandt 11
aufwendig 55
augenblicklich 56, 69
augenzwinkernd 42
Au-Pair das, -s 83
Au-Pair-Mädchen das, - 83
aus der Puste 46
aus eigener Kraft 11
Ausblick der, -e 59
Ausbruch der (nur Singular) 63
ausgehen ging aus, ist ausgegangen 39
ausgrenzen + AKK 62
Auslauf der (nur Singular) 34
ausrufen + AKK rief aus, hat
    ausgerufen 63, 64
Ausschnitt der, -e 46
außenpolitisch 63
außer Kraft 38
außergewöhnlich 1
äußern 20
Aussichten (die) (Plural) 59
Ausstellungsfläche die, -n 55
auswirken + sich + auf AKK 9
Autobahnparkplatz der, ⸚e 34
Autofahren das (nur Singular) 51

Dienstfahrt die, -en 34

Diktatur die, -en 62, 64

Dirigent der, -en 17

diskret 20, 18

Diskussionsergebnis das, -se 45

Diskussionsrunde die, -n 9

Display das, -s 18, 28

distanzieren + sich + von DAT 20

Doktorarbeit die, -en 11

Doppelpiepser der, - 18

Dorfgasthaus das, ¨er 34

Dosennudeln (die) (Plural) 25

Drachenfliegen das (nur Singular) 5

dran 3, 15, 34

draufgehen + für AKK ging drauf, ist draufgegangen 26

Dreikönigstag der, -e 39

dreitägig 53

drin 34

dritt 14, 32, 50, 73

Dritte Reich das 62

Droge die, -n 7

drum 69

Dunkelheit die (nur Singular) 55

dünnflüssig 25

Duplik der, -s 66, 67

Duplikhaltung die (nur Singular) 66

durchaus 26

durchgedreht 42

durchsetzen + sich 25

E

Ebbe die (nur Singular) 15

ebenso … wie … 50

Ehefrust der (nur Singular) 7

Ehegatte der, -n 43

Eheleute (Plural) 34

ein Weilchen 46

einbauen + AKK + DIR 26

eine nach der anderen 11

eine Rolle spielen + bei DAT 7

eine Verabredung treffen 19

einen Beitrag leisten + zu DAT 2

eines Tages 66

einfrieren fror ein, ist eingefroren 67

Einführung die, -en 26

eingeben + AKK gab ein, hat eingegeben 55

eingliedern 64

einkehren + SIT 34

einpflanzen + AKK + DIR 60

einreden + DAT + AKK 48

einsehen + AKK du siehst ein, sie/er/es sieht ein sah ein, hat eingesehen 13

einsetzen + sich + für AKK 2

einsieden sott ein, hat eingesotten 43

einspielen + AKK 60

Einstieg der, -e 20

einstündig 50

eintauchen + DIR 55

Einteilung die, -en 55

Einzelhandel der (nur Singular) 25

Einzelmitglied das, -er 2

einzeln 38, 18, 75

Einzelprüfung die, -en 84

Einzelwort das, ¨er 14

Eisfirma die, Eisfirmen 26

Eiskrem die, -s 26

Elefantenohr das, -en 13

Elternabend der, -e 20

E-Mail-Adresse die, -n 55

E-Mail-Box die, -en 18

Embryo der, -s 67

emotional 12, 50, 51

empfahn = empfangen 57

Energieverbrauch der (nur Singular) 55

Entscheidung die, -en 34

Entstehung die (nur Singular) 2, 25

Enttäuschung die, -en 62

Erdbeer-Geschmack der (nur Singular) 26

ereilen + AKK 34

erhitzen + AKK 39

Erklärungsversuch der, -e 7

erkranken + an DAT 60, 67

erlangen + Zugriff + auf AKK 55

erlassen + Gesetze du erlässt, sie/er/es erlässt erließ, hat erlassen 62

erläutern 21

Erleichterung die (nur Singular) 7

Erlösung die (nur Singular) 11

ermorden + AKK 61, 62

Ernährungsgewohnheiten (die) (Plural) 32

Ernennung die, -en 62

ernstlich 57

Eroberungskrieg der, -e 62

erotisch 42

Ersatzteillager das, - 66

erschweren + AKK 62

erstarren 39

erstmalig 72

erwählen + AKK 57

erwecken + den Eindruck + dass … 34

erwidern 43

Erzählung die, -en 46

erziehen + AKK erzog, hat erzogen 34, 35, 36

Espresso-Maschine die, -n 26

etc. = ecetera 51, 67

etw. = etwa 28, 54

Europäische Union die 85

Evolutionsforschung die (nur Singular) 7

existenziell 7

Expo die, -s 54

Exponat das, -e 55

Extremsituation die, -en 7

Extremsport der (nur Singular) 6, 7, 9

Extremsportart die, -en 5

Extremsportler der, - 6, 7

Extremsportlerin die, -nen 9

F

Fachkraft die, ¨e 52

fallen: Feste feiern, wie sie fallen 37

Fallschirmspringen das (nur Singular) 5

Familiengedächtnis das (nur Singular) 11

Familienmensch der, -en 74

familienorientiert 18

Farbabbildung die, -en 2

Fasching der (nur Singular) 37, 38

fassen + einen Vorsatz / + den Vorsatz + zu INF 40

Fastenzeit die (nur Singular) 38

Fastnacht die (nur Singular) 37, 38

Faszination die (nur Singular) 55

fatal 29

Faustregel die, -n 67

Fax-Gerät das, -e 18

Ferien (die) (Plural) 52

Ferienwoche die, -n 2

fern halten + AKK + von DAT du hältst fern, sie/er/es hält fern hielt fern, hat fern gehalten 39

Fernsehnachrichten (die) (Plural) 19

Feuerwerk das, -e 39

Filmgesellschaft die, -en 60

Finanzexperte der, -n 51

Fitnessstudio das, -s 81

flirten 18, 28

Flop der, -s 25, 26

Flut die (nur Singular) 15

Folter die, -n 2

Forderung die, -en 51

forschen 48

Fortschritt der, -e 7

Fragen stellen + DAT 20

Franzose der, -n 85

Fraß der (nur Singular) 66

frei setzen + AKK 60

Freiklettern das (nur Singular) 5

Freilandhaltung die (nur Singular) 2

Freilassung die (nur Singular) 2

Freizeiterlebnis das, -se 51

ideologisch 62
Idylle die, -n 50, 51
idyllisch 66, 73
Image-Frage die, -n 51
Imbissbude die, -n 25
immer noch 26
Imperium das, *Imperien* 67
Indianer der, - 3
Individualverkehr der (nur Singular) 50
Individuum das, *Individuen* 50
Inflation die, -en 62
Informationsbroschüre die, -n 54
Informationsveranstaltung die, -en 55
Informationsvermittlung die (nur Singular) 17
Infrarotschnittstelle die, -n 55
inklusiv 73
innenpolitisch 63
ins Gespräch kommen + mit DAT kam ins Gespräch, ist ins Gespräch gekommen 20
inspirieren + AKK 2, 42
Integrationsfigur die, -en 15
Intensivpflege die (nur Singular) 11
interaktiv 55
Interesse wecken + an DAT 48
Internet-Memorial das (nur Singular) 61
internieren + AKK + SIT 62
Interpretation die, -en 29
irren + sich 25
Isolation die (nur Singular) 7, 14
isolieren + AKK 20, 63
ist alles vorbei 38
Italien-Urlaub der, -e 25

J
Jahreskalender der, - 55
jammern 50
Jazz der (nur Singular) 73
Jazzkonzert das, -e 73
Jazz-Palast der (nur Singular) 72
Jesus (der) 38
jeweilige 66
Jugendfreund der, -e 57
Junggeselle der, -n 67
Jungvolk das (nur Singular) 18, 28

K
Käfig der, -e 34, 69
Kaiser der, - 63, 64
Kaiserreich das, -e 63
Kaiserschnitt der, -e 12
Kandidat der, -en 51, 56
Kapitulation die, -en 62, 63
kapitulieren 50

kaputt machen + AKK 36
Karfreitag der, -e 38
Karies die (nur Singular) 32
Karneval der (nur Singular) 37, 38
karnevalistisch 38
Karnevalsumzug der, ¨-e 38
Karnevalszeit die (nur Singular) 38
Karpfen der, - 39
karrierefördernd 51
Karsamstag der, -e 38
Karwoche die, -n 38
kausal 67
Kehle die, -n 34
kehren + AKK 46
keinesfalls 20
keineswegs 48
kennen lernen + AKK 20
Kennenlernen das (nur Singular) 20
Kernenergienutzung die (nur Singular) 60
Kernkraftwerk das, -e 60
Ketchup das (nur Singular) 25
Kids (nur Plural) 26
kinderlos 34, 66
Kirchentag der, -e 2
Kittel der, - 11
Kitzel der (nur Singular) 14
klappen: es klappt 41
klar machen + DAT + AKK 48
Klassiker der, - 60
Klassikfreund der, -e 72
klassische Musik 76
Klausur die, -en 11, 18
Kleinasien (das) 39
Kleinkind das, -er 12
kletterbegeistert 8
klettern 8, 9
Klon der, -e 67
klonen + AKK 66, 67
Klon-Sohn der, ¨-e 67
knackig 18
knurren 34, 42
knurrig 42
Komet der, -en 61
kommen: auf die Idee kommen + zu INF 20
kommen: es kommt zu Staus 52
kommerziell 18
Kommunikationsmittel das, - 17, 19
Komponistin die, -nen 66
konfrontieren + AKK + mit DAT 48
Konsequenz die, -en 34
Kontakt knüpfen + mit DAT / + zu DAT 20
Kontaktaufnahme die, -n 84
Kontaktfreude die (nur Singular) 74

Kontext der (nur Singular) 3
Konzentrationslager das, - 62
Konzeptfahrzeug das, -e 55
Konzern der, -e 26
Konzertreihe die, -n 73
konzessiv 67
Kopfbedeckung die, -en 7
Körpereinsatz der (nur Singular) 7
kreuz und quer 15
Kreuzigung die, -en 38
kriegen: es mit der Angst kriegen 46
Kriegsschulden (die) (Plural) 62
Krise die, -n 63
Kristallisationstyp der, -en 2
künftig 34
kunsthistorisch 78
Kurhausplatz der 73
Kürzel das, - 18
Kurzmitteilung die, -en 18
Kurznachricht die, -en 18
Kurznachrichtendienst der (nur Singular) 18

L
Ladenschlusszeiten (die) (Plural) 32
lahm 29
Lammbraten der, - 38
Land das, ¨-er 74, 84, 85
Länder-Hopping das (nur Singular) 51
längst 50
lästern 18, 28
Laternenpfahl der, ¨-e 34
Lauf: im Laufe der Party 22
läufig 42
lauter 11
Lebensangst die (nur Singular) 14
Lebenseinstellung die, -en 74
lebenserfahren 42
Lebensform die, -en 1, 51
Lebensgefahr die (nur Singular) 7
lebenslang 51
lebenspraktisch 2
Lebensweise die, -n 48
Leerzeichen das, - 18
Lefze die, -n 42
leicht anwendbar 2
Leine die, -n 34
Leistungsmerkmal das, -e 55
Leseverstehen das (nur Singular) 71, 72, 74, 76
Lichtlein das, - 39
Lieblingstier das, -e 33
liegen: es liegt an + DAT 29
liegen: es liegt an mir 11
liegen: es liegt in Ihrer Hand 20
Literat der, -en 73

Buchstaben und ihre Laute

einfache Vokale

a	[a]	dann, Stadt
a, aa, ah	[aː]	Name, Paar, Fahrer
e	[ɛ]	kennen, Adresse
	[ə]	kennen, Adresse
e, ee, eh	[eː]	den, Tee, nehmen
i	[ɪ]	Bild, ist, bitte
i, ie, ih	[iː]	gibt, Spiel, ihm
ie	[jə]	Familie, Italien
o	[ɔ]	doch, von, kommen
o, oo, oh	[oː]	Brot, Zoo, wohnen
u	[ʊ]	Gruppe, hundert
u, uh	[uː]	gut, Stuhl
y	[y]	Gymnastik, System
	[yː]	Typ, anonym

Umlaute

ä	[ɛ]	Gäste, Länder
ä, äh	[ɛː]	spät, wählen
ö	[œ]	Töpfe, können
ö, öh	[øː]	schön, fröhlich
ü	[y]	Stück, Erdnüsse
ü, üh	[yː]	üben, Stühle

Diphthonge

ei, ai	[aɪ]	Weißwein, Mai
eu, äu	[ɔy]	teuer, Häuser
au	[aʊ]	Kaufhaus, laut

Vokale in Wörtern aus anderen Sprachen

ant	[ã]	Restaurant
ai, ait	[ɛː]	Portrait
ain	[ɛ̃]	Refrain, Terrain
au	[o]	Restaurant
äu	[ɛːʊ]	Jubiläum
ea	[iː]	Team, Jeans
ee	[iː]	Darjeeling, Meeting
eu	[eːʊ]	Museum
	[øː]	Friseur, Ingenieur
ig	[aɪ]	Design
iew	[juː]	Interview
on	[õ]	Saison, Bonbon
oa	[oː]	Toaster
oo	[uː]	cool, Cartoon
ou	[aʊ]	Couch, Outfit
	[ʊ]	Tourist, Souvenir
	[uː]	Tour, Route
u	[a]	Curry, Punk, Puzzle
y	[ɪ]	City, Hobby, Party

einfache Konsonanten

b, bb	[b]	Bier, Hobby
d	[d]	denn, einladen
f, ff	[f]	Freundin, Koffer
g	[g]	Gruppe, Frage
h	[h]	Haushalt, geheim
j	[j]	Jahr, Projekt
	[dʒ]	Jeans, Job
k, ck	[k]	Küche, Zucker
l, ll	[l]	Lampe, alle
m, mm	[m]	mehr, Kaugummi
n, nn	[n]	neun, kennen
p, pp	[p]	Papiere, Suppe
r, rr, rh	[r]	Büro, Gitarre, Rhythmus
s, ss	[s]	Eis, Adresse
	[z]	Sofa, Gläser
ß	[s]	heißen, Spaß
t, tt, th	[t]	Titel, bitte, Methode
v	[f]	verheiratet, Dativ
w	[v]	Wasser, Gewürze
x	[ks]	Infobox, Text
z	[ts]	Zettel, zwanzig

am Wortende / am Silbenende

-b	[p]	Urlaub
-d	[t]	Fahrrad, Landkarte
-g	[k]	Dialog, Flugzeug
nach -i-	[ç]	günstig, Kleinigkeit
-r	[ɐ]	Mutter, vergleichen

Konsonantenverbindungen

ch	[ç]	nicht wichtig, China
	[x]	Besuch, acht
	[k]	Chaos, sechs
-dt	[t]	Stadt, verwandt
ng	[ŋ]	langsam, Anfang
nk	[ŋk]	danke, Schrank
qu	[kv]	Qualität, bequem
sch	[ʃ]	Tisch, schön

am Wortanfang / am Silbenanfang

st	[ʃt]	stehen, verstehen
sp	[ʃp]	sprechen, versprechen

Konsonanten in Wörtern aus anderen Sprachen

c	[s]	City
	[k]	Computer, Couch
ch	[ʃ]	Chance, Chef
j	[dʒ]	Jeans, Job
ph	[f]	Alphabet, Strophe
-t- vor ion	[ts]	Lektion, Situation
v	[v]	Varieté, Verb, Interview

Quellenverzeichnis

Umschlagfoto: © Corbis Stock Market/John Henley, Düsseldorf

Kursbuch

Seite 1: Foto A: © epd-bild, Frankfurt; D: Arved Fuchs, Bad Bramstedt; E: Greenpeace/Sims, Hamburg

Seite 2: Text 1 zitiert aus: Prospektmaterial Amnesty International; 2 zitiert aus: Peschek-Böhmer, Heilung durch die Kraft der Steine, W. Ludwig Buchverlag, München 1998; 3 zitiert aus: austriaonlines/karin schneider/grames htm; 4 aus: Bistum Osnabrück – Emnid-Umfrage (Deutsche halten Gebote hoch); 5 zitiert aus: Tarot & Traum-Zeitung, Frühjahr/Sommer 2000, S. 33: Traumhafte Toskana – Traum-&Wanderwoche mit Klausbernd Vollmar & Manfred Bögle (Wirkstatt e.V., Karlsruhe)

Seite 4: Foto: © epd-bild; Abbildung: Globus-Infografik, Hamburg; Statistik: REMID – Religionswissenschaftlicher Medien- und Informationsdienst e.V., Marburg

Seite 5: Foto 1: Fallschirmsportverein Känguruh-Club, Gauting; 2: FB-Freizeitservice – Felicitas Beck, Neufahrn; 3: Bayerische Drachen + Gleitschirmschule, Penzberg (© Wolf Schneider); 4+Seite 9: Jochen Schweizer GmbH, Unterhaching (FISHERMAN'S FRIEND); 5+6: Deutscher Alpenverein e.V., München (© Karl Schrag, Holzkirchen)

Seite 7+8: Foto: FB-Freizeitservice – Felicitas Beck, Neufahrn

Seite 10: Foto D: Hessischer Rundfunk (© Heinz Schlüter)

Seite 15: Foto: Musik+Show, Claus Lange, Hamburg (© E. Keuchel); Liedtext: Hans-Fritz Beckmann © 1934 by Ufaton Verlagsgesellschaft mbH (BMG UFA Musikverlage) München

Seite 17: Text links aus: Meyers Lexikon online

Seite 18: Text (gekürzt und verändert): © Karen Naundorf und Liisa Niveri; Abbildung: Prospektmaterial

Seite 20: gekürzter Text aus: Brigitte 4/2000, Dossier „Selbstbehauptung" von Dr. E. Wlodarek (Picture Press, Hamburg)

Seite 21: Foto: MHV-Archiv

Seite 23: Abbildung A: TUI Deutschland; B+E: dm-drogerie markt, Karlsruhe; C: Staatliche Lotterieverwaltung, Frankfurt; D: Volkshochschule Hessen, Frankfurt; F: Pharmaton GmbH, Biberach; G: Spiegel Verlag, Hamburg (© Springer & Jacobi, Hamburg)

Seite 24: Abbildungen: Globus-Infografik, Hamburg

Seite 25/26: Text (gekürzt) aus: Brigitte 20/1996, „Ernährung" von S. Kuessner (Picture Press, Hamburg); Abbildungen: Werner Bönzli, Reichertshausen; Giftzwerg-Eis: Firma Schöller, Nürnberg;

Seite 29: Foto: Musik+Show (© A. Keuchel); Liedtext: Max Raabe © by Monopol Verlag GmbH, Berlin

Seite 31: Abbildung mit freundlicher Genehmigung von: Haus der Geschichte der Bundesrepublik Deutschland (Michael Jensch, Axel Thünker, Reproduktionen), Bildnachweis der Symbole: Neuschwanstein (Bayerische Verwaltung der Schlösser, Gärten und Seen), Schäferhund (Juniors Bildarchiv, Ruhpolding), Goethe (Stiftung Weimarer Klassik)

Seite 33: Statistik: BBE Unternehmensberatung, Köln; Foto C: Eduard von Jan

Seite 34: Text (gekürzt) aus: Brigitte 15/96 von Ursula Lebert (Picture Press, Hamburg)

Seite 38: Foto oben: Köln Tourismus Office (I. Decker); Mitte: Basel Tourismus

Seite 41: Cartoon von Wilfried Gebhard aus: Alle Jahre wieder. Lappan Verlag, Oldenburg

Seite 42: Abbildung und Text: © 1999 by Rowohlt Verlag GmbH, Reinbek

Seite 43: Foto: DIZ, SV-Bilderdienst, München; Text: Rezitheater Verlag, © Lutz Görner, Weimar

Seite 45: Foto B: Uhrenpark Düsseldorf © AP, Frankfurt; C: Hbf Hamburg © DB AG/Taubert; D: dpa-Zentralbild, Berlin/AFP; E: MHV-Archiv

Seite 46: Text aus: Michael Ende, MOMO, Thienemanns Verlag, Stuttgart; Bibliographie aus: Meyers Lexikon in drei Bänden, LexiROM Edition 2000, Bibliographisches Institut, Mannheim;

Seite 48: Foto: Wolfram Kastner, argum münchen; Text und Zeichnung mit freundlicher Genehmigung des Vereins zur Verzögerung der Zeit, Klagenfurt

Seite 49: Foto links oben: MHV-Archiv (Erna Friedrich) ; Mitte: dpa/Oliver Berg; links unten: dpa/Uli Deck; rechts oben: Anja Schümann; Mitte: IFA-Bilderteam/Intern.Stock; rechts unten: Keystone Pressedienst

Seite 50: Foto 3: Sarah Huber, Enzberg; 4+5: MHV-Archiv (Jens Funke); 6: Detlef Ihlenfeldt/Lufthansa; Text (gekürzt und verändert) aus: STERN 36/95 „Zurück zur Natur ..." von Wolfgang Röhl, STERN Syndication

Seite 51: Foto: Ingo Wagner/Lufthansa; Text „Stellenmarkt in Europa" von Judith Reicherzer aus: DIE ZEIT Nr. 28/1999

Seite 53: Foto: Jenner Zimmermann, München

Seite 55: Foto und Text 2+4: Deutsche Bahn AG; alle anderen Texte aus dem Internet

Seite 57: Text aus: Jahrein – Jahraus. Verlag Mensch und Arbeit München

Seite 59: Foto A: Deutsches Filmmuseum, Frankfurt/M.; B: Musik + Show; C+F: © AKG, Berlin; D: „Z3" Computer von Konrad Zuse © Deutsches Museum München; E+H: Keystone Pressedienst, Hamburg; G: dpa

Seite 62/63: Foto A, B, C, D: AKG, Berlin; D unten: dpa

Seite 66: Duplik Jonas 7: Birgit Rabisch. Umschlagbild von Jan Roeder © 1997 Deutscher Taschenbuch Verlag, München; Blueprint: Charlotte Kerner © 1999 Beltz Verlag, Weinheim und Basel, Programm Beltz & Gelberg, Weinheim

Seite 69: Liedtext und Foto: Edition Giraffe, Wien (A, CH); © Marimba Musikverlag, München (D)

Seite 72: Foto 1: Neoplan (Gottlob Auwärter, Stuttgart)

Seite 74: Text „Nicht als Griechen, sondern als gute Menschen erzogen" (gekürzt) aus: BISS 1/2001 von Doris Rasch; Fotos: Barbara Donaubauer, München

Seite 85: Grafiken: Globus Infografik, Hamburg

Fotos Seite 1 (B, C, F), S. 6: 1-5; S. 10: A, B, C, E, F; S. 11: 1-6; S. 17: A-F; S. 21; S. 33; S. 34; S. 38 (unten); S. 39; S. 45 (A); S. 50 (1, 2, unten): © Gerd Pfeiffer, München

Zeichnungen Seite 35, 37, 46: Volker Schmied, GZ Amsterdam

Arbeitsbuch

Seite 1: Fotos: Siehe Kursbuch Seite 1

Seite 2: Text 1 zitiert aus: PANDA natürlich leben, Mode & Wohnen Frühjahr/Sommer 2000; Text 3 zitiert aus: 20minuten.de 12. Mai 2000 (Statistik zu Priestern und Ordensleuten); Text 4 zitiert aus: BUND Freunde der Erde, Das „Grüne Band" feiert Jubiläum; Text 5 zitiert aus: Gemeindebrief St. Lukas evangelisch an der Isar, Nr. 1/B 5797 (Demokratie in der Kirche? Ja bitte!)

Seite 3: Foto: Volker Derlath, München; Text (gekürzt) aus: BISS 4/99 von Marietta Miehlich

Seite 4: Abbildung mit freundlicher Genehmigung von Sivananda Yoga Vedanta Seminarhaus, A-6379 Reith bei Kitzbühel, Tel. 0043-5356/67404

Seite 5: Piktogramme aus PZ Nr. 94/05/98 mit freundlicher Genehmigung der Redaktion PZ, Bonn

Seite 6: Text (gekürzt) aus: Stern 42/97 von Georg Francken, Picture Press, Hamburg

Seite 7: Abbildung A aus: ADAC Reisen Sommer 2001, S. 93, DERTOUR, Frankfurt; B: Club Med Sommer 2001, S.74, DERTOUR, Frankfurt; C: FTI Touristik Sommer 2001 Australien/Neuseeland/Südsee, S. 157, CA Ferntouristik, München; D: Neckermann City & Events 2001, S. 23, NUR Touristik, Oberursel

Seite 8: Foto oben: Erna Friedrich, Ismaning; unten: Peter Neusser, München; Hörtext aus: SZ Magazin Nr. 7/19.02.99 „.... und jetzt?" ein Interview mit Reinhard Lorenz von Simone Kosog

Seite 11: Gedicht von Frieder Weber, Berlin (Eigenproduktion ohne Veröffentlichung in Tintennotiz: Abschied, Berlin 1999)

Seite 13/14: Abbildung A: Picture Management, München;

Seite 14: Text gekürzt aus: Brigitte 13/1997 mit freundlicher Genehmigung von Elke Heidenreich

Seite 16: Text aus: Brigitte 17/1994, Glosse von K. Schlenz, Picture Presss, Hamburg

Seite 17: Foto D: Fotodesign Michael Kämpf, Berlin

Seite 18: Text entnommen aus: Doris Märtin, Small talk. © 1998 by Wilhelm Heyne Verlag GmbH & Co. München

Seite 20: Abbildungen A, B, E, F: Werner Bönzli, Reichertshausen; C: Ford Service Center, Frankfurt; D: Apollinaris & Schweppes GmbH, Hamburg

Seite 21: Text A, B, C aus: SZ Magazin Nr. 18/05.05.2000 „Noch so nen Spruch und ..." von Dominik Schütte

Seite 25: Torte: Schwarzwald Tourismus e.V. Freiburg /Brandel; alle anderen: Werner Bönzli, Reichertshausen

Seite 26/27: Abbildung links unten: Martin Fengel, München; alle anderen: Nico Hesselmann, Berlin; Texte (gekürzt) von Susanne Schneider aus: DIE ZEIT 28.10.1999 (Leben 5)

Seite 29: Foto: Juniors Bildarchiv, Ruhpolding (G. Jendreyzik)

Seite 31: Text/Hörtext aus: Thomas Bergmann, Giftzwerge, Beck'sche Reihe Nr. 473, Verlag C.H. Beck, München

Seite 33: Fotos: Beate Blueggel, Frankfurt

Seite 37: Abbildungen: Prospektmaterial

Seite 38: Foto: Patrick Brinkschulte, Berlin; Hörtext aus: jetzt-online 4/2000 © jetzt-Magazin, Süddeutsche Zeitung, München

Seite 39: Foto: Anja Schümann, München

Seite 41: Originaltext aus: Abendzeitung München 1996, wieder verwendet vom Goethe-Institut München 1998

Seite 43: Foto 1: Neoplan, Gottlob Auwärter, Stuttgart; 2: Heinz Kettler, Ense-Parsit; 3: Adam Opel AG; 4+10: Stadtwerke München Unternehmensbereich Verkehr; 5: Daimler-Chrysler; 6: BMW AG; 7: Deutsche Bahn AG/Klee; 8: Astrovision/Lufthansa-Bildarchiv; 9: Erna Friedrich, Ismaning; unten + S. 44: Bildagentur Hamann, München (Markus Dlohnhy)

Seite 44: Text (gekürzt) aus: STERN 27/00 von Brigitte Zander, STERN Syndication, Picture Press, Hamburg

Seite 46: Abbildung und Text: BahnCard Service, Schortens; Hörtext 1: Bayerisches Staatsschauspiel; 2: Deutsche Bahn AG (Bahn-Umwelt-Zentrum); 3: Amtlicher Blutspendedienst; 4: Deutsche Bahn Medien, Frankfurt (Jung von Matt)

Seite 47: Text aus: DIE ZEIT Nr. 47/17.11.89 (P.M. Rinaldo ist Autor des Buches „Das Fünf-Tage-Wochenende". Er lebt in der Nähe von New York.)

Seite 49: Text 1 www.cyberline.de/innofon; 2: deutschebahn.de/home/dbregio-bahn-und bike-startseite; 3: deutsches-hrenmuseum.de/geschichte; 4: Freitzeit-Forschungsinstituts der British American Tobacco; 5: Deutsche Bahn AG (Bahn-Umwelt-Zentrum)

Seite 51: Foto 1+9: Modern Times (US 1936)/Titanic (US 1953) aus dem Archiv des Deutsche Filmmuseums, Frankfurt; 2+7: dpa; 3: Musik + Show (Fotos Intern./N.E.); 4: Deutsches Museum, München; 5: Schering AG, Berlin; 6: Bayer AG, Leverkusen; 8: Keystone Pressedienst, Hamburg; 10: AKG, Berlin

Seite 53/54: Abbildung und Text aus: Peter Härtling, Krücke, Gulliver Taschenbuch © 1994 Beltz Verlag, Weinheim und Basel, Programm Beltz & Gelberg, Weinheim

Seite 56: Text aus: Generation 3000. Geschichten aus der Zukunft. Herausgegeben von Nevfel A. Cumart © 1999 Deutscher Taschenbuch Verlag, München

Seite 11, S. 13 (B, C, D, E), S. 17 (A,B,C), S. 28: Gerd Pfeiffer, München

Wir haben uns bemüht, alle Inhaber von Bild- und Textrechten ausfindig zu machen. Sollten Rechteinhaber hier nicht aufgeführt sein, so wäre der Verlag für entsprechende Hinweise dankbar. Wie z.B. der Text auf KB Seite 41 (AZ München) und der Text auf AB Seite 47 (P.M. Rinaldo).